CODE

DE

LA PÊCHE FLUVIALE,

AVEC

L'EXPOSÉ DES MOTIFS;
LA DISCUSSION DES DEUX CHAMBRES,
ET DES OBSERVATIONS SUR LES ARTICLES;

PAR M. BROUSSE,

AVOCAT, CHEF DU BUREAU DES AFFAIRES CONTENTIEUSES
AU MINISTÈRE DE LA MAISON DU ROI.

PARIS,

Mme Ve CHARLES-BÉCHET, LIBRAIRE,

QUAI DES AUGUSTINS, Nos 57 ET 59.

M DCCC XXIX.

CODE

DE

LA PÊCHE FLUVIALE.

EN VENTE CHEZ LE MÊME LIBRAIRE.

CODE FORESTIER,

AVEC

L'EXPOSÉ DES MOTIFS, LA DISCUSSION DES DEUX CHAMBRES, DES
OBSERVATIONS SUR LES ARTICLES, ET L'ORDONNANCE D'EXÉCUTION

PUBLIÉ

PAR M. BROUSSE,

AVOCAT, CHEF DU BUREAU DES AFFAIRES CONTENTIEUSES
AU MINISTÈRE DE LA MAISON DU ROI,

SOUS LA DIRECTION

DE M. LE BARON FAVARD DE LANGLADE,

RAPPORTEUR DE LA COMMISSION DE LA CHAMBRE DES DÉPUTÉS CHARGÉE DE L'EXAMEN
DU PROJET DE CE CODE.

Troisième Édition.

1 VOL. IN-8° PRIX : 7 FR.

IMPRIMERIE DE H. FOURNIER,
RUE DE SEINE N° 14.

CODE

DE

LA PÊCHE FLUVIALE,

AVEC

L'EXPOSÉ DES MOTIFS,

LA DISCUSSION DES DEUX CHAMBRES;

ET DES OBSERVATIONS SUR LES ARTICLES;

PAR M. BROUSSE,

AVOCAT, CHEF DU BUREAU DES AFFAIRES CONTENTIEUSES
AU MINISTÈRE DE LA MAISON DU ROI.

PARIS,

Mme Ve CHARLES-BÉCHET, LIBRAIRE,

QUAI DES AUGUSTINS, Nos 57 ET 59.

M DCCC XXIX.

PRÉFACE.

Le Code de la Pêche Fluviale est la suite et le complément indispensable du Code forestier. L'un et l'autre constituent l'ensemble d'une même législation, s'éclairent et s'interprètent mutuellement, et doivent être réunis comme l'étaient les dispositions de l'ordonnance de 1669, qui embrassait à la fois la conservation des forêts et le régime des eaux.

Je publie ce nouveau Code avec l'exposé des motifs, la discussion des deux chambres, et des observations destinées à faciliter l'intelligence des articles. Cet ouvrage, en un mot, est semblable à celui que j'ai fait paraître sur le Code Forestier. Il est conçu sur le même plan, et exécuté avec le même soin, toujours sous les auspices et la direction de M. le baron FAVARD DE LANGLADE, qui a bien voulu m'aider de ses lumières, et revoir toutes les parties de mon travail. Ainsi il présente, sous tous les rapports, les mêmes avantages et les mêmes garanties.

CODE

DE LA

PÊCHE FLUVIALE.

TEXTE

CONFORME A CELUI DE L'ÉDITION OFFICIELLE.

CHARLES, par la grace de Dieu, Roi de France et
de Navarre, à tous présens et à venir, Salut.

Nous avons proposé, les Chambres ont adopté, nous
avons ordonné et ordonnons ce qui suit :

TITRE Iᵉʳ.

Du Droit de pêche.

Art. Iᵉʳ. Le droit de pêche sera exercé au profit de
l'État,

1° Dans tous les fleuves, rivières, canaux et contre-fossés navigables ou flottables avec bateaux, trains ou radeaux, et dont l'entretien est à la charge de l'Etat ou de ses
ayant-cause;

2° Dans les bras, noues, boires et fossés qui tirent leurs
eaux des fleuves et rivières navigables ou flottables dans lesquels on peut en tout temps passer ou pénétrer librement
en bateau de pêcheur, et dont l'entretien est également à
la charge de l'Etat.

Sont toutefois exceptés les canaux et fossés existans, ou
qui seraient creusés dans des propriétés particulières, et
entretenus aux frais des propriétaires.

2. Dans toutes les rivières et canaux autres que ceux qui sont désignés dans l'article précédent, les propriétaires riverains auront, chacun de son côté, le droit de pêche jusqu'au milieu du cours de l'eau, sans préjudice des droits contraires établis par possessions ou titres.

3. Des ordonnances royales, insérées au Bulletin des lois, détermineront, après une enquête *de commodo* et *incommodo*, quelles sont les parties des fleuves et rivières et quels sont les canaux désignés dans les deux premiers paragraphes de l'article 1er où le droit de pêche sera exercé au profit de l'Etat.

De semblables ordonnances fixeront les limites entre la pêche fluviale et la pêche maritime dans les fleuves et rivières affluant à la mer. Ces limites seront les mêmes que celles de l'inscription maritime; mais la pêche qui se fera au-dessus du point où les eaux cesseront d'être salées, sera soumise aux règles de police et de conservation établies pour la pêche fluviale.

Dans le cas où des cours d'eau seraient rendus ou déclarés navigables ou flottables, les propriétaires qui seront privés du droit de pêche, auront droit à une indemnité préalable, qui sera réglée selon les formes prescrites par les articles 16, 17 et 18 de la loi du 8 mars 1810 (1), compensation faite des avantages qu'ils pourraient retirer de la disposition prescrite par le gouvernement.

(1) Voici la teneur de ces trois articles :

A*rt*. 16. « Dans tous les cas où l'expropriation sera reconnue ou jugée légitime, et où les parties ne resteront discordantes que sur le montant des indemnités dues aux propriétaires, le tribunal fixera la valeur de ces indemnités, eu égard aux baux actuels, aux contrats de vente passés antérieurement, et néanmoins aux époques les plus récentes, soit des mêmes fonds, soit des fonds voisins et de même qualité, aux matrices de rôles et à tous autres documens qu'il pourra réunir. »

A*rt*. 17. « Si ces documens se trouvent insuffisans pour éclairer le tribunal, il pourra nommer d'office un ou trois experts; leur rapport ne liera point le tribunal, et ne vaudra que comme renseignement. »

A*rt*. 18. « Dans les cas où il y aurait des tiers intéressés à titre d'usufruitier, de fermier ou de locataire, le propriétaire sera tenu de les appeler avant la fixation de l'indemnité, pour concourir, en ce qui les concerne, aux opérations y relatives, sinon il restera seul chargé envers eux des indemnités que ces derniers pourraient réclamer.

« Les indemnités des tiers intéressés ainsi appelés ou intervenans, seront réglées en la même forme que celles dues aux propriétaires. »

4. Les contestations entre l'administration et les adjudicataires relatives à l'interprétation et à l'exécution des conditions des baux et adjudications, et toutes celles qui s'é-
lèveraient entre l'administration ou ses ayant-cause et des
tiers intéressés à raison de leurs droits ou de leurs propriétés, seront portées devant les tribunaux.

5. Tout individu qui se livrera à la pêche sur les fleuves
et rivières navigables ou flottables, canaux, ruisseaux ou
cours d'eau quelconques, sans la permission de celui à qui
le droit de pêche appartient, sera condamné à une amende
de vingt francs au moins, et de cent francs au plus, indépendamment des dommages-intérêts.

Il y aura lieu, en outre, à la restitution du prix du poisson qui aura été péché en délit, et la confiscation des filets
et engins de pêche pourra être prononcée.

Néanmoins il est permis à tout individu de pêcher à la
ligne flottante tenue à la main, dans les fleuves, rivières et
canaux désignés dans les deux premiers paragraphes de l'article Ier de la présente loi, le temps du frai excepté.

TITRE II.

De l'Administration et de la Régie de la Pêche.

6. (*Art.* 3 *du Code forestier.*) « Nul ne peut exercer
» l'emploi de garde-pêche, s'il n'est âgé de vingt-cinq ans
» accomplis. »

7. (*Art.* 5 *du Code forestier.*) « Les préposés chargés
» de la surveillance de la pêche ne pourront entrer en fonc-
» tions qu'après avoir prêté serment devant le tribunal de
» première instance de leur résidence, et avoir fait enregis-
» trer leur commission et l'acte de prestation de leur ser-
» ment au greffe des tribunaux dans le ressort desquels ils
» devront exercer leurs fonctions.

» Dans le cas d'un changement de résidence qui les place-
» rait dans un autre ressort en la même qualité, il n'y aura
» pas lieu à une nouvelle prestation de serment. »

8. Les garde-pêche pourront être déclarés responsables
des délits commis dans leurs cantonnemens, et passibles
des amendes et indemnités encourues par les délinquans,
lorsqu'ils n'auront pas duement constaté les délits.

9. L'empreinte des fers dont les garde-pêche font usage pour la marque des filets, sera déposée au greffe des tribunaux de première instance.

TITRE III.

Des Adjudications des Cantonnemens de Pêche.

10. La pêche au profit de l'Etat sera exploitée, soit par voie d'adjudication publique aux enchères et à l'extinction des feux, conformément aux dispositions du présent titre, soit par concession de licences à prix d'argent.

Le mode de concession par licence ne pourra être employé qu'à défaut d'offres suffisantes.

En conséquence, il sera fait mention, dans les procès-verbaux d'adjudication, des mesures qui auront été prises pour leur donner toute la publicité possible, et des offres qui auront été faites.

11. L'adjudication publique devra être annoncée au moins quinze jours à l'avance par des affiches apposées dans le chef-lieu du département, dans les communes riveraines du cantonnement et dans les communes environnantes.

12. (*Art.* 18 *du Code forestier.*) « Toute *location* faite » autrement que par adjudication publique sera considérée » comme clandestine et déclarée nulle. Les fonctionnaires et » agens qui l'auraient ordonnée ou effectuée, seront con- » damnés solidairement à une amende *égale au double* du » fermage annuel du cantonnement de pêche. »

Sont exceptées les concessions par voie de licence.

13. (*Art.* 19 *du Code forestier.*) « Sera de même annu- » lée toute adjudication qui n'aura point été précédée des » publications et affichés prescrites par l'article 11, ou qui » aura été effectuée dans d'autres lieux, à autres jour et » heure que ceux qui auront été indiqués par les affiches ou » les procès-verbaux de remise en location.

» Les fonctionnaires ou agens qui auraient contrevenu à » ces dispositions, seront condamnés solidairement à une » amende égale à la valeur annuelle du cantonnement de » pêche ; et une amende. pareille sera prononcée contre les » adjudicataires en cas de complicité. »

14. (*Art.* 20 *du Code forestier.*) « Toutes les contestations

» qui pourront s'élever, pendant les opérations d'adjudica-
» tion, sur la validité des enchères ou sur la solvabilité des
» enchérisseurs et des cautions, seront décidées immédia-
» tement par le fonctionnaire qui présidera la séance d'ad-
» judication. »

15. (*Art. 21 du Code forestier.*) « Ne pourront prendre
» part aux adjudications, ni par eux-mêmes, ni par per-
» sonnes interposées, directement ou indirectement, soit
» comme parties principales, soit comme associés ou cau-
» tions,

» 1° Les agens et gardes forestiers et les garde-pêche,
» dans toute l'étendue du royaume; les fonctionnaires char-
» gés de présider et de concourir aux adjudications, et les
» receveurs du produit de la pêche, dans toute l'étendue du
» territoire où ils exercent leurs fonctions ;

» En cas de contravention, ils seront punis d'une amende
» qui ne pourra excéder le quart ni être moindre du dou-
» zième du montant de l'adjudication ; et ils seront, en outre,
» passibles de l'emprisonnement et de l'interdiction qui sont
» prononcés par l'article 175 du Code pénal (1) :

» 2° Les parens et alliés en ligne directe, les frères et
» beaux-frères, oncles et neveux des agens et gardes fores-
» tiers et garde-pêche, dans toute l'étendue du territoire
» pour lequel ces agens ou gardes sont commissionnés ;

» En cas de contravention, ils seront punis d'une amende
» égale à celle qui est prononcée par le paragraphe précé-
» dent :

» 3° Les conseillers de préfecture, les juges, officiers du
» ministère public et greffiers des tribunaux de première in-
» stance, dans tout l'arrondissement de leur ressort ;

» En cas de contravention, ils seront passibles de tous
» dommages et intérêts, s'il y a lieu.

» Toute adjudication qui serait faite en contravention aux
» dispositions du présent article, sera déclarée nulle. »

16. (*Art. 22 du Code forestier.*) « Toute association se-

____

(1) Les peines prononcées par cet article sont un emprisonnement
de six mois au moins et de deux ans au plus, et une amende qui ne
peut excéder le quart des restitutions et indemnités, ni être au-dessous
du douzième. Le condamné est en outre déclaré incapable d'exercer
aucune fonction publique.

» crète ou manœuvre entre les pêcheurs ou autres , tendant
» à nuire aux enchères , à les troubler ou à obtenir *les can-*
» *ton emens de pêche* à plus bas prix, donnera lieu à l'appli-
» cation des peines portées par l'article 412 du Code pé-
» nal (1) , indépendamment de tous dommages-intérêts; et
» si l'adjudication a été faite au profit de l'association se-
» crète ou des auteurs desdites manœuvres, elle sera décla-
» rée nulle. »

17. (*Art. 23 du Code forestier.*) « Aucune déclaration de
» command ne sera admise, si elle n'est faite immédiate-
» ment après l'adjudication et séance tenante. »

18. (*Art. 24 du Code forestier.*) « Faute par l'adjudica-
» taire de fournir les cautions exigées par le cahier des
» charges dans le délai prescrit, il sera déclaré déchu de
» l'adjudication par un arrêté du préfet, et il sera procédé
» dans les formes ci-dessus prescrites à une nouvelle adju-
» dication du cantonnement de pêche, à sa folle enchère.

» L'adjudicataire déchu sera tenu par corps de la diffé-
» rence entre son prix et celui de la nouvelle adjudication,
» sans pouvoir réclamer l'excédant, s'il y en a. »

19. (*Art. 25 du Code forestier.*) « Toute personne capa-
» ble et reconnue solvable sera admise, jusqu'à l'heure de
» midi du lendemain de l'adjudication , à faire une offre de
» surenchère, qui ne pourra être moindre du cinquième du
» montant de l'adjudication.

» Dès qu'une pareille offre aura été faite, l'adjudicataire et
» les surenchérisseurs pourront faire de semblables décla-
» rations de simple surenchère jusqu'à l'heure de midi du
» surlendemain de l'adjudication, heure à laquelle le plus
» offrant restera définitivement adjudicataire.

---

(1) Cet article porte : » Ceux qui, dans les adjudications de la propriété de l'usufruit ou de la location des choses mobilières ou immo-
bilières, d'une entreprise, d'une fourniture, d'une exploitation ou
d'un service quelconque, auront entravé ou troublé la liberté des
enchères ou des soumissions, par voies de fait, violences ou me-
naces, soit avant, soit pendant les enchères ou les soumissions,
seront punis d'un emprisonnement de quinze jours au moins, de trois
mois au plus, et d'une amende de cent francs au moins, et de cinq
mille francs au plus.

« La même peine aura lieu contre ceux qui, par dons ou promesses,
auront écarté les enchérisseurs. »

»Toutes déclarations de surenchère devront être faites
» au secrétariat qui sera indiqué par le cahier des charges,
» et dans les délais ci-dessus fixés ; le tout sous peine de
» nullité.

» Le secrétaire commis à l'effet de recevoir ces déclara-
» tions sera tenu de les consigner immédiatement sur un re-
» gistre à ce destiné, d'y faire mention expresse du jour et
» de l'heure précise où il les aura reçues, et d'en donner
» communication à l'adjudicataire et aux surenchérisseurs,
» dès qu'il en sera requis ; le tout sous peine de trois cents
» francs d'amende, sans préjudice de plus fortes peines en
» cas de collusion.

» En conséquence, il n'y aura lieu à aucune signification
» des délarations de surenchère, soit par l'administration,
» soit par les adjudicataires et surenchérisseurs. »

20. (*Art.* 26 *du Code forestier.*) « Toutes contestations au
» sujet de la validité des surenchères seront portées devant
» les conseils de préfecture. »

21. (*Art.* 27 *du Code forestier.*) « Les adjudicataires et
» surenchérisseurs sont tenus, au moment de l'adjudication
» ou de leurs déclarations de surenchère, d'élire domicile
» dans le lieu où l'adjudication aura été faite : faute par eux
» de le faire, tous actes postérieurs leur seront valablement
» signifiés au secrétariat de la sous-préfecture. »

22. (*Art.* 28 *du Code forestier.*) « Tout procès-verbal
» d'adjudication emporte exécution parée et contrainte par
» corps contre les adjudicataires, leurs associés et cautions,
» tant pour le paiement du prix principal de l'adjudication
» que pour accessoires et frais.

» Les cautions sont en outre contraignables solidairement
» et par les mêmes voies au paiement des dommages, resti-
» tutions et amendes qu'aurait encourus l'adjudicataire. »

TITRE IV.

Conservation et Police de la Pêche.

23. Nul ne pourra exercer le droit de pêche dans les
fleuves et rivières navigables ou flottables, les canaux, ruisseaux ou cours d'eau quelconques, qu'en se conformant aux
dispositions suivantes.

24. Il est interdit de placer dans les rivières navigables ou flottables, canaux et ruisseaux, aucun barrage, appareil ou établissement quelconque de pêcherie ayant pour objet d'empêcher entièrement le passage du poisson.

Les délinquans seront condamnés à une amende de cinquante francs à cinq cents francs, et, en outre, aux dommages-intérêts; et les appareils ou établissemens de pêche seront saisis et détruits.

25. Quiconque aura jeté dans les eaux des drogues ou appâts qui sont de nature à enivrer le poisson ou à le détruire, sera puni d'une amende de trente francs à trois cents francs et d'un emprisonnement d'un mois à trois mois.

26. Des ordonnances royales détermineront,

1° Les temps, saisons et heures pendant lesquels la pêche sera interdite dans les rivières et cours d'eau quelconques;

2° Les procédés et modes de pêche qui, étant de nature à nuire au repeuplement des rivières, devront être prohibés;

3° Les filets, engins et instrumens de pêche qui seront défendus comme étant aussi de nature à nuire au repeuplement des rivières;

4° Les dimensions de ceux dont l'usage sera permis dans les divers départemens pour la pêche des différentes espèces de poissons;

5° Les dimensions au-dessous desquelles les poissons de certaines espèces qui seront désignés ne pourront être pêchés et devront être rejetés en rivière;

6° Les espèces de poissons avec lesquelles il sera défendu d'appâter les hameçons, nasses, filets ou autres engins.

27. Quiconque se livrera à la pêche pendant les temps, saisons et heures prohibés par les ordonnances, sera puni d'une amende de trente à deux cents francs.

28. Une amende de trente à cent francs sera prononcée contre ceux qui feront usage, en quelque temps et en quelque fleuve, rivière, canal ou ruisseau que ce soit, de l'un des procédés ou modes de pêche ou de l'un des instrumens ou engins de pêche prohibés par les ordonnances.

Si le délit a eu lieu pendant le temps du frai, l'amende sera de soixante à deux cents francs.

29. Les mêmes peines seront prononcées contre ceux qui se serviront, pour une autre pêche, de filets permis seulement pour celle du poisson de petite espèce.

Ceux qui seront trouvés porteurs ou munis, hors de leur domicile, d'engins ou instrumens de pêche prohibés, pour-ront être condamnés à une amende qui n'excédera pas vingt francs, et à la confiscation des engins ou instrumens de pêche, à moins que ces engins ou instrumens ne soient destinés à la pêche dans des étangs où réservoirs.

3o. Quiconque pêchera, colportera ou débitera des pois-sons qui n'auront point les dimensions déterminées par les ordonnances, sera puni d'une amende de vingt à cinquante francs, et de la confiscation desdits poissons. Sont néan-moins exceptées de cette disposition les ventes de poisson provenant des étangs ou réservoirs.

Sont considérés comme des étangs ou réservoirs les fossés et canaux appartenant à des particuliers, dès que leurs eaux cessent naturellement de communiquer avec les rivières.

31. La même peine sera prononcée contre les pêcheurs qui appâteront leurs hameçons, nasses, filets ou autres en-gins, avec des poissons des espèces prohibées qui seront dé-signées par les ordonnances.

32. Les fermiers de la pêche et porteurs de licences, leurs associés, compagnons et gens à gages, ne pourront faire usage d'aucun filet où engin quelconque, qu'après qu'il aura été plombé ou marqué par les agens de l'administration de la police de la pêche.

La même obligation s'étendra à tous autres pêcheurs compris dans les limites de l'inscription maritime, pour les engins et filets dont ils feront usage dans les cours d'eau désignés par les paragraphes 1er et 2 de l'article 1er de la présente loi.

Les délinquans seront punis d'une amende de vingt francs pour chaque filet ou engin non plombé ou marqué.

33. Les contre-maîtres, les employés du balisage et les mariniers qui fréquentent les fleuves, rivières et canaux na-vigables ou flottables, ne pourront avoir dans leurs bateaux ou équipages aucun filet ou engin de pêche, même non pro-hibé, sous peine d'une amende de cinquante francs, et de la confiscation des filets.

A cet effet, ils seront tenus de souffrir la visite, sur leurs bateaux et équipages, des agens chargés de la police de la pêche, aux lieux où ils aborderont.

La même amende sera prononcée contre ceux qui s'opposeront à cette visite.

34. Les fermiers de la pêche et les porteurs de licences, et tous pêcheurs en général, dans les rivières et canaux désignés par les deux premiers paragraphes de l'article 1er de la présente loi, seront tenus d'amener leurs bateaux, et de faire l'ouverture de leurs loges et hangars, bannetons, huches et autres réservoirs ou boutiques à poisson, sur leurs cantonnemens, à toute réquisition des agens et préposés de l'administration de la pêche, à l'effet de constater les contraventions qui pourraient être par eux commises aux dispositions de la présente loi.

Ceux qui s'opposeront à la visite ou refuseront l'ouverture de leurs boutiques à poisson, seront, pour ce seul fait, punis d'une amende de cinquante francs.

35. Les fermiers et porteurs de licences ne pourront user, sur les fleuves, rivières et canaux navigables, que du chemin de halage; sur les rivières et cours d'eau flottables, que du marche-pied. Ils traiteront de gré à gré avec les propriétaires riverains pour l'usage des terrains dont ils auront besoin pour retirer et asséner leurs filets.

TITRE V.

Des Poursuites en réparation de délit.

SECTION Ire.

Des Poursuites exercées au nom de l'Administration.

36. Le gouvernement exerce la surveillance et la police de la pêche dans l'intérêt général.

En conséquence, les agens spéciaux par lui institués à cet effet, ainsi que les gardes champêtres, éclusiers des canaux et autres officiers de police judiciaire, sont tenus de constater les délits qui sont spécifiés au titre IV de la présente loi, en quelques lieux qu'ils soient commis; et lesdits agens spéciaux exerceront, conjointement avec les officiers du ministère public, toutes les poursuites et actions en réparation de ces délits.

Les mêmes agens et gardes de l'administration, les gardes
champêtres , les éclusiers , les officiers de police judiciaire,
pourront constater également le délit spécifié en l'article 5 ,
et ils transmettront leurs procès-verbaux au procureur du
roi.

37. Les garde-pêche nommés par l'administration sont
assimilés aux gardes forestiers royaux.

38. Ils recherchent et constatent par procès-verbaux les
délits dans l'arrondissement du tribunal près duquel ils sont
assermentés.

39. (*Art.* 161 *du Code forestier.*) Ils sont autorisés à saisir les *filets et autres instrumens de pêche prohibés , ainsi que
le poisson pêché en délit.*

40. Les garde-pêche ne pourront, sous aucun prétexte ,
s'introduire dans les maisons et enclos y atténans pour la
recherche des filets prohibés.

41. Les filets et engins de pêche qui auront été saisis
comme prohibés, ne pourront, dans aucun cas, être remis
sous caution : ils seront déposés au greffe, et y demeureront jusqu'après le jugement pour être ensuite détruits.

Les filets non prohibés dont la confiscation aurait été
prononcée en exécution de l'article 5, seront vendus au
profit du trésor.

En cas de refus, de la part des délinquans , de remettre
immédiatement le filet déclaré prohibé après la sommation
du garde-pêche, ils seront condamnés à une amende de
cinquante francs.

42. Quant au poisson saisi pour cause de délit, il sera
vendu sans délai dans la commune la plus voisine du lieu
de la saisie , à son de trompe et aux enchères publiques , en
vertu d'ordonnance du juge de paix ou de ses suppléans , si
la vente a lieu dans un chef-lieu de canton , ou, dans le cas
contraire , d'après l'autorisation du maire de la commune :
ces ordonnances ou autorisations seront délivrées sur la requête des agens ou gardes qui auront opéré la saisie , et sur
la présentation du procès-verbal régulièrement dressé et
affirmé par eux.

Dans tous les cas , la vente aura lieu en présence du receveur des domaines , et , à défaut, du maire ou adjoint de la
commune , ou du commissaire de police.

43. Les garde-pêche ont le droit de requérir directe-

ment la force publique pour la répression des délits *en matière de pêche*, ainsi que pour la saisie des filets prohibés et du poisson *péché en délit*.

44. (*Art.* 165 *du Code forestier.*) « Ils écriront eux-
» mêmes leurs procès-verbaux; il les signeront, et les affir-
» meront, au plus tard le lendemain de la clôture desdits
» procès-verbaux, par-devant le juge paix du canton ou l'un
» de ses suppléans, ou par-devant le maire ou l'adjoint, soit
» de la commune de leur résidence, soit de celle où le délit
» a été commis ou constaté; le tout sous peine de nullité.

» Toutefois, si, par suite d'un empêchement quelcon-
» que, le procès-verbal est seulement signé par le garde-
» pêche, mais non écrit en entier de sa main, l'officier pu-
» blic qui en recevra l'affirmation devra lui en donner
» préalablement lecture, et faire ensuite mention de cette
» formalité; le tout sous peine de nullité du procès-verbal. »

45. (*Art.* 166 *du Code forestier.*) « Les procès-verbaux
» dressés par les agens forestiers, les gardes généraux et les
» gardes à cheval, soit isolément, soit avec le concours des
» garde-pêche royaux et des gardes champêtres, ne seront
» point soumis à l'affirmation. » ·

46. Dans le cas où le procès-verbal portera saisie, il en sera fait une expédition qui sera déposée dans les vingt-quatre heures au greffe de la justice de paix, pour qu'il en puisse être donné communication à ceux qui réclameraient les objets saisis.

Le délai ne courra que du moment de l'affirmation pour les procès-verbaux qui sont soumis à cette formalité.

47. (*Art.* 170 *du Code forestier.*) « Les procès-verbaux
» seront, sous peine de nullité, enregistrés dans les quatre
» jours qui suivront celui de l'affirmation, ou celui de la
» clôture du procès-verbal, s'il n'est pas sujet à l'affirmation.

» L'enregistrement s'en fera en débet. »

48. Toutes les poursuites exercées en réparation de délits pour fait de pêche, seront portées devant les tribunaux correctionnels.

49. (*Art.* 172 *du Code forestier.*) « L'acte de citation doit,
» à peine de nullité, contenir la copie du procès-verbal et
» de l'acte d'affirmation. »

50. (*Art.* 173 *du Code forestier.*) « Les gardes de l'ad-
» ministration *chargés de la surveillance de la pêche* pour-

» ront , dans les actions et poursuites exercées en son nom ,
» faire toutes citations et significations d'exploits , sans pou-
» voir procéder aux saisies-exécutions.

» Leurs rétributions pour les actes de ce genre seront
» taxées comme pour les actes faits par les huissiers des
» juges de paix. »

51. (*Art.* 174 *du Code forestier.*) « Les agens de cette
» administration ont le droit d'exposer l'affaire devant le
» tribunal , et sont entendus à l'appui de leurs conclusions. »

52. Les délits en matière de pêche seront prouvés , soit
par procès-verbaux , soit par témoins à défaut de procès-
verbaux ou en cas d'insuffisance de ces actes.

53. Les procès-verbaux revêtus de toutes les formalités
prescrites par les articles 44 et 47 ci-dessus , et qui sont
dressés et signés par deux agens ou garde-pêche , font
preuve , jusqu'à inscription de faux , des faits matériels
relatifs aux délits qu'ils constatent , quelles que soient les
condamnations auxquelles ces délits peuvent donner lieu.

Il ne sera , en conséquence , admis aucune preuve outre
ou contre le contenu de ces procès-verbaux , à moins qu'il
n'existe une cause légale de récusation contre l'un des signataires.

54. Les procès-verbaux revêtus de toutes les formalités
prescrites , mais qui ne seront dressés et signés que par un
seul agent ou *garde-péche* , feront de même preuve suffisante jusqu'à inscription de faux , mais seulement lorsque
le délit n'entraînera pas une condamnation de plus de cinquante francs , tant pour amende que pour dommages-intérêts.

55. (*Art.* 178 *du Code forestier.*) « Les procès-verbaux
» qui , d'après les dispositions qui précèdent , ne font point
» foi et preuve suffisante jusqu'à inscription de faux , peu-
» vent être corroborés et combattus par toutes les preuves
» légales , conformément à l'article 154 du Code d'instruc-
» tion criminelle (1). »

(1) Cet art. 154 est ainsi conçu :
» Les contraventions seront prouvées, soit par procès-verbaux ou
rapports, soit par témoins à défaut de rapports et procès-verbaux, ou
à leur appui.

« Nul ne sera admis, à peine de nullité, à faire preuve par témoins
outre ou contre le contenu aux procès-verbaux ou rapports des officiers

56. Le prévenu qui voudra s'inscrire en faux contre le procès-verbal sera tenu d'en faire, par écrit et en personne, ou par un fondé de pouvoir spécial par acte notarié, la déclaration au greffe du tribunal avant l'audience indiquée par la citation.

Cette déclaration sera reçue par le greffier du tribunal: elle sera signée par le prévenu ou son fondé de pouvoir; et dans le cas où il ne saurait ou ne pourrait signer, il en sera fait mention expresse.

Au jour indiqué pour l'audience, le tribunal donnera acte de la déclaration, et fixera un délai de huit jours au moins et de quinze jours au plus, pendant lequel le prévenu sera tenu de faire au greffe le dépôt des moyens de faux, et des noms, qualités et demeures des témoins qu'il voudra faire entendre.

A l'expiration de ce délai, et sans qu'il soit besoin d'une citation nouvelle, le tribunal admettra les moyens de faux, s'ils sont de nature à détruire l'effet du procès-verbal, et il sera procédé sur le faux conformément aux lois.

Dans le cas contraire, et faute par le prévenu d'avoir rempli toutes les formalités ci-dessus prescrites, le tribunal déclarera qu'il n'y a lieu à admettre les moyens de faux, et ordonnera qu'il soit passé outre au jugement.

57. (*Art.* 180 *du Code forestier.*) « Le prévenu contre » lequel aura été rendu un jugement par défaut, sera encore » admissible à faire sa déclaration d'inscription de faux pen- » dant le délai qui lui est accordé par la loi pour se présenter » à l'audience sur l'opposition par lui formée. »

58. (*Art.* 181 *du Code forestier.*) « Lorsqu'un procès- » verbal sera rédigé contre plusieurs prévenus, et qu'un ou » quelques-uns d'entre eux seulement s'inscriront en faux, » le procès-verbal continuera de faire foi à l'égard des au- » tres, à moins que le fait sur lequel portera l'inscription de » faux ne soit indivisible et commun aux autres prévenus. »

59. Si, dans une instance en réparation de délit, le pré-

de police, ayant reçu de la loi le pouvoir de constater les délits ou les contraventions jusqu'à inscription de faux. Quant aux procès-verbaux et rapports faits par des agens, préposés ou officiers, auxquels la loi n'a pas accordé le droit d'en être crus jusqu'à inscription de faux, ils pourront être débattus par des preuves contraires, soit écrites, soit testimoniales, si le tribunal juge à propos de les admettre. »

venu excipe d'un droit de propriété ou tout autre droit réel, le tribunal saisi de la plainte statuera sur l'incident.

L'exception préjudicielle ne sera admise qu'autant qu'elle sera fondée, soit sur un titre apparent, soit sur des faits de possession équivalens, articulés avec précision, et si le titre produit ou les faits articulés sont de nature, dans le cas où ils seraient reconnus par l'autorité compétente, à ôter au fait qui sert de base aux poursuites tout caractère de délit.

Dans le cas de renvoi à fins civiles, le jugement fixera un bref délai dans lequel la partie qui aura élevé la question préjudicielle devra saisir les juges compétens de la connaissance du litige et justifier de ses diligences; sinon il sera passé outre. Toutefois, en cas de condamnation, il sera sursis à l'exécution du jugement sous le rapport de l'emprisonnement, s'il était prononcé, et le montant des amendes, restitutions et dommages-intérêts, sera versé à la caisse des dépôts et consignations, pour être remis à qui il sera ordonné par le tribunal qui statuera sur le fond de droit.

60. (*Art.* 183 *du Code forestier.*) « Les agens de l'ad-
» ministration *chargés de la surveillance de la pêche* peuvent,
» en son nom, interjeter appel des jugemens et se pourvoir
» contre les arrêts et jugemens en dernier ressort; mais ils
» ne peuvent se désister de leurs appels sans son autorisa-
» tion spéciale. »

61. (*Art.* 184 *du Code forestier.*) « Le droit attribué à
» l'administration et à ses agens de se pourvoir contre les
» jugemens et arrêts par appel ou par recours en cassation,
» est indépendant de la même faculté qui est accordée par
» la loi au ministère public, lequel peut toujours en user,
» même lorsque l'administration ou ses agens auraient ac-
» quiescé aux jugemens et arrêts. »

62. Les actions en réparation de délits en matière de pêche se prescrivent par un mois à compter du jour où les délits ont été constatés, lorsque les prévenus sont désignés dans les procès-verbaux. Dans le cas contraire, le délai de prescription est de trois mois, à compter du même jour.

63. Les dispositions de l'article précédent ne sont pas applicables aux délits et malversations commis par les agens, préposés ou gardes de l'administration dans l'exercice de leurs fonctions; les délais de prescription à l'égard de ces

préposés et de leurs complices seront les mêmes que ceux qui sont déterminés par le Code d'instruction criminelle.

64. Les dispositions du Code d'instruction criminelle sur les poursuites des délits, sur défauts, oppositions, jugemens, appels et recours en cassation, sont et demeurent applicables à la poursuite des délits spécifiés par la présente loi, sauf les modifications qui résultent du présent titre.

SECTION II.

Des Poursuites exercées au nom et dans l'intérêt des Fermiers de la pêche et des Particuliers.

65. Les délits qui portent préjudice aux fermiers de la pêche, aux porteurs de licences et aux propriétaires riverains, seront constatés par leurs gardes, lesquels sont assimilés aux garde-bois des particuliers.

66. (*Art.* 188 *du Code forestier.*) « Les procès-verbaux » dressés par ces gardes feront foi jusqu'à preuve contraire. »

67. Les poursuites et actions seront exercées au nom et à la diligence des parties intéressées.

68. Les dispositions contenues aux articles 38, 39, 40, 41, 42, 43, 44, 45, 46, 47, paragraphe 1er; 49, 52, 59, 62 et 64 de la présente loi, sont applicables aux poursuites exercées au nom et dans l'intérêt des particuliers et des fermiers de la pêche, pour les délits commis à leur préjudice.

TITRE VI.

Des Peines et Condamnations.

69. Dans le cas de récidive, la peine sera toujours doublée.

Il y a récidive, lorsque, dans les douze mois précédens, il a été rendu contre le délinquant un premier jugement pour délit en matière de pêche.

70. Les peines seront également doublées, lorsque les délits auront été commis la nuit.

71. (*Art.* 202 *du Code forestier.*) « Dans tous les cas » où il y aura lieu à adjuger des dommages-intérêts, ils ne

»pourront être inférieurs à l'amende simple prononcée par
»le jugement. »

72. Dans tous les cas prévus par la présente loi, si le
préjudice causé n'excède pas vingt-cinq francs, et si les
circonstances paraissent atténuantes, les tribunaux sont
autorisés à réduire l'emprisonnement même au-dessous de
six jours, et l'amende même au-dessous de seize francs :
ils pourront aussi prononcer séparément l'une ou l'autre
de ces peines, sans qu'en aucun cas elle puisse être au-dessous des peines de simple police.

73. (*Art.* 204 *du Code forestier.*) « Les restitutions et
» dommages-intérêts appartiennent aux fermiers, porteurs
» de licences et propriétaires riverains, si le délit est commis
» à leur préjudice ; mais, lorsque le délit a été commis par
» eux-mêmes au détriment de l'intérêt général, ces dom-
» mages-intérêts appartiennent à l'Etat.

» Appartiennent également à l'Etat toutes les amendes et
» confiscations. »

74. Les maris, pères, mères, tuteurs, fermiers et porteurs de licences, ainsi que tous propriétaires, maîtres et
commettans, seront civilement responsables des délits en
matière de pêche commis par leurs femmes, enfans mineurs, pupilles, bateliers et compagnons, et tous autres
subordonnés, sauf tout recours de droit.

Cette responsabilité sera réglée conformément à l'article 1384 du Code civil (1).

(1) Cet article dispose en ces termes :
« On est responsable non-seulement du dommage que l'on cause par
son propre fait, mais encore de celui qui est causé par le fait des personnes dont on doit répondre, ou des choses que l'on a sous sa garde.

« Le père, et la mère, après le décès du mari, sont responsables du
dommage causé par leurs enfans mineurs habitant avec eux ;

« Les maîtres et les commettans, du dommage causé par leurs domes-
tiques et préposés dans les fonctions auxquelles ils les ont employés ;

« Les instituteurs et les artisans, du dommage causé par leurs élèves
et apprentis pendant le temps qu'ils sont sous leur surveillance ;

« La responsabilité ci-dessus a lieu, à moins que les père et mère,
instituteurs et artisans ne prouvent qu'ils n'ont pu empêcher le fait
qui donne lieu à cette responsabilité. »

TITRE VII.

De l'Exécution des Jugemens.

SECTION Ire.

De l'exécution des Jugemens rendus à la requête de l'adminis-
tration ou du Ministère public.

75. (*Art.* 209 *du Code forestier.*) « Les jugemens rendus
» à la requête de l'administration chargée de la police de la
» pêche, ou sur la poursuite du ministère public, seront
» signifiés par simple extrait qui contiendra le nom des par-
» ties et le dispositif du jugement.

» Cette signification fera courir les délais de l'opposition
» et de l'appel des jugemens par défaut. »

76. Le recouvrement de toutes les amendes pour délits
de pêche est confié aux receveurs de l'enregistrement et
des-domaines. Ces receveurs sont également chargés du
recouvrement des restitutions, frais et dommages-intérêts
résultant des jugemens rendus en matière *de pêche.*

77. (*Art.* 211 *du Code forestier.*) « Les jugemens por-
» tant condamnation à des amendes, restitutions, dom-
» mages-intérêts et frais, sont exécutoires par la voie de la
» contrainte par corps ; et l'exécution pourra en être pour-
» suivie cinq jours après un simple commandement fait aux
» condamnés.

» En conséquence, et sur la demande du receveur de
» l'enregistrement et des domaines, le procureur du roi
» adressera les réquisitions nécessaires aux agens de la force
» publique chargés de l'exécution des mandemens de jus-
» tice. »

78. (*Art.* 212 *du Code forestier.*) « Les individus contre
» lesquels la contrainte par corps aura été prononcée pour
» raison des amendes et autres condamnations et répara-
» tions pécuniaires, subiront l'effet de cette contrainte jus-
» qu'à ce qu'ils aient payé le montant desdites condamna-
» tions, ou fourni une caution admise par le receveur des
» domaines, ou, en cas de contestation de sa part, déclarée

» bonne et valable par le tribunal de l'arrondissement. »

79. (*Art.* 213. *du Code forestier.*) « Néanmoins les con-
» damnés qui justifieront de leur insolvabilité, suivant le
» mode prescrit par l'article 420 du Code d'instruction cri-
» minélle (1), seront mis en liberté après avoir subi quinze
» jours de détention, lorsque l'amende et les autres con-
» damnations pécuniaires n'excéderont pas quinze francs.

» La détention ne cessera qu'au bout d'un mois, lorsque
» les condamnations s'élèveront ensemble de quinze à cin-
» quante francs.

» Elle ne durera que deux mois, quelle que soit la quotité
» desdites condamnations.

» En cas de récidive, la durée de la détention sera double
» de ce qu'elle eût été sans cette circonstance. »

80. (*Art.* 214 *du Code forestier.*) « Dans tous les cas,
» la détention employée comme moyen de contrainte est
» indépendante de la peine d'emprisonnement prononcée
» contre les condamnés pour tous les cas où la loi l'inflige. »

SECTION II.

De l'exécution des Jugemens rendus dans l'intérêt des Fermiers
de la pêche et des Particuliers.

81. Les jugemens contenant des condamnations en faveur des fermiers de la pêche, des porteurs de licences et
des particuliers, pour réparation des délits commis *à leur*
préjudice, seront, à leur diligence, signifiés et exécutés
suivant les mêmes formes et voies de contrainte que les
jugemens rendus à la requête de l'administration chargée
de la surveillance de la pêche.

Le recouvrement des amendes prononcées par les mêmes
jugemens sera opéré par les receveurs de l'enregistrement
et des domaines.

82. La mise en liberté des condamnés détenus par voie

---

(1) C'est-à-dire en produisant, « 1° un extrait du rôle des contributions, constatant qu'ils paient moins de six francs, ou un certificat du
percepteur de leur commune, portant qu'ils ne sont point imposés;
2° un certificat d'indigence à eux délivré par le maire de la commune
de leur domicile, ou par son adjoint, visé par le sous-préfet, et approuvé par le préfet de leur département. »

de contrainte par corps à la requête et dans l'intérêt des particuliers ne pourra être accordée, en vertu des articles 78 et 79, qu'autant que la validité des cautions ou la solvabilité des condamnés aura été, en cas de contestation de la part desdits propriétaires, jugée contradictoirement entre eux.

TITRE VIII.

Dispositions générales.

83. Sont et demeurent abrogés toutes lois, ordonnances, édits et déclarations, arrêts du conseil, arrêtés et décrets, et tous réglemens intervenus, à quelque époque que ce soit, sur les matières réglées par la présente loi, en tout ce qui concerne la pêche.

Mais les droits acquis antérieurement à la présente loi seront jugés, en cas de contestation, d'après les lois existant avant sa promulgation.

DISPOSITIONS TRANSITOIRES.

84. Les prohibitions portées par les articles 6, 8 et 10, et la prohibition de pêcher à autres heures que depuis le lever du soleil jusqu'à son coucher, portée par l'article 5 du titre XXXI de l'ordonnance de 1669, continueront à être exécutées jusqu'à la promulgation des ordonnances royales qui, aux termes de l'article 26 de la présente loi, détermineront les temps où la pêche sera interdite dans tous les cours d'eau, ainsi que les filets et instrumens de pêche dont l'usage sera prohibé.

Toutefois les contraventions aux articles ci-dessus énoncés de l'ordonnance de 1669 seront punies conformément aux dispositions de la présente loi, ainsi que tous les délits qui y sont prévus, à dater de sa publication.

La présente loi, discutée, délibérée et adoptée par la chambre des pairs et par celle des députés, et sanctionnée par nous cejourd'hui, sera exécutée comme loi de l'Etat; voulons, en conséquence, qu'elle soit gardée et observée dans tout notre royaume, terres et pays de notre obéissance.

Si donnons en mandement à nos cours et tribunaux, préfets, corps administratifs, et tous autres, que les présentes ils gardent et maintiennent, fassent garder, observer et maintenir, et, pour les rendre plus notoires à tous nos sujets, ils les fassent publier et enregistrer partout où besoin sera : car tel est notre plaisir ; et, afin que ce soit chose ferme et stable à toujours, nous y avons fait mettre notre scel.

Donné en notre château des Tuileries, le 15e jour du mois d'avril de l'an de grace 1829, et de notre règne le cinquième (1).

Signé CHARLES.

Vu et scellé du grand sceau :   Par le Roi :

Le Garde des sceaux de France, Ministre Secrétaire d'État au département de la justice,

Le Ministre Secrétaire d'État au département des finances,

Signé Roy.

Signé Comte Portalis.

(1) Le Code de la pêche fluviale se trouve au Bulletin des lois, n° 286 de la huitième série. Ce numéro ayant été reçu au ministère de la justice le 24 avril 1829, c'est à cette date que commence, suivant l'ordonnance du roi du 27 novembre 1816, le délai après lequel les lois sont exécutoires dans les divers départemens du royaume, conformément à l'art. 1er du Code civil.

CODE

DE LA

PÈCHE FLUVIALE,

AVEC L'EXPOSÉ DES MOTIFS,
LA DISCUSSION DES DEUX CHAMBRES,

ET DES OBSERVATIONS SUR LES ARTICLES.

CONSIDÉRATIONS SUR L'ENSEMBLE DE LA LOI.

M. le marquis de Bouthillier, commissaire du roi, présentant le projet de Code à la chambre des pairs, dans la session de 1828, s'exprime ainsi dans l'exposé des motifs : « Le roi nous a ordonné de présenter à Vos Seigneuries un projet de loi relatif à la pêche fluviale. Ce projet, suite nécessaire du Code forestier adopté dans la dernière session des chambres, est destiné à remplacer les anciennes ordonnances, spécialement celle de 1669 et la loi du 4 mai 1802, qui régissent encore cette partie de notre droit public. Quoique les mêmes principes de conservation aient présidé à la législation sur la pêche maritime et sur la pêche fluviale, chacune de ces deux sortes de pêche a cependant toujours été régie par des lois spéciales, et placée sous une surveillance distincte. La première est dans les attributions du ministre de la marine, et la seconde dans celles du ministre des finances. C'est exclusivement de la pêche fluviale que traite le projet que nous sommes chargés de présenter à Vos Seigneuries. La France, par la situation de plusieurs de ses provinces sur le bord de la mer, et par le nombre considérable des fleuves, rivières, canaux et ruisseaux qui parcourent son territoire, trouve d'abondantes ressources dans la pêche : aussi, pour en assurer la conservation, nos rois, dans leur sollicitude paternelle pour le bien de leurs peuples, ont rendu plusieurs ordonnances qui en règlent l'exercice, tant à la mer que dans les fleuves et rivières. Toutes ont eu principalement pour objet d'interdire la pêche pendant la saison où les poissons se multiplient, et de prohiber l'emploi des filets, instrumens et appâts qui sacrifient à un gain momentané les ressources et les espérances de l'aveuir. Ces ordonnances ne furent point toujours ponctuellement exécutées, et l'on eut souvent à se plaindre de la dépopulation des rivières. Ce fut surtout dans les premiers temps de nos troubles politiques que se firent remarquer les abus de la pêche fluviale. Ces abus furent d'autant plus fâcheux, qu'ils nuisirent à la régénération des poissons qui, dans le temps du frai, remontent des eaux de la mer dans les fleuves et rivières. On s'aperçut enfin de la rareté d'un objet important de consommation, et de l'impossibilité de repeupler les rivières si l'on ne se hâtait de remettre à exécution les mesures de police prescrites par les réglemens : ce fut l'objet de la loi du 4 mai 1802 (14 floréal an x). La pêche fluviale, considérée sous le point de vue politique, mérite l'attention du législateur : elle contribue avec la pêche maritime à former des hommes à l'art si utile et si important de la navigation ; c'est en conduisant la barque du pêcheur que la plupart des matelots commencent leur apprentissage. Comme branche de revenu public, la pêche fluviale doit être aussi l'objet d'une attention particulière : bien que ses produits annuels ne s'élèvent qu'à une somme d'environ 500,000 francs, ils ont leur importance dans un gouvernement qui sait apprécier toutes les ressources dont la réalisation n'impose aucun sacrifice aux contribuables. Ce n'est pas seulement sur les grands cours d'eau qu'il faut exercer une police sévère ; l'intérêt général appelle aussi la surveillance sur les petites rivières et sur les simples ruisseaux. Les considérations que nous venons de rappeler ont servi de bases aux anciens réglemens sur la pêche ; mais ces lois, dont les premières remontent à la fin du treizième siècle, présentent aujourd'hui plusieurs dispositions surannées, incomplètes, et sans aucun rapport avec l'ordre actuel de notre législation. L'ordonnance de 1669 avait, il est vrai, modifié les réglemens antérieurs, et établi une série de dispositions spéciales sur la police de la pêche ; mais cette loi elle-même n'est plus en harmonie avec nos institutions, et présente l'inconvénient de renvoyer aux anciennes ordonnances au sujet de la prohibition d'instrumens de pêche connus aujourd'hui sous des dénominations tout-à-fait différentes. On ne peut révoquer en doute la nécessité de rajeunir cette législation, en la dépouillant de ce qui appartient à un ordre de choses qui n'est plus, et de l'établir d'après nos mœurs et nos besoins actuels : c'est pour y parvenir que nous avons préparé le projet que nous soumettons à vos délibérations. Ce projet, comme celui du Code forestier, a subi plusieurs degrés d'examen : préparé d'abord dans le sein d'une administration qui a toujours régi cette partie d'économie publique, et qui connaît par conséquent les améliorations qu'elle réclame, il a été ensuite confié à la révision de la commission qui avait été chargée de celle du Code forestier; et après y avoir été discuté avec la plus scrupuleuse attention et y avoir reçu des amendemens utiles, il a été communiqué aux autorités administratives et judiciaires, dont les observations ont puissamment contribué à perfectionner ce travail. Cette nouvelle loi se compose de huit titres qui règlent successivement le droit de pêche, l'administration et la régie, les adjudications des cantonnemens, la conservation et police, les poursuites en réparation de délits et contraventions, les peines et condamnations, l'exécution des jugemens, les dispositions générales et les dispositions transitoires. Vous remarquerez, nobles Pairs, que plusieurs titres rappellent textuellement les articles du Code forestier qui ont paru devoir s'appliquer à l'administration et à la police de la pêche; ces articles n'ont reçu d'autres modifications que celles qui étaient exigées par la différence des matières. En les insérant dans le Code de la pêche, au lieu d'y renvoyer comme on en avait eu d'abord l'intention, nous avons satisfait à un vœu généralement exprimé, et fondé sur l'avantage certain de renfermer dans une loi spéciale toutes les dispositions destinées à régler les matières qui s'y rattachent. Cette observation nous a paru nécessaire pour faire disparaître l'apparente longueur de ce projet, dont plusieurs articles reçoivent déjà leur exécution depuis la promulgation du Code forestier, et ne semblent plus nécessiter de nouvelles discussions. Nous nous bornerons, dans l'exposé des motifs, à appeler votre attention sur les dispositions qui nous paraîtront les plus dignes de la fixer, en réservant pour la discussion générale des articles les explications qu'elle pourra exiger. »

M. le commissaire du roi passe en revue les divers titres du projet, et il termine son discours en ces termes : « Telles sont, nobles Pairs, les principales dispositions du projet que nous venons soumettre à vos délibérations. Dans cette loi, comme dans le Code forestier, nous nous sommes attachés à respecter les droits de propriété, à appliquer les règles du droit commun, à protéger les intérêts généraux, et à modérer les peines toutes les fois qu'elles ont pu être réduites sans danger pour la répression des délits. Le roi, dont toutes les pensées se rapportent au bien de ses peuples, a proposé pour but à nos efforts, d'imprimer à cette loi un caractère conforme à nos mœurs et à nos besoins; c'était nous prescrire de prendre pour guide dans ce travail l'esprit des institutions qui nous régissent aujourd'hui. Nous nous sommes attachés à remplir les intentions de Sa Majesté, certains de nous rencontrer avec les vôtres. Nous venons donc avec confiance soumettre à vos lumières un projet qui tend à restaurer, d'après les principes de l'ordre constitutionnel, une partie trop vieillie de notre édifice social. Cette loi, émanée de la Charte, inspirée à la volonté royale par l'amour du pays, ne peut manquer d'obtenir l'approbation de Vos Seigneuries. »

M. le marquis de Maleville, *rapporteur de la commission spéciale de la Chambre des Pairs*, dit dans son rapport : « Lorsque le gouvernement du roi soumit à vos délibérations le projet du Code forestier, il annonça la prochaine présentation d'un autre projet de loi relatif à la pêche fluviale ; il annonça que les dispositions de l'ordonnance de 1669 et de la législation concernant cette matière y seraient refondues et appropriées aux besoins de l'époque actuelle. Cette tâche a été remplie ; et bien qu'elle fût beaucoup moins difficile, beaucoup moins compliquée que celle qui avait pour objet la police forestière, le travail qui en a été le résultat n'en a pas moins été soumis aux mêmes épreuves avant d'être livré à la solennelle discussion des chambres. Ce nouveau projet se compose de huit titres et de quatre-vingt-treize articles (aujourd'hui 84). Mais les deux tiers environ de ces articles étant extraits du Code forestier, semblent devoir être aujourd'hui hors de toute discussion. Les autres, quoique peu nombreux, ont donné lieu à plusieurs réclamations et à des questions graves, qui se rattachent aux principes les plus importans du droit public ou de la propriété. La commission nommée par Vos Seigneuries les a examinées avec soin ; elle les a discutées avec M. le directeur général des eaux et forêts. Je vais avoir l'honneur de vous rendre compte du résultat de ses délibérations, en faisant remarquer les principaux changemens que le projet introduit dans la législation actuelle. »

M. le baron Favard de Langlade, *commissaire du roi*, porte à la chambre des députés, dans la session de 1829, le projet de Code amélioré par la chambre des pairs. Il s'exprime en ces termes : « Les changemens qui se sont opérés dans nos institutions ont rendu nécessaires d'importantes modifications à plusieurs de nos lois. Déjà la célèbre ordonnance de Louis XIV a été remplacée en partie par une loi nouvelle sur la conservation des forêts. Nous venons aujourd'hui, par ordre du roi, vous apporter un projet de *Code sur la pêche fluviale*, pour compléter cette branche de notre législation.

« Ce projet, Messieurs, vous est connu. Préparé avec soin par le gouvernement, révisé par une commission spéciale, communiqué aux autorités administratives et judiciaires, soumis enfin à la chambre des pairs dans la dernière session, vous savez avec quel talent et quelle maturité il y fut examiné. Nous le reproduisons aujourd'hui avec les améliorations qu'il a reçues d'une discussion approfondie. Nous devons d'abord vous faire remarquer que sur le nombre de quatre-vingt-six articles (aujourd'hui 84) dont il se compose, il en est plus des trois quarts qui sont pris textuellement dans le Code forestier, et dont l'adoption ne semble pas susceptible de difficulté. Ainsi, les considérations que nous avons l'honneur de vous soumettre ne porteront que sur les dispositions qui forment les bases de la loi.

« La pêche peut avoir lieu dans la mer, dans les fleuves et rivières et dans les eaux dormantes ou étangs. Sous ce dernier rapport, elle est réglée par les articles 524 du Code civil et 388 du Code pénal, qui considèrent comme propriété privée le poisson des étangs, et en punissent comme vol l'enlèvement frauduleux. Nous n'avons pas non plus à vous entretenir de la pêche maritime, soumise à des règles spéciales. Il ne sera donc question que de l'exercice du droit de pêche dans les fleuves, dans les rivières, dans leurs embranchemens et en général dans les cours d'eau qui ne sont point une propriété particulière. »

M. le commissaire du roi termine ainsi son exposé des motifs : « Vous connaissez, Messieurs, par ce rapide exposé, le Code que nous venons offrir à vos méditations, ainsi que l'esprit dans lequel il est conçu. Vous jugerez sans doute que l'ensemble des règles qu'il renferme est propre à garantir tous les droits, comme à concilier tous les intérêts. »

M. Mestadier, rapporteur de la commission de la chambre des députés, dit dans son rapport : « Une loi sur la pêche était-elle nécessaire? Tel a dû être le premier objet de notre examen. Les lois inutiles constatent presque toujours l'inexécution des lois existantes ou un désordre dans l'organisation des pouvoirs de la société : on ne peut en espérer aucune force, aucun avantage. Devenue insuffisante pour la conservation des forêts, l'ordonnance de 1669 a été remplacée, sous ce rapport, par le Code forestier. Le titre XXXI est relatif à la pêche. Pourrait-il seul, avec le titre de la chasse, rester loi de l'Etat? L'ordonnance a trente-deux titres. Les peines que prescrit le titre XXXI ne sont plus en rapport ni avec les peines que nos nouvelles lois autorisent à infliger pour la répression des délits, ni même avec nos institutions constitutionnelles. En effet, les tribunaux pouvaient punir corporellement sans que la nature et la durée de la peine fussent déterminées; les pêcheurs étaient érigés en communautés et en maîtrises ; les maîtres-pêcheurs pouvaient seuls pêcher sur les rivières navigables, et, en cas de contravention, ils pouvaient être bannis des rivières pour trois ans. Le titre XXXI de l'ordonnance est composé de vingt-six articles. Quels sont ceux que nos lois nouvelles ont abrogés implicitement ou explicitement? Un arrêté du Directoire exécutif, du 28 messidor an vi, ordonna que publication nouvelle serait faite de onze articles seulement; les autres n'étaient-ils donc plus obligatoires? Le Directoire ne se permit pas de les déclarer abrogés; il n'en avait pas le droit. Un décret du 8 frimaire an ii, avait déclaré la pêche libre à tout le monde; en restituant au domaine public la pêche dans les rivières navigables, la loi du 14 floréal an x ne fit-elle pas nécessairement revivre quelques-uns des articles non publiés par le Directoire, notamment l'article 15, portant prohibition aux mariniers d'avoir des engins à pêcher? A tort ou à raison, le seigneur du territoire et le seigneur haut-justicier prétendaient au droit de pêche sur les rivières non navigables, soit comme droit de police, soit à titre de propriété seigneuriale; à qui ce droit appartient-il depuis les lois et décrets des 4 août 1789, 15 mars 1790, 13 avril 1791, 25 août 1792, 6 et 3o juillet 1793, qui abolirent la féodalité, les justices seigneuriales, et déclarèrent le droit de pêche compris dans la suppression? Plusieurs communes firent consacrer le droit de succéder aux seigneurs pour l'exercice exclusif de la pêche, et le droit des riverains n'a encore été reconnu que par un avis du conseil d'état des 27 et 3o pluviôse an xiii. L'ordonnance de 1669, la loi du 22 décembre 1790 et celle du 14 floréal an x, ne considèrent que les rivières *navigables* comme la propriété de l'Etat. L'article 538 du Code civil déclare en outre les rivières *flottables* des dépendances du domaine public. Cette disposition suffit-elle pour rendre applicable à la pêche, dans les rivières *flottables*, les dispositions pénales et réglementaires des lois antérieures sur la pêche dans les rivières *navigables*? Quel peut être l'effet du Code civil, relativement aux droits acquis sur les rivières *flottables*, avant sa publication? Le respect dû au droit de propriété, la police des fleuves, le repeuplement des rivières, rendaient donc indispensable une loi sur la pêche fluviale.

« En consultant les autorités administratives, le gouvernement du roi a donné un nouveau gage de son intention de faire ce qui est le plus utile à l'Etat. C'est ainsi que fut préparé le Code civil, monument dont la gloire paisible vaut bien d'autres gloires. C'est ainsi que devraient être toujours préparées toutes les lois importantes qui restent à faire, et surtout les lois qui auront pour objet l'affermissement du gouvernement représentatif, en développant avec sagesse nos institutions constitutionnelles. »

M. le marquis de Bouthillier, commissaire du roi, reporte

à la chambre de pairs, dans la session de 1829, le projet adopté par la chambre des députés. Il dit : « Nous avons présenté à Vos Seigneuries, dans la dernière session, un projet de loi sur la pêche fluviale. Ce projet, dans une sage et lumineuse discussion, a subi d'importantes et utiles améliorations, et dès-lors la chambre élective, dans l'examen approfondi auquel elle vient de se livrer, n'a pu y apporter que de bien légères modifications. Vous vous rappelez, nobles Pairs, que son objet principal est de remplacer le titre XXXI de l'ordonnance de 1669, sur l'exercice de la pêche, et de mettre cette partie de notre législation en harmonie avec nos institutions.

« Les dispositions qui en forment la base, et qui ont donné lieu à une discussion approfondie dans cette chambre en 1828, et tout récemment à la chambre des députés, sont renfermées dans environ trente articles. Les cinquante-cinq autres articles du projet ont été empruntés du Code forestier ; ainsi partie de cette loi a déjà pour ainsi dire acquis l'autorité de la chose jugée. Les huit titres dont il se compose règlent l'exercice de la pêche dans les cours d'eau qui sont du domaine public, et dans ceux dont la propriété appartient aux particuliers ; l'administration de la pêche appartenant à l'État ; la police de celle qui s'exerce dans tous les cours d'eau ; la répression des délits, enfin quelques dispositions générales. Le titre Ier, qui traite du droit de pêche, est celui qui, l'année dernière, a fixé le plus particulièrement l'attention de Vos Seigneuries ; la discussion a eu pour objet de déterminer, quant à l'exercice de la pêche au profit de l'État, les applications du principe qui place dans le domaine public la propriété des fleuves et rivières navigables et de leurs dépendances. Vous vous rappelez, nobles Pairs, qu'en ce qui touche le fonds de cette propriété, la loi proposée ne change point la législation existante, et que, si elle présente une définition des rivières navigables et flottables, cette définition n'a pour but que de restreindre l'exercice de la pêche appartenant à l'État, et de prévenir les contestations qu'il pourrait faire naître si on lui donnait toute l'étendue que lui assigne le droit de propriété dont la pêche est un accessoire inséparable. »

TITRE Ier.

Du Droit de pêche.

ART. Ier.

Le droit de pêche sera exercé au profit de l'État,

1° Dans tous les fleuves, rivières, canaux et contre-fossés navigables ou flottables avec bateaux, trains ou radeaux, et dont l'entretien est à la charge de l'Etat ou de ses ayant-cause;

2° Dans les bras, noues, boires et fossés qui tirent leurs eaux des fleuves et rivières navigables ou flottables, dans lesquels on peut en tout temps passer ou pénétrer librement en bateau de pêcheur, et dont l'entretien est également à la charge de l'Etat.

Sont toutefois exceptés les canaux ou fossés existans ou qui seraient creusés dans des propriétés particulières et entretenus aux frais des propriétaires.

DISCUSSION A LA CHAMBRE DES PAIRS. (1828.)

L'article du projet était ainsi conçu : « Le droit de pêche appartient à l'Etat dans tous les fleuves, rivières, canaux et contre-fossés navigables ou flottables avec bateaux, trains ou radeaux, et dont l'entretien est à la chage de l'Etat ou de ses ayant-cause, sans préjudice du droit acquis à des tiers par titres réguliers.

« Font partie intégrante des fleuves et rivières navigables ou flottables les bras, noues, boires et fossés qui en tirent leurs eaux et dans lesquels on peut librement passer ou pénétrer en bateau pendant le temps des moyennes eaux.

« Sont toutefois exceptés les canaux et fossés creusés dans des propriétés particulières et entretenus aux frais des propriétaires. »

M. le marquis de Bouthillier, commissaire du roi, expose les motifs qui ont déterminé cette rédaction. « C'est, dit-il, un principe de notre droit public, que les fleuves et rivières navigables ou flottables appartiennent au domaine de l'Etat. Ce principe, consacré par les ordonnances de 1407, 1554, 1572, et par l'article 41 du titre XXVII de l'ordonnance de 1669, a été confirmé par la loi du 22 novembre 1790, et par l'article 538 du Code civil. Le droit domanial de la pêche dans ces rivières est une conséquence de ce principe; le projet ne fait que le maintenir. Mais les lois ne déterminent pas d'une manière précise ce qu'on doit entendre par rivière *navigable et flottable*, et elles laissent aussi des incertitudes sur les droits de l'Etat à la propriété de certaines dérivations de ces rivières. Les rédacteurs de ce projet se sont attachés à mettre la plus grande précision possible dans la définition de ces droits, afin d'éviter toutes difficultés entre l'Etat et les particuliers; et à cet égard ils se sont aidés du texte des lois et des interprétations de la jurisprudence. »

M. le marquis de Maleville, rapporteur de la commission, s'exprime en ces termes dans son rapport : « Le titre Iᵉʳ a pour objet le *droit de pêche.* Ce droit peut s'exercer dans des fleuves, rivières ou canaux navigables; il s'exerce aussi dans des cours d'eau qui n'ont pas cette propriété. Dans les fleuves, rivières et canaux navigables, le droit de pêche appartient à l'Etat. C'est une conséquence du principe qui place dans le domaine public toutes les rivières de cette nature. Ce principe, fondé sur tous les monumens de notre législation ancienne et moderne, ne saurait être contesté. Il ne s'agit que de déterminer les applications et les restrictions dont il est susceptible. L'ordonnance de 1669, dans plusieurs de ses dispositions, la loi du 14 floréal an x (4 mai 1802), et enfin l'article 538 du Code civil, ont assimilé les rivières flottables aux rivières navigables. Mais les rivières flottables sont de deux sortes : dans les unes, le flottage a lieu à trains ou à radeaux; dans d'autres moins considérables, ou dont le cours est semé de certains obstacles, il ne peut se faire qu'à bûches perdues. De là, la question de savoir si la pêche est domaniale dans celles-ci comme dans les premières. Le projet de loi fait cesser toute difficulté, en n'attribuant à l'Etat le droit de pêche que dans les fleuves, rivières, canaux et contre-fossés navigables ou flottables avec bateaux, trains et radeaux. Cette disposition est d'ailleurs conforme à plusieurs décisions émanées des autorités administratives et judiciaires, notamment à un avis du conseil d'état du 21 février 1822.

« D'après l'ordonnance de 1669, pour que la propriété d'un fleuve ou d'une rivière fît partie du domaine public, il fallait qu'ils fussent naturellement navigables; *qu'ils portassent bateaux de leur fond, et sans artifice ni ouvrage de main.* Le projet étend les droits du domaine sur tous les cours d'eau navigables ou flottables dont l'entretien est à la charge de l'Etat ou de ses ayant-cause. C'est parce que tous les cours d'eau de cette nature dont l'entretien est à la charge de l'Etat sont présumés lui appartenir. L'article 538 du Code civil considère comme dépendant du domaine public tous les fleuves et rivières navigables ou flottables, sans aucune distinction.

« Le projet déclare faire partie intégrante des fleuves et rivières navigables ou flottables, les bras, noues, boires et fossés qui en tirent leurs eaux, et dans lesquels on peut librement passer en bateaux *pendant le temps des moyennes eaux.*

« Cette disposition a été l'objet de plusieurs réclamations. On a craint qu'elle ne prêtât à l'arbitraire, que les agens inférieurs de l'administration n'en abusassent pour contester à des propriétaires riverains le droit de pêcher dans des canaux ou fossés où ils l'ont paisiblement exercé jusqu'à ce jour, et qui ne font pas nécessairement partie des fleuves ou rivières avec lesquels ils communiquent. On a demandé que la disposition dont il s'agit ne s'appliquât qu'aux bras de rivières, noues, boires et fossés dans lesquels l'Etat aurait déjà fait des ouvrages d'art pour les entretenir et y assurer sa jouissance, ou dans lesquels on pourrait librement passer en tout temps avec des bateaux de même dimension que ceux qui servent à la navigation de la rivière, ou du moins d'un port déterminé, comme de deux tonneaux ou d'un tonneau. Ces conditions à imposer à l'Etat n'ont pas paru admissibles à votre commission : elle a pensé que, puisqu'il ne s'agissait que de l'exercice de la pêche, on ne pouvait exiger, pour la reconnaissance du droit de l'Etat. que les bras de rivières, noues, boires et fossés qui en tirent leurs eaux, fussent assez forts pour porter pendant toute l'année un bateau servant à la navigation ; qu'il ne pouvait être question que d'un bateau de pêcheur. Toutefois, pour éviter les difficultés qui pourraient s'élever au sujet de la fixation du temps des moyennes eaux, elle estime que l'Etat ne peut revendiquer le droit de pêche dans les bras, noues, boires et fossés dont il s'agit, que tout autant qu'on peut y pénétrer en bateau, librement et sans aucun artifice accidentel, non-seulement pendant le temps des moyennes eaux, mais encore *en tout temps.* C'est ainsi, d'ailleurs, que cela s'est pratiqué jusqu'à ce jour d'après des décisions ministérielles ; et la première rédaction du projet de loi y était conforme.

« Le troisième paragraphe porte : « Sont toutefois exceptés les « canaux et fossés creusés dans des propriétés particulières, et « entretenus aux frais des propriétaires. »

« Quelques personnes auraient désiré qu'on y ajoutât ces mots : « Ainsi que les cours d'eau qui, servant de limite entre les héri- « tages, sont entretenus par les riverains. » Mais la commission pense que les termes employés dans le projet de loi garantissent suffisamment aux propriétaires riverains les droits qui leur appartiennent dans ces sortes de cours d'eau, et que l'addition proposée ne ferait qu'en obscurcir le sens.

« Dans l'ancienne monarchie, la propriété des rivières navigables paraissait si essentiellement unie à la couronne, que des domanialistes pensèrent qu'elle ne pouvait en être séparée en aucune manière; que la couronne n'avait pas même pu valablement aliéner, au profit de quelques particuliers, le droit de pêche dans aucune de ces rivières. A l'époque de la révolution, une autre considération fit supprimer tous les droits de cette espèce exercés par des particuliers; c'est qu'on les regarda comme le résultat de l'abus de la puissance féodale ou de l'usurpation. La loi du 14 floréal an x, et différens décrets du gouvernement impérial, considérèrent ces droits comme abolis, et décidèrent que nul ne pourrait pêcher dans ces rivières, s'il n'était fermier de l'Etat, ou muni d'une licence par lui délivrée; que tous les établissemens fixes de pêche seraient affermés au profit de l'Etat. Toutefois l'ordonnance de 1669, et surtout l'édit de 1683, n'avaient pas regardé la maxime de la domanialité et de l'inaliénabilité des rivières navigables comme tellement absolue, qu'elle ne pût subir quelques modifications. En déclarant que ces rivières faisaient partie du domaine de la couronne, l'ordonnance et l'édit précités avaient maintenu les particuliers dans la propriété, jouissance et possession des droits de pêche et autres qu'ils pouvaient y avoir acquis par titres et possession. De graves inconvéniens, il est vrai, pouvaient naître de l'aliénation même d'une rivière navigable. Les rivières, comme la mer, donnent des ailes au commerce; elles sont indispensables pour la circulation générale des habitans du royaume et des produits de l'industrie. Si plusieurs de ces rivières ou des parties notables de ces rivières cessaient d'être dans le domaine public, si le droit de les administrer n'était pas inaliénable, sa division détruirait l'unité de l'action du gouvernement, et compromettrait la prospérité publique. Mais l'aliénation d'un simple droit de pêche dans quelques parties d'une rivière, ne saurait avoir de pareilles conséquences; et d'ailleurs, si elle en avait de dangereuses, l'Etat aurait toujours la faculté d'en déposséder les titulaires pour cause d'utilité publique, en leur payant une indemnité. Aussi plusieurs cours judiciaires, et notamment la cour de cassation, qui est placée à leur tête, ont-elles réclamé en faveur des droits de pêche valablement acquis à des tiers, dans des rivières navigables ou flottables; et c'est sur leur proposition qu'il a été ajouté au premier projet de loi une disposition portant *qu'il n'est point préjudicié aux droits acquis à des tiers par titres régulïers.* Cette addition paraît être de toute justice.

M. le comte d'Argout attaque, dans la discussion générale, le projet de loi. A son avis, « le droit de pêche, étant une dépendance de la propriété ou de l'usage des cours d'eau, ne peut être séparé des autres droits qui s'y exercent, tels que ceux d'irrigation, de dérivation, d'alluvion, etc. Les règles qui concernent l'attribution et l'exercice de ce droit auraient donc dû être précédées d'un code fluvial, ou de dispositions complètes relatives à la propriété fluviale. En supposant que le projet actuel puisse se borner à tracer les règles qui concernent le droit de pêche, il est encore incomplet et défectueux. Car, comme ce droit, à l'égard de l'Etat, découle de la propriété des rivières navigables, et que la définition de la navigabilité des rivières, dans les différens auteurs, présente les plus étranges variations, il aurait fallu expliquer avec exactitude et précision ce qu'on entend par rivière navigable, et c'est ce que ne fait pas le projet de loi. L'article Ier attribue à l'Etat le droit de pêche dans tous les fleuves, rivières, canaux et fossés navigables ou flottables dont l'entretien est à la charge de l'Etat ou de ses ayant-cause. Mais il y a des canaux mixtes qui sont entretenus en partie par l'Etat et en partie par des particuliers ou des communes ; la loi du 16 septembre 1807 en indique de cette espèce : le projet de loi ne dit point à qui le droit de pêche y appartiendra. Le même article réserve *aux tiers les droits acquis par titres réguliers.* Mais la législation, qui a tantôt annulé, tantôt confirmé ces sortes de concessions dans les rivières navigables, a fini par les supprimer. Le projet ne s'explique pas sur ce qu'on doit entendre par *titres réguliers,* et ne dit pas si ces titres doivent remonter à une époque antérieure à l'année 1566, comme l'exigeait l'édit de 1683. »

M. le rapporteur répond dans le résumé de la discussion générale. « Avant de s'occuper des autres parties du projet de loi que le noble comte regarde comme essentielles, les auteurs de ce projet ont dû régler, dans un premier titre, la propriété du droit de pêche, tant à l'égard de l'Etat qu'à l'égard des particuliers, et désigner les cours d'eau dans lesquels ces deux sortes de propriétaires exerceraient leurs droits respectifs. Ces dispositions préliminaires n'étaient-elles pas en effet indispensables ? Si elles ne se trouvaient pas dans le titre Ier, plusieurs de celles que renferment les titres suivans seraient évidemment incomplètes et presque inintelligibles. Les principes d'où découlent ces dispositions préliminaires se trouvent, à la vérité, établis, soit dans le Code civil, soit dans d'autres monumens de la législation

ancienne ou moderne. Mais les conséquences, quant au droit de
pêche, n'en avaient été déduites que très-imparfaitement, et
quelquefois contre toute justice, soit par l'administration, soit
par les tribunaux; c'est à quoi le titre Ier a voulu remédier. La
législation existante, tout en attribuant à l'Etat le droit de pêche
dans les rivières navigables ou flottables, ne les a point définies;
des difficultés, ainsi que nous l'avons dit dans notre rapport, se
sont élevées sur ce qu'on entendait par *rivières flottables*. Le
projet actuel les fait cesser par la définition qu'il donne dans l'article Ier. Il résulte bien évidemment, ce nous semble, de la
définition qui s'y trouve, que, pour qu'une rivière soit déclarée
navigable ou flottable, et que le droit de pêche en soit dévolu
à l'Etat, il ne suffit pas qu'elle ne puisse être traversée qu'en
bateau; il faut qu'on puisse y naviguer, y circuler avec bateau,
train ou radeau, au moins pendant une partie de l'année, depuis le point où elle aura été déclarée navigable jusqu'à son embouchure. La législation existante, c'est-à-dire le Code civil et
la loi du 14 floréal an x, ne distinguent pas entre les rivières
qui sont navigables ou flottables naturellement, de leur propre
fond, et celles qui ne le sont qu'au moyen de travaux et d'ouvrages d'art; en sorte qu'ils semblent attribuer indistinctement
à l'Etat la propriété de toutes ces rivières. Le projet de loi, au
contraire, distingue, entre les rivières qui ne sont navigables
ou flottables qu'au moyen d'ouvrages d'art, celles dont l'entretien est à la charge de l'Etat ou de ses ayant-cause, et celles
dont l'entretien est à la charge des communes ou des particuliers; et il n'attribue à l'Etat le droit de pêche que dans les premières. D'après cette distinction, il est bien évident que l'Etat
ne peut pas revendiquer exclusivement le droit de pêche dans
les canaux ou rivières mixtes, dans les canaux ou rivières servant à la *petite navigation,* dans ceux qui sont entretenus,
conformément à la loi du 16 septembre 1807, à moitié frais par
lui et par un certain nombre de communes: dans ceux-ci, le
droit de pêche doit se partager, à moins qu'il n'y ait titres contraires, entre l'Etat et les communes qui contribuent à l'entretien de cette navigation, proportionnellement à la quotité de
leurs dépenses respectives; cela ne semble pas avoir besoin d'être
exprimé.

« La législation existante, et notamment les lois qui ont aboli
le régime féodal, et par suite celle du 14 floréal an x, passaient,
dans l'opinion de beaucoup de monde, pour avoir supprimé tous
les droits de pêche que des particuliers avaient autrefois exercés
dans certaines rivières navigables ou flottables. Cependant il
existe plusieurs exemples de familles qui ont été maintenues.

dans la possession de ce droit, même depuis la loi de floréal, lorsqu'elles ont justifié l'avoir acquis par des titres non entachés de féodalité, soit antérieurs soit postérieurs à l'année 1566. Le projet de loi a voulu lever tous les doutes à cet égard, en sanctionnant de pareils droits, lorsqu'ils seraient établis par des jugemens ou par des titres dont la régularité sera appréciée par les tribunaux.

« La législation existante n'explique pas avec précision quels sont les bras, noues, boires et fossés qui font partie des rivières navigables ou flottables, et dans lesquels le droit de pêche appartient à l'Etat : des contestations se sont élevées ; elles n'ont pu être terminées par l'administration ou par les tribunaux, que d'après des considérations et des règles arbitraires. Le projet actuel veut les prévenir, en donnant une définition qui a été plusieurs fois remaniée pour arriver à la plus grande exactitude possible.

« Ainsi, pour montrer que les principes consacrés par le projet de loi ne s'appliquent qu'au droit de pêche, et laisser intacts tous les autres droits que les particuliers pourraient réclamer, soit dans les cours d'eau navigables ou flottables, soit dans les bras, noues, boires et fossés qui en dépendent, la commission, de concert avec les nobles orateurs et MM. les commissaires du roi, propose de rédiger ainsi le paragraphe second de l'article 1er :

« *Le droit de pêche sera aussi exercé au profit de l'Etat*
« dans les bras, noues, boires et fossés qui tirent leurs eaux des
« fleuves et rivières navigables ou flottables, et dans lesquels on
« peut passer ou pénétrer en bateau *de pêcheur*, librement et en
« tout temps. »

Quant au troisième paragraphe, la commission n'y avait d'abord fait aucun amendement ; « mais on lui a fait observer, ajoute M. le rapporteur, qu'il serait équitable de comprendre dans la même exception les canaux et fossés qui, servant de limites entre les héritages, sont entretenus par les riverains, bien qu'il ne soit pas établi qu'ils aient été creusés dans des propriétés particulières. En conséquence, la commission est maintenant d'avis de rédiger ainsi ce troisième paragraphe : « Sont toutefois « exceptés les canaux et fossés *existans* dans des propriétés par- « ticulières et entretenus aux frais des propriétaires. »

La discussion s'engage ensuite sur les articles, et la chambre délibère d'abord sur l'article 1er, tel qu'il est amendé par la commission.

M. le comte de Tournon estime « que l'addition de quelques mots serait nécessaire pour compléter la définition des fleuves et rivières navigables ou flottables, comprise dans le premier paragraphe. L'ordonnance de 1669 ne considérait comme tels que les fleuves et rivières *portant bateaux de leur fonds sans artifices et ouvrages de mains.* Il demande que ces expressions soient textuellement insérées dans le projet, pour marquer avec plus de précision la ligne qui sépare les rivières appartenant à l'Etat de celles qui sont du domaine de la propriété privée. Le troisième paragraphe lui paraît également susceptible d'une légère addition : en exceptant les fossés *creusés dans des propriétés particulières*, les auteurs du projet ont sans doute voulu étendre cette exception aux fossés qui appartiennent à des communes. Ne serait-il pas convenable, pour prévenir toute difficulté à cet égard, d'ajouter le mot *communes* au mot *propriétaires*, qui termine l'article ? C'est un douté que l'opinant soumet aux commissaires du roi et à la chambre. »

M. le comte Roy, ministre des finances, répond : « Pour simplifier la discussion qui s'engage, il est nécessaire avant tout que la chambre comprenne bien quel est le but que le gouvernement s'est proposé en lui présentant le projet de loi sur lequel elle délibère. Ce but n'a pas été, ainsi que pourraient le faire croire les expressions dont se sont servis quelques orateurs, de faire une loi sur la propriété des cours d'eau, mais uniquement de faire une loi sur l'exercice et sur la police de la pêche. Les auteurs du projet ne se sont nullement occupés de régler ce qui concerne la propriété des rivières ou des terrains qui les bordent. Ils sont partis de ce principe, que la question de propriété était résolue par les dispositions de lois antérieures, et ils n'ont eu qu'à déduire de ces lois, par voie de conséquence, au profit de qui devait s'exercer le droit de pêche. Il n'est donc besoin d'aucune disposition nouvelle pour définir quels sont les fleuves ou rivières qui font partie du domaine de l'Etat. L'article 538 du Code civil comprend généralement dans ce domaine tous les fleuves ou rivières navigables ou flottables : il ne distingue point, comme le préopinant le voudrait faire, s'ils portent bateaux *de leur fonds* ou avec le secours de l'art ; et si le projet a ajouté aux termes du Code civil quelques expressions restrictives, ce n'est point du tout pour changer la législation existante en ce qui touche la propriété, c'est uniquement parce que l'Etat a jugé convenable d'admettre quelque restriction à l'exercice du droit de pêche qui lui appartient. On ne doit pas chercher d'autre motif de l'introduction dans le projet de ces mots : *navigables ou flottables avec bateaux, trains ou radeaux.* L'ordonnance de 1669 n'avait, à la vérité, attribué à l'Etat que la propriété des rivières navigables ; mais le Code civil a étendu son domaine aux rivières flottables. Il ne saurait revenir maintenant à la disposition de l'ordonnance sans se départir des droits qui lui sont légitimement acquis, sans rétrograder vers un état de choses qui n'existe plus. En un mot, l'intention du gouvernement n'a pas été de changer, mais de maintenir la législation du Code civil; il doit donc repousser tout amendement qui tendrait à restreindre la définition qu'il donne des rivières navigables ou flottables. Un mot suffit pour démontrer l'inutilité de l'amendement proposé au dernier paragraphe. Les communes ont, relativement aux choses qu'elles possèdent, la qualité de propriétaires : elles sont donc évidemment comprises sous cette dénomination. Il n'y a pas plus de motif pour les mentionner ici, qu'il n'y en aurait pour énumérer les corporations, les hospices et tous les autres établissemens auxquels peuvent compéter des droits de propriété. »

M. le comte de Tournon « ne conteste pas le droit exclusif qui résulte au profit de l'Etat de la généralité des termes du Code civil. Mais une seule observation lui suffit pour justifier l'amendement qu'il propose. Les auteurs du projet ont jugé qu'une nouvelle définition était nécessaire, puisqu'ils déterminent certaines conditions sans lesquelles une rivière ne peut être considérée comme navigable ou flottable dans le sens que le projet attribue à ce mot. Dès lors, quel inconvénient peut-il y avoir à ajouter à cette définition un mot qui doit la rendre plus claire et plus précise? Tout ce que demande l'opinant, c'est de compléter une explication déjà donnée, par une explication plus exacte encore. Si, comme le pense le noble pair, c'est au gouvernement seul qu'il appartient de décider la question de navigabilité, on ne saurait rédiger avec trop de soin la définition qui lui servira de règle pour prononcer. C'est le meilleur moyen de prévenir les reproches d'arbitraire que pourraient encourir ses décisions, et d'éviter une foule de contestations qui, bien que leur objet puisse paraître minime, ont cependant leur importance pour les propriétaires qu'elles intéressent. »

M. le ministre des finances dit que « la méprise consiste précisément à considérer le projet de loi comme donnant une définition nouvelle des rivières navigables et flottables, tandis qu'il a seulement pour but d'expliquer quelles sont, parmi ces rivières, celles où la pêche sera exercée au profit du gouvernement. Les mots *navigables ou flottables*, dont se sert le Code civil, comprennent non-seulement les rivières qui peuvent porter bateaux, trains ou radeaux, mais encore toutes celles qui sont flottables de quelque manière que ce soit, à bûches perdues, par exemple. Par le projet de loi, l'Etat renonce à l'exercice de la pêche dans ces dernières; mais il ne prétend pas se dessaisir à leur égard de la propriété qui lui appartient, il consent seulement à limiter par certaines conditions l'exercice de l'un des droits qui résultent de cette propriété. Si le gouvernement avait voulu remettre en litige la propriété de ces rivières, ce n'est pas à l'occasion d'un projet de loi sur la pêche qu'il aurait soulevé devant les chambres une question aussi grave. »

M. le comte d'Argout «.déclare qu'il ne saurait partager à cet égard l'opinion du ministre. Si les auteurs du projet n'avaient pas eu l'intention d'innover, pourquoi se seraient-ils servis d'une rédaction si différente de celle que présente l'article 538 du Code civil? Dire que le droit de pêche n'appartient à l'Etat que dans les fleuves, rivières et canaux navigables ou flottables *avec ba- teaux, trains ou radeaux, et dont l'entretien est à sa charge*, c'est évidemment modifier la disposition des lois existantes qui lui attribuent ce droit sur toutes les rivières navigables ou flotta- bles, qu'elles soient entretenues à la charge du gouvernement ou des riverains. L'exposé des motifs et le rapport de la commis- sion établissent qu'il y a innovation à la législation sur la pro- priété, et c'est ainsi que l'opinant l'avait également compris. Il est loin, au reste, de blâmer une telle innovation : il l'approuve, au contraire, puisqu'elle tend à restreindre ce que la rédaction du Code civil avait de trop vague et de trop indécis. Mais il craint que la définition du projet n'atteigne pas encore complète- ment le but désiré et qu'elle ne laisse subsister les deux abus les plus graves du système actuel. Il n'y voit rien en effet qui em- pêche le gouvernement de décider, ainsi qu'il peut le faire aujour- d'hui, et comme il l'a déjà fait en quelques occasions, qu'une rivière est navigable ou flottable par cela seul qu'on peut la tra- verser en bateau à un endroit donné de sa largeur. D'après l'ar- ticle Ier du projet de loi, il n'y a rien non plus qui empêche le gouvernement de déclarer faire partie du domaine de l'Etat, un cours d'eau qui ne serait navigable que pendant une heure en une année. Cela ne s'est jamais fait, mais une pareille déclaration ne violerait pas le texte de la loi existante. L'amendement qu'a proposé le premier opinant, bien qu'il améliore la rédaction du projet, n'offre pas sous ces deux rapports toutes les garanties dé- sirables. Le noble pair propose de le sous-amender en restrei- gnant la qualification de navigables ou flottables aux rivières qui portent bateaux ou radeaux *pendant un mois au moins dans le cours de l'année.* Cette restriction paraîtrait également appli- cable aux dérivations et fossés compris dans le paragraphe II de l'article. Enfin, pour compléter la définition des rivières naviga- bles, l'opinant voudrait que l'on ne considérât comme telles que celles qui peuvent être remontées en bateau depuis leur embou- chure, jusqu'au premier point où la navigation est interrompue.

Ce n'est point en effet dans l'intérêt du fisc que la loi attribue à l'Etat la propriété de certains fleuves, c'est dans l'intérêt général du commerce et de la navigation. Son droit doit donc être limité aux grandes lignes de communication qui offrent une importance évidente et non contestée : ce n'est qu'à cette condition que les riverains peuvent être assujétis aux servitudes onéreuses que leur imposent les lois sur la navigation. »

M. le ministre des finances « s'étonne qu'après les explications qu'il a données on puisse supposer encore que le projet ait pour but de définir quelles sont les rivières qui appartiennent à l'Etat. Loin de modifier le Code civil, l'article 1er prend ce Code pour point de départ. S'il se fût borné à dire : *le droit de pêche sera exercé au profit de l'Etat dans tous les fleuves et rivières navigables ou flottables*, qui eût pu contester ce droit à l'Etat, puisque tous ces cours d'eau lui appartiennent? Il n'y a point de distinction à faire à cet égard : le Code civil n'en admet aucune, et le projet de loi n'en veut pas reconnaître davantage. Sous quel rapport établit-il donc une classification entre les rivières? C'est uniquement pour déclarer qu'il veut bien renoncer à l'exercice du droit de pêche dans les rivières qui ne portent ni bateaux, ni trains, ni radeaux ; mais il ne met point pour cela en question son droit de propriété. Et où en serait-on, en effet, si, à l'occasion du plus minime des accessoires de la propriété, on transférait cette propriété elle-même ; si parce que l'Etat consent à se dessaisir en quelques endroits de l'exercice de la pêche, on changeait la législation existante en ce qui concerne son domaine? La faculté de se livrer à la pêche entraînera, dit-on, en faveur des riverains, d'autres droits plus importans, tels que ceux d'irrigation ou d'arrosage : il suffit d'observer à cet égard que si les riverains sont admis à jouir de ces droits, ce sera en vertu d'une tolérance de l'administration. Mais la question de propriété reste toujours en dehors de la discussion. Le ministre supplie la chambre de ne pas perdre de vue ce point important. »

M. le baron de Barante obtient la parole. « Une définition exacte lui paraît indispensable, non pour changer la législation existante, mais pour remplir la lacune qui existe dans la disposition du Code civil. Ce Code attribue à l'Etat la propriété des rivières navigables ou flottables, mais il ne définit point ce qu'il faut entendre par ces mots, en sorte que la décision du litige appartient à l'administration, qui est ainsi juge dans sa propre cause. L'opinant sait mieux que tout autre qu'elle n'a jamais abusé du pouvoir arbitraire dont elle jouit à cet égard ; mais il est de la sagesse du législateur, de ne pas laisser subsister plus long-temps un état de choses dans lequel il serait loisible au gouvernement de s'approprier un cours d'eau que des particuliers auraient légitimement acquis, sans avoir besoin d'autre titre que de l'acte par lequel il s'en déclarerait propriétaire. On doit savoir gré aux auteurs du projet, d'avoir cherché à resserrer, par une définition, la généralité effrayante des lois antérieures, et sur-tout d'avoir admis dans l'article 3 sur la demande de la commission, le principe qu'une indemnité était due aux propriétaires dépossédés. Mais cette définition ne doit-elle pas être restreinte davantage ? Le principe de l'article 3 n'est-il pas susceptible d'une application plus étendue ? Telles sont les questions qui s'élèvent en ce moment, et qui rentrent tout-à-fait dans les vues bienfaisantes du gouvernement. Sous ce rapport, le noble pair appuie les amendemens qui viennent d'être soumis à la chambre. Il proposera lui-même au dernier paragraphe de l'article 1ᵉʳ, une légère modification dont l'utilité a été indiquée par un des orateurs entendus dans la discussion générale. Les vastes marais situés sur le littoral de l'ouest, s'exploitent au moyen de canaux, dont plusieurs ne sont pas *creusés dans des propriétés particulières*, mais servent de limites entre des héritages, et longent quelquefois des routes ou des communaux. Les canaux n'en sont pas moins une dépendance des marais, et une propriété privée. Pour qu'ils soient implicitement compris dans l'exception portée au troisième paragraphe, l'opinant demande que l'on supprime ces mots : *dans des propriétés particulières*, et que le paragraphe soit ainsi rédigé : *sont toutefois exceptés les canaux et fossés creusés ou entretenus aux frais des propriétaires.* »

M. le rapporteur, « déclare que dans l'opinion de la commission, comme dans celle du ministre, il n'est pas ici question de statuer sur la propriété des cours d'eau. La définition insérée au projet n'a pour but que de faire connaître quelles sont les rivières dans lesquelles la pêche sera exercée au profit de l'Etat, et la seule difficulté qui se soit élevée à cet égard était relative aux rivières où le flottage ne peut s'exercer qu'à bûches perdues. Ces rivières se trouvent exclues des cantonnemens de pêche par les termes du projet : mais on ne saurait étendre cette exclusion à d'autres cas. Le premier opinant entendu dans cette séance a proposé de rétablir dans l'article 1ᵉʳ ces expressions de l'ordonnance de 1669, *portant bateaux de leur fonds, sans artifices ni ouvrages de mains.* Mais ce serait revenir à un principe qui a été modifié par les lois postérieures, car cette restriction de l'ordonnance ne se trouve ni dans la loi du 14 floréal an x, ni dans l'article 538 du Code civil. L'amendement proposé par un autre orateur, et qui tend à exclure de la classe des rivières navigables ou flottables, toutes celles qui ne le seraient pas sans interruption depuis leur embouchure, ne saurait être admis davantage. Le noble pair n'a pas réfléchi sans doute qu'il exclurait par-là un grand nombre de rivières fort importantes qui ont toujours fait partie du domaine de l'Etat, mais dans lesquelles un rocher ou tout autre obstacle naturel suffit pour intercepter la navigation sur quelque point. Le rapporteur ne trouve rien dans les propositions soumises à la chambre qui doive faire modifier les amendemens de la commission. Il persiste à demander leur adoption pure et simple. »

M. le comte de Tocqueville, pense « que, pour se convaincre de l'inutilité des définitions nouvelles présentées par plusieurs des préopinans, il suffit de se pénétrer de cette idée fondamentale que toutes les rivières navigables ou flottables appartiennent à l'Etat, et que le droit de pêche dans ces rivières n'est qu'une conséquence et une indemnité des frais que nécessite leur entretien. Peu importe que la navigation soit ou non interrompue dans quelques endroits : loin de faire cesser la dépense d'entretien, ces interruptions doivent l'augmenter, et la pêche, autant qu'elle est considérée comme un fruit, doit toujours appartenir à celui qui supporte les charges de la jouissance. »

M. le comte de Tournon, « ne comprend pas à quelles dépenses d'entretien les rivières navigables peuvent donner lieu : aussi la définition de l'art. Ier lui a-t-elle paru sous ce rapport inexacte et peu claire. Comment reconnaître en effet quelles sont les rivières entretenues aux frais de l'Etat, lorsque cet entretien se réduit peut-être à la plantation de quelques perches, et qu'il peut s'écouler souvent un demi-siècle sans qu'il soit fait sur les bords aucuns travaux? Il est donc nécessaire à cet égard de compléter la disposition du projet, et l'opinant persiste à croire que l'amendement qu'il a proposé remplirait ce but : il ne s'oppose pas d'ailleurs à ce que d'autres rédactions soient adoptées si elles paraissent préférables. »

M. le comte de Peyronnet, « signale de nouveau la confusion de choses et de principes qui embarrasse le cours de la discussion. On ne saurait trop répéter qu'il y a des lois sur la propriété et des lois sur la pêche : que les lois sur la propriété sont faites et que personne ne songe à les refaire; que la législation sur la pêche est la seule dont la chambre ait à s'occuper maintenant. La question n'est donc pas d'examiner si les dispositions du Code civil sur la propriété des rivières navigables et flottables sont ou non contraires à l'équité. Ce pourrait être là l'objet d'une proposition spéciale; mais en ce moment il s'agit de toute autre chose. Les dispositions relatives à la pêche étaient éparses dans un grand nombre de lois et d'arrêtés; elles étaient incohérentes en plusieurs points. Le gouvernement propose de les modifier et de les réunir en un seul Code. Tel est l'objet du projet de loi. Lorsqu'on voudra savoir si la pêche de telle ou telle rivière appartient à l'Etat ou aux particuliers, c'est à cette loi qu'on aura recours : mais lorsqu'il s'élèvera une question de propriété, le Code civil servira toujours de règle pour la résoudre. Cette distinction une fois établie, la discussion conserve bien moins d'importance qu'elle ne semblait en avoir au premier coup d'œil. Qu'on étende ou qu'on restreigne par une définition nouvelle les limites de la pêche, l'Etat ne peut y perdre ou y gagner beaucoup, puisqu'il est bien entendu que la propriété restera toujours en dehors de la loi nouvelle, tant que le Code civil ne sera point formellement abrogé en cette partie. »

M. le comte d'Argout, « fait remarquer que ce système conduirait à une conséquence qu'on ne peut admettre ; c'est que le droit de pêche serait séparé de la propriété, lorsque toutes les lois, toutes les ordonnances, toutes les décisions précédemment rendues supposent que ces deux droits sont inséparables. Tant que l'on n'aura pas établi un principe contraire à celui qui a servi jusqu'ici de règle à la matière, le noble pair ne pourra se persuader qu'en statuant sur la pêche, la chambre ne statue pas implicitement sur la propriété. Il y a plus : la disposition du projet lui paraîtrait inutile, s'il ne s'agissait que d'autoriser l'Etat à abandonner le droit de pêche qui lui appartient dans certains cours d'eau. En effet, l'Etat, comme tout autre propriétaire, est libre de ne pas réclamer la jouissance de ses droits, si cette jouissance lui paraît peu profitable ou injuste à exercer, et c'est ce que le gouvernement a fait jusqu'aujourd'hui pour beaucoup de cours d'eau navigables; témoins les navigations vicinales. Il ne demanderait donc par le projet de loi que ce qu'il propose déjà. Enfin, en supposant même que le projet ne fût relatif qu'au droit de pêche, toujours faudrait-il que la définition qui déterminera l'exercice de ce droit fût précise et complète. Sous ce rapport, l'opinant insiste pour l'adoption de l'amendement qu'il a proposé. »

M. le ministre des finances, « reconnaît que le droit de pêche n'est qu'un accessoire inhérent par sa nature à la propriété; mais l'objet du projet de loi est précisément de faire connaître que l'Etat consent à restreindre l'exercice de ce droit accessoire qui lui appartient. C'est, si l'on veut, une innovation, mais une innovation qui, loin de dépouiller les tiers, ne porte préjudice qu'à l'Etat. Un seul point importe : c'est de reconnaître qu'en renonçant à ce fruit de la propriété, l'Etat conserve son droit pour tous les autres usages qu'il peut en faire. »

Aucun autre orateur ne réclamant la parole, M. le président annonce qu'il va mettre d'abord aux voix les deux amendemens qui se rattachent au premier paragraphe de l'article Ier.

Le premier de ces amendemens tend à insérer après ces mots : *navigables* ou *flottables avec buteaux, trains* ou *radeaux* ceux-ci : *de leur fonds, sans artifices et ouvrages de mains.*

La chambre consultée rejette cet amendement.

Elle écarte également le second qui tend à intercaler dans la même phrase ces mots : *pendant un mois au moins dans le cours de l'année.*

M. le comte de Kergariou demande le retranchement de la réserve ainsi exprimée : *sans préjudice des droits acquis à des tiers par titres réguliers.*

M. le président fait observer que la suppression demandée ne devant rien changer, dans aucun cas, à la première partie du paragraphe, la chambre peut toujours délibérer sur cette première partie, sauf à se prononcer ensuite sur la proposition qui lui est faite.

La première partie du paragraphe est, en conséquence, mise aux voix et adoptée dans les termes du projet.

La discussion s'établit sur la suppression proposée de la réserve qui forme la dernière partie du paragraphe.

M. le comte de Kergariou dit : « que de la discussion même qui vient d'avoir lieu sur les amendemens, il est résulté que l'intention des rédacteurs du projet avait été de prendre pour base et pour point de départ l'état actuel de la législation en matière de pêche. Or, l'état actuel résultant et de plusieurs avis du conseil-d'état, et de la loi du 14 floréal an x, est la suppression générale et absolue de tous les droits de pêche appartenant à des particuliers dans les rivières navigables ou flottables. La réserve établie dans le projet serait donc une innovation véritable, et cependant l'exposé des motifs ne s'est aucunement expliqué sur les raisons qui avaient pu conduire à faire revivre des droits entièrement anéantis. Quant au rapporteur de la commission, il est convenu que les lois actuellement en vigueur n'admettaient aucune exception, que les réclamations présentées à cet égard avaient constamment été repoussées et par l'administration et par les tribunaux ; il a même fait entendre que cette jurisprudence pouvait se fonder aussi sur l'ancien principe de l'inaliénabilité du domaine. Le noble pair ne remontera point aussi haut, mais il trouve dans la seule loi de l'an x un obstacle à l'admission des réclamations de ce genre. Dès-lors il y a innovation grave dans le projet, et cette innovation mérite un sérieux examen. La nouvelle route dans laquelle on paraît vouloir s'engager

est sans doute celle de la justice et de l'équité ; mais avant d'y
entrer, il faut réfléchir que cette réparation n'est ni la seule ni
la plus importante qui puisse être justement demandée. Le noble
pair estime qu'il pourrait y avoir quelque danger à ouvrir ainsi
la porte à des réclamations interdites jusqu'à ce jour. Il demande
donc la suppression de la réserve ajoutée par la commission à la
fin du paragraphe, et qui ne se trouvait point dans le projet
originaire. »

M. le marquis de Maleville, rapporteur de la commission,
répond : « qu'il n'a jamais avancé que la législation existante
interdit toute exception à la suppression des droits de pêche ; il
a dit au contraire qu'il y avait à cet égard une grande incertitude. Autrefois, quelques auteurs avaient soutenu que la pêche
était inaliénable, comme faisant partie du domaine. Mais cette
doctrine n'avait pas empêché qu'à diverses époques, certaines
concessions ne fussent accordées et maintenues. Il est vrai que
depuis la publication des lois qui ont supprimé les droits féodaux,
les réclamations relatives à des droits de pêche ont été constamment repoussées par la raison que ces droits se trouvaient compris dans la suppression générale des droits féodaux. Mais enfin
on conçoit qu'il puisse exister des droits de pêche dont l'origine
n'aurait rien de féodal, et qui dès-lors auraient pu être maintenus sans violer les lois existantes. Le rapporteur n'a trouvé
aucune décision judiciaire qui ait consacré de pareils droits ;
mais il est à sa connaissance personnelle que des particuliers
ont été maintenus par décision administrative dans la jouissance
de pêcheries établies sur la Dordogne. On a donc reconnu que
des droits de ce genre pouvaient subsister encore sous la législation
actuelle ; et dès-lors pourquoi ne pas donner, à cet égard, toutes
les garanties que la justice réclame? Le projet d'ailleurs n'innove
rien à la législation actuelle, il ne crée aucun droit ; mais il ne
veut pas trancher contre l'intérêt des tiers une question grave
et encore susceptible de controverse. Il laisse les choses entières,
et c'est aux tribunaux qu'il appartiendra toujours de décider
d'après les principes de la législation en vigueur, ainsi qu'ils
font aujourd'hui. »

Le ministre des finances « insiste pour le maintien de la réserve insérée au projet. Les dispositions de l'article sont tellement générales qu'il était à craindre qu'on ne pût en induire
des conséquences contraires à des droits acquis, et c'est ce motif
qui a engagé la cour de cassation et plusieurs cours royales à
demander qu'il fût fait une réserve. Mais cette réserve ne donne
de droit à personne ; elle n'est faite qu'en faveur de ceux qui
auraient des titres réguliers. Les tribunaux apprécieront ces

titres et en seront juges ; ils rejetteront des prétentions de propriété qui seraient fondées sur un titre féodal, sur un titre de simple engagement, sur un titre qui serait prescrit ou qui ne serait pas accompagné de possession, sur un titre qui ne serait pas régulier. Voilà ce qu'il est aisé d'entendre, tandis qu'on ne pourrait concevoir que la loi pût proscrire, sans les connaître, des prétentions, des droits, des titres, des arrêts rendus ou des jugemens passés en force de chose jugée. Enfin, l'objet de la réserve n'est pas de revenir sur la législation existante, ou d'y apporter des changemens ; mais seulement d'empêcher qu'on ne puisse vouloir abuser de la généralité des dispositions des expressions du projet de loi, pour leur donner un effet rétroactif, et pour opérer la spoliation de droits qui, dans l'état actuel de la législation, seraient encore existans. En vain conviendrait-on qu'il ne peut plus exister de droits de ce genre. Il est vrai que la loi de 1793 et les lois qui en ont été la suite ont supprimé le droit exclusif de chasse et de pêche. Mais, le droit exclusif de chasse et de pêche est celui qui appartenait au seigneur à l'exclusion du propriétaire, c'est le droit féodal qui n'existe plus. Il n'en est pas de même du droit de chasse et de pêche, qui est inhérent à la propriété, et qui en est l'exercice. Ce droit ne pourrait être supprimé que par la suppression du droit de propriété lui-même. Si le droit de chasse ou le droit de pêche avait été généralement supprimé comme droit féodal, il serait supprimé envers l'Etat comme envers les particuliers, et il ne pourrait pas plus être rétabli en faveur de l'Etat qu'en faveur des particuliers. Aussi la loi de floréal an x n'a pas eu pour objet de rétablir en faveur de l'Etat un droit supprimé, mais de régler l'exercice d'un droit qui n'avait pas cessé d'exister, et, comme toutes les lois générales, elle ne pourrait s'entendre que sans préjudice des droits acquis à des particuliers. »

M. le comte de Kergariou « persiste à croire que la réserve insérée au projet serait une véritable innovation. L'article 12 de la loi du 14 floréal an x a toujours été entendu par les tribunaux dans le sens d'une abolition générale de tous les droits de pêche, à quelque titre qu'ils eussent été concédés. Sans doute les tribunaux seron' toujours appelés à prononcer, mais c'est en cela même que l'innovation consiste, la question étant de celles qui, depuis long-temps, étaient tranchées, et dont les tribunaux n'avaient plus à s'occuper. Peut-être d'ailleurs cette jurisprudence n'avait-elle pas pour unique fondement les lois qui ont aboli la féodalité. L'inaliénabilité du domaine peut aussi être un argument de quelque force dans la question. Au surplus, l'inconvénient le plus grave de la réserve est d'accorder une sorte de réparation à un intérêt d'une importance assez médiocre, lorsque d'autres plus importans y auraient le même droit et ne peuvent espérer de l'obtenir. Le noble pair se bornera à citer la législation sur les droits de bac, droits qui n'avaient assurément rien de féodal, et dont la suppression sans indemnité donne chaque année matière à des pétitions qui ne sont pas sans quelque force. »

M. le ministre des finances dit, « que le but unique de la loi de floréal an x est de régler l'exercice de la pêche dans les lieux où elle appartient à l'Etat. Mais la réserve dont il s'agit porte précisément sur la question de savoir si le droit de pêche n'appartient pas à des particuliers. La loi de l'an x est donc ici sans application, et la réserve est juste. Elle n'est d'ailleurs que la répétition de celle qui existait dans l'ordonnance de 1669, qui, après avoir déclaré domaniales les rivières navigables, ajoutait cependant cette restriction, *sauf les droits de pêche, moulins, bacs et autres usages que les particuliers peuvent y avoir par titres et possessions valables, auxquels ils seront maintenus.* La réserve portée au projet de loi est même bien moins forte et bien moins expressive : elle n'accorde aucun droit aux tiers ; elle exprime seulement que si le projet déclare en général que la pêche sera exercée au profit de l'Etat dans les fleuves et rivières navigables ou flottables, c'est sans préjudice des droits que des tiers pourraient y prétendre en vertu de titres réguliers. Les tribunaux apprécieront les droits respectifs de ces tiers et de l'Etat. La loi ne statue pas sur des droits individuels ; elle ne définit pas des droits acquis ; elle ne rétroagit pas : elle ne dispose que pour l'avenir. »

M. le comte de Pontécoulant « demande s'il y aurait sagesse et convenance, de la part de la chambre, à supprimer, malgré l'avis de sa commission, et celui d'un grand nombre de cours judiciaires auxquelles le projet a été soumis, une réserve qui n'a d'autre but que de préserver de toute atteinte des droits que la justice reconnaîtrait pour légitimes. Si une pareille réserve n'eût point été faite dans le projet, si la commission eût omis de la proposer dans son travail, on conçoit qu'elle pût être improvisée au milieu d'une discussion orale, et adoptée sans autre examen, comme n'ayant pour but que de laisser tous les droits intacts ; mais le noble pair ne s'expliquerait pas comment la chambre pourrait se déterminer à la supprimer sans l'examen le plus approfondi. La réserve n'attribue aucun droit nouveau, sa suppression pourrait anéantir des droits sacrés ; cette considération seule le détermine à demander la question préalable sur l'amendement. »

M. le comte de Peyronnet, « sans appuyer l'amendement

proposé, estime cependant que quelques observations sont nécessaires pour prévenir une interprétation inexacte de la disposition qu'il s'agit de sanctionner. Il a été dit tout-à-l'heure que
le projet ne contenait aucune innovation en ce point. Telle
n'était pas la pensée du noble pair. Il pensait, au contraire, qu'il
y avait innovation à l'état actuel des choses, et il persiste à le
croire encore. La jurisprudence, en effet, repousse sans exception
aujourd'hui toutes réclamations de droits de pêche, sur quelque
titre qu'elle soit fondée ; et cette jurisprudence tire sa source
des termes absolus de la loi de l'an x. Sans doute le seul motif
originairement donné par la loi de 1793 pour l'abolition des
droits de pêche était la féodalité ; mais depuis, la disposition de
cette loi avait été étendue à d'autres cas par des décisions particulières, et la loi de l'an x a consacré cette extension par la
généralité de ses termes. Aussi, à partir de cette époque, la
question a-t-elle toujours été résolue contre les réclamans, et
un avis du conseil d'état, du 11 thermidor an xII, est venu, s'il
est possible, ajouter encore à la force de la loi de l'an x, en
déclarant que la loi de 1793 avait anéanti le droit de pêche,
même dans la main de ceux qui en jouissaient, soit patrimoniale-
ment, soit à titre d'engagement ou d'échange. Le noble pair est
loin d'approuver une pareille doctrine ; mais enfin, puisqu'elle est
confirmée par la législation et par la jurisprudence, il faut bien
se garder de dire que l'on ne veut pas innover, sans quoi la juste
faveur que l'on accorde à des réclamations légitimes, se trouverait en quelque sorte rendue inutile. Le noble pair désire donc
que la réserve soit maintenue, mais il voudrait qu'il fût bien entendu que cette réserve est fondée sur le principe que les droits
de pêche établis à titre féodal étaient les seuls que la loi de 1793
eût supprimés. Sous le mérite de ces observations, il appuie la
question préalable demandée sur l'amendement. »

La question préalable est mise au voix et adoptée.

La chambre adopte ensuite la dernière partie du paragraphe.

La délibération arrive au paragraphe 2.

M. le comte Cornet « estime qu'une légère modification serait
nécessaire à ce paragraphe. L'intention des auteurs du projet
paraît être de ne rien changer à l'état actuel des choses, et cependant la rédaction du paragraphe, telle qu'elle est conçue,
pourrait donner prétexte d'étendre le droit de pêche du gouvernement à des endroits dans lesquels il ne s'est jamais exercé. Le
noble pair ne reviendra pas sur les explications qu'il a données à ce sujet dans la dernière séance ; mais il lui semble que
pour éviter toute difficulté, il serait convenable de réunir le
paragraphe actuellement discuté et celui qui le précède, afin que

la réserve qui accompagne celui-ci devînt commune à tous.les
deux. Il voudrait au .moins qu'une explication positive rassurât
les propriétaires qui se trouvent dans ce·cas,.et que la disposition trop générale du projet pourrait inquiéter. »

M. le rapporteur « déclare que, dans l'opinion de.la commission, la question élevée par le noble pair n'a jamais fait aucune
difficulté. Il a paru évident que les droits des tiers n'étaient aucunement compromis par une disposition qui ne changeait en
rien la législation actuelle ; et c'est pour cela que la commission·
n'a pas cru devoir renouveler.à la fin de ce paragraphe une
réserve qui , déjà exprimée au sujet des.cours d'eau eux-mêmes,
s'applique nécessairement, et à plus forte raison , aux fossés
qui n'en sont que l'annexe et la dépendance. »

M. le comte Cornet « déclare qu'il est .satisfait de l'explication qui vient d'être donnée , et dont la mention au procès-verbal
suffira pour lever tous les doutes. »

M. le comte de Tournon « remarque que, dans la rédaction
proposée par la commission , l'une .des conditions nécessaires
pour que les noues ou fossés soient considérés comme dépendans
d'un cours d'eau , est qu'il reste perméable en tout temps aux
bateaux de pêcheurs. Ne serait-il pas convenable que la même
condition s'appliquât aux cours d'eau eux-mêmes, et que lors
de la classification qui devra en être faite , l'administration ne
comprît dans le tableau des rivières navigables que celles qui le
sont en effet toujours ? »

M. le rapporteur de la commission « estime que cette assimilation ne peut être admise. On conçoit en effet que l'on exige
à l'égard des fossés qu'ils soient perméables en tout temps, parce
qu'il ne s'agit que de bateaux de pêcheurs, qui ne tirent que
très-peu d'eau : mais exiger que les rivières soient navigables en
tout temps, ce serait rendre la disposition presque illusoire , car
il est un grand nombre de rivières reconnues sans. contestation
pour être navigables, et qui cependant cessent, dans certaines
saisons, d'avoir le tirant d'eau nécessaire pour les bateaux employés à la navigation , ou qui même ne l'ont jamais dans certaines localités. »

L'observation n'ayant pas de suite, le paragraphe 2 est mis
aux voix et adopté dans les termes proposés par la commission.

M. le baron de Barante « reproduit, sur le paragraphe 3,,
l'observation qu'il a déjà faite au commencement de la séance
sur les inconvéniens qu'il pourrait y avoir dans certains cas.à
borner l'exception que ce paragraphe contient aux canaux et
fossés creusés dans des propriétés particulières. Il peut arriver,
en effet, et le noble pair pourrait en citer des exemples , que.des

canaux de dessèchement ouverts et entretenus par des particuliers traversent des terrains qui ne sont pas des propriétés particulières, et cependant la pêche dans ce cas semble devoir également leur appartenir. Il suffirait donc de borner les dispositions à ces mots : *sont toutefois exceptés les canaux et fossés creusés ou entretenus aux frais des propriétaires.* »

M. le ministre des finances « insiste pour que la rédaction soit maintenue telle qu'elle est. C'est sur la propriété du fonds que repose le droit de pêche, l'exception est donc suffisamment expliquée, et ce serait peut-être donner lieu à des difficultés graves que de l'exprimer autrement. »

L'amendement proposé est mis aux voix et rejeté.

La chambre adopte ensuite le paragraphe 3, dans les termes du projet amendé par la commission.

DISCUSSION A LA CHAMBRE DES DÉPUTÉS.

L'article fut présenté à cette chambre, en 1828, tel qu'il avait été adopté par l'autre chambre ; mais, comme on sait, le projet n'a pas été discuté dans la session. Reproduit en 1829, le même projet a subi quelques légères modifications. L'article 1ᵉʳ en est ainsi conçu :

« Le droit de pêche sera exercé au profit de l'Etat :

« 1° Dans tous les fleuves, rivières, canaux et contre-fossés navigables ou flottables avec bateaux, trains ou radeaux, et dont l'entretien est à la charge de l'Etat et de ses ayans-cause ;

« 2° Dans les bras, noues, boires et fossés qui tirent leurs eaux des fleuves et rivières navigables ou flottables, dans lesquels on peut en tout temps passer ou pénétrer librement en bateau de pêcheur, et dont l'entretien est également à la charge de l'Etat.

« Le tout sans préjudice des droits acquis à des tiers par possession ou titres réguliers.

« Sont toutefois exceptés les canaux et fossés creusés dans des propriétés particulières, et entretenus aux frais des propriétaires. »

M. le baron Favard de Langlade, commissaire du roi, en expose les motifs en ces termes : « La discussion qui a eu lieu à la chambre des pairs nous fait un devoir de déclarer ici, pour dissiper toute incertitude, que le projet ne change en rien la législation existante sur la propriété soit des fleuves et rivières navigables ou flottables, soit de leurs accessoires et dépendances, soit de tous les autres cours d'eau ; que toute question de propriété à l'égard de l'Etat, comme dans l'intérêt des communes et des particuliers, ne pourra être appréciée et jugée que selon les principes dé cette législation ; que les tribunaux ordinaires seront seuls compétens pour l'examiner et la résoudre; qu'enfin il ne s'agit pas même de créer ou d'attribuer des droits de pêche, mais seulement d'en déterminer et d'en régler l'exercice.

« Conformément à ce principe, l'article 1er du projet énonce que le droit de pêche sera exercé au profit de l'Etat dans les fleuves, rivières, canaux et contre-fossés navigables ou flottables avec bateaux, trains ou radeaux, et dont l'entretien est à la charge de l'Etat. Vous remarquerez, Messieurs, que le projet ne se borne pas aux seules expressions de rivières navigables ou flottables, qui ne présentent point une idée assez précise ; qu'il indique avec netteté le mode de navigabilité ou de flottage.

« Les fleuves et rivières navigables ont aussi des accessoires dans lesquels le droit de pêche doit être considéré comme une conséquence de celui qui s'exerce dans les fleuves et rivières. Ainsi l'Etat exercera ce droit dans les bras, noues, boires et fossés entretenus à ses frais, et dans lesquels on peut passer ou pénétrer en bateau de pêcheur, librement et en tout temps.

« Cependant quelques-uns des accessoires dont nous venons de parler peuvent s'étendre dans des propriétés privées. La disposition finale de l'article 1er prévoit ce cas, et elle décide que l'Etat n'exercera point le droit de pêche dans les canaux et fossés existant dans ces propriétés, et entretenus aux frais des propriétaires : la justice de cette exception est incontestable. En effet, si les eaux qui pénètrent dans ces canaux ou fossés émanent d'une propriété publique, elles n'en sont pas moins encaissées dans une propriété particulière, qui, subissant les inconvéniens d'un cours d'eau, doivent nécessairement en recueillir les avantages. Il en serait de même dans le cas où les fossés ou canaux, au lieu de traverser un héritage appartenant à un seul individu, sépareraient deux propriétés distinctes; la pêche serait alors exercée par les propriétaires de chaque rive, comme s'il s'agissait d'une rivière ni navigable ni flottable.

« En régularisant l'exercice du droit de pêche de l'État, le gouvernement n'a point oublié le principe inviolable qui proscrit toute rétroactivité dans l'application des lois. Vous vous rappelez avec quel respect ce principe a été maintenu dans le Code forestier. Le même esprit devait régner dans le projet de loi sur la pêche ; aussi est-il dit, dans cet article, qu'il n'est point porté atteinte aux droits acquis à des tiers par possession ou titres réguliers. Cette réserve, demandée par la cour de cassation et par plusieurs cours royales, se trouvait dans l'ordonnance de 1669, titre XXVII, article 41. Elle n'ajoute rien aux droits acquis antérieurement ; elle les laisse sans force, s'ils sont mal fondés; elle les conserve, s'ils sont régulièrement établis. En cas de contestation, ils seront appréciés et jugés, non selon la loi nouvelle, mais d'après les lois qui existaient avant sa promulgation. »

M. Mestadier, rapporteur, dit au nom de la commission : « Une première question a dû appeler l'attention de tous ceux qui se sont occupés de cette loi. A qui appartient la propriété du lit des fleuves et rivières navigables ou non navigables, flottables ou non flottables? le droit de pêche est, dit le décret du 19 novembre 1811, une dépendance indivisible de la propriété, c'est où ce doit être une conséquence du droit de propriété; c'est, disent les jurisconsultes, un fruit de la propriété foncière des cours d'eau; telle est l'idée simple et naturelle qui se présente la première. Mais au lieu de déduire le droit de pêche de la propriété, on a fait l'inverse sans faire attention que le lit des cours d'eau, *considérés comme chose publique pour l'usage du public*, pouvait fort bien être *à tous autres égards* une dépendance des fonds riverains, et n'être au public qu'autant que le lit est couvert d'eau. On n'a pas non plus assez remarqué que la pêche n'était souvent exercée qu'à titre de juridiction et de police; les choses publiques diffèrent quelquefois essentiellement des choses qui appartiennent à l'État. Elle était grande autrefois la diversité des opinions sur la nature du droit que les seigneurs s'étaient arrogé relativement aux cours d'eau, et on vit souvent le seigneur haut-justicier le disputer au seigneur féodal. Avant que le Code civil eût placé les rivières flottables dans le domaine public, les fleuves et rivières navigables, portant bateaux de leur fonds et sans artifices ni ouvrages de mains, pouvaient être seuls considérés comme appartenant à l'Etat; ce serait donc un droit nouveau consacré par le Code civil; mais le Code civil ne définit pas ce qu'on doit entendre par le mot *flottable*, et s'il est possible de considérer comme telles les rivières où le bois est seulement jeté à bûches perdues, on peut aussi réduire la classification aux rivières où peuvent flotter les grands trains ou radeaux; ou pourrait même demander que la dimension en fût légalement déclarée. Il s'agirait donc de régler ce qu'aucune loi antérieure n'a réglé; par voie de conséquence le droit *antérieur* de propriété pourrait recevoir la plus injuste atteinte, car du droit antérieur de propriété a pu résulter le droit de faire des prises d'eau pour l'irrigation, par des ouvrages permanens et apparens; le droit d'établir des moulins et autres usines, par une dérivation d'une partie des cours d'eau; le droit de vendre la propriété des eaux et l'usage de leur puissance motrice. En déclarant les rivières *flottables* une dépendance de l'Etat, le

Code civil n'a pas pu vouloir porter atteinte aux droits *anté-*
rieurs légalement acquis *sur les rivières flottables*, et la définition du mot *flottable*, que donne l'article 1ᵉʳ du projet de loi,
n'aura non plus aucun effet rétroactif. Mais les droits, les prétentions peuvent varier à l'infini, et être susceptibles de litige. Il
eût été impossible de tout prévoir; il eût été impossible de
régler par la loi nouvelle les effets de l'ancienne législation, du
droit intermédiaire, et du Code civil. N'a-t-il pas été plus sage
de laisser toutes les questions de propriété en dehors du projet
sur la pêche, sans rien préjuger, rien ajouter, rien retrancher?
C'est ce qu'on a fait; l'exposé des motifs le déclare, le projet ne
traite que de la pêche, et c'est ainsi que l'a entendu la commission; en conséquence, elle vous propose d'adopter la définition
du mot *flottable* que donne l'article 1ᵉʳ.

« Quel que soit le propriétaire du lit de la rivière *navigable
ou flottable*, le droit de pêche doit faire partie du droit de surveillance, d'inspection, de juridiction exercée par l'Etat dans
l'intérêt général de la navigation, et de l'approvisionnement des
villes, des fabriques, des usines.

« Le paragraphe premier veut, avec raison, que l'entretien
soit à la charge de l'État ou de ses ayant-cause; c'est par erreur
qu'il est dit à la charge de l'Etat *et* de ses ayant-cause. Si un
canal a été cédé à une compagnie, c'est la compagnie, ce n'est
plus l'État qui entretient; le mot *ou* doit être substitué.

« Le paragraphe 2 ne considère comme une dépendance des
fleuves et rivières navigables et flottables que les bras, noues,
boires et fossés qui en tirent leurs eaux, dans lesquels on peut,
en tout temps, passer ou pénétrer librement en bateau de pêcheur, et dont l'entretien est également à la charge de l'Etat;
cette double condition ne permet pas le moindre doute sur le
droit exclusif de l'Etat ou de ses ayant-cause.

« Le paragraphe 3 est ainsi conçu : *Le tout sans préjudice
des droits acquis à des tiers par possession ou titre régulier.*
La loi ne doit jamais avoir d'effet rétroactif; la réserve des droits
antérieurs est juste : un titre qui n'est pas régulier n'a aucune
valeur, mais un titre peut être régulier, c'est-à-dire revêtu de
toutes les formes extérieures que la loi exige, et cependant n'être
pas valable, soit à raison de la capacité des parties contractantes.
soit à raison de la nature des choses dont il s'agit; on ne peut
vouloir admettre qu'un titre LÉGAL, et l'adjectif *régulier* est au
moins inutile. La commission propose de le supprimer à la fin
de ce paragraphe ainsi qu'à l'article 2.

« Quant à la possession, on comprend que le droit puisse résulter de la possession, *comme dépendance du droit de pro-*

priété du cours d'eau *acquis ou conservé par la possession.* Mais a-t-on pu acquérir *par la possession, sans titre*, le droit de pêche *isolé du droit de propriété;* le droit de pêche sur une rivière *appartenant à l'État ou à un particulier?...* On ne doit entendre le mot *possession* que dans un sens *légalement admissible* suivant les lois anciennes et nouvelles. Si la loi actuelle ne doit pas avoir d'effet rétroactif au préjudice des individus, elle ne doit pas non plus en avoir au préjudice de l'État.

« L'exception qui termine l'article 1ᵉʳ en faveur des canaux et fossés existant dans les propriétés particulières et entretenus aux frais des propriétaires, est trop évidemment juste pour qu'il soit nécessaire de la justifier ; mais le mot *existant* a paru devoir être substitué au mot *creusé* qui aurait pu servir de prétexte pour inquiéter les propriétaires. »

La chambre délibère d'abord sur le premier paragraphe de l'article proposé par le gouvernement. Elle adopte l'amendement de la commission qui a pour objet de substituer la disjonctive *ou* à la conjonction *et.*

M. de Chantelauze désirerait qu'on déterminât pour les radeaux une dimension d'après laquelle les rivières seraient déclarées flottables. Il voudrait que l'on traçât ainsi une ligne de démarcation entre les rivières flottables et celles qui ne le sont pas ; il pense que si, en cette matière, on laisse tout à l'arbitraire de l'administration, elle pourra soulever des difficultés sans nombre. Mais ces observations, combattues par *M. Thil,* qui regarde de pareils détails comme n'étant pas du ressort de la loi, ne donnent lieu à aucun amendement.

Le paragraphe 2 est adopté sans changement.

Quant au troisième, qui concerne la réserve du droit des tiers, il devient la matière d'une discussion.

M. de Chantelauze déclare qu'il n'en comprend point le sens. « Je remarque d'abord, dit-il, et veuillez ne pas le perdre de vue, que la commission n'exige pas, dans l'intérêt des tiers et pour conserver les droits qui leur sont acquis, le concours de ces deux conditions : *possession et titres réguliers,* elle emploie la disjonctive *ou.* Il résulte donc des termes même du paragraphe que la possession sans titres ou les titres sans possession seront suffisans pour attribuer des droits à des tiers. Une telle disposition ne manque-t-elle pas essentiellement de clarté et de précision? Dans quels cas pourra-t-on faire l'application de la maxime que le projet concacre dans l'intérêt des tiers? Qu'est-ce en réalité qu'une possession dénuée de titres ou qu'un titre dépourvu de possession? Dans les principes de notre droit civil, on distingue en effet la possession et le titre ; la possession, lorsqu'elle a une durée de trente ans, suffit pour équivaloir au titre et constater le droit ; le titre lui-même, quand il n'a pas contre lui une possession de la même durée, a la même force que la possession trentenaire. Voilà des principes qui ne seront contestés par aucun des jurisconsultes de la chambre ; mais pour se conformer aux principes du droit commun, il faut aussi déterminer quels seront les caractères de la possession ou des titres. Rien ne serait plus facile, pour prévenir toutes les difficultés, que de compléter le sens de la loi en déclarant ce qu'on entend par possession et par titres. Ne perdons pas de vue que nous sommes ici dans une matière toute spéciale qui n'est pas régie par les principes du droit commun, qui est soumise à une législation particulière. Il s'agit de propriétés de cours d'eau et en même temps du droit de pêche, conséquence du premier droit. A quelle époque veut-on faire remonter les droits des tiers, que l'on tient à maintenir ? Si c'est avant la révolution, il y aurait justice complète ; mais il faudrait que cette justice ne se renfermât pas dans une rédaction équivoque ; il faudrait qu'elle se manifestât au grand jour. Si au contraire on prend les choses dans l'état où elles sont ; si l'on veut maintenir et faire exécuter les lois du royaume, il est sans nul'doute que le paragraphe dont il s'agit ne peut guère recevoir d'application. »

M. le ministre des finances répond : « Je dirai d'abord qu'une erreur s'est glissée, soit dans le projet de loi, soit dans l'impression qui en a été faite, et que dans la vérité il a toujours été entendu que le paragraphe devait porter, *par possession* et *par titres réguliers;* de telle manière qu'il ne suffirait pas d'avoir la possession sans titres ou des titres sans possession. Voilà comment devait s'exprimer l'article, et je déclare que je ne m'opposerai pas à ce qu'il soit ainsi conçu. Cette condition de titres réguliers a été demandée par la cour de cassation, et c'est pour satisfaire au vœu qu'elle a exprimé à cet égard, que l'exception dont il s'agit a été mise dans le projet. La commission propose d'effacer le mot *réguliers*, je ne vois à cela aucun inconvénient, si la chambre juge l'amendement convenable. Mais est-il vrai que l'on ferait par là revivre des droits éteints? C'est ici qu'il est nécessaire de donner des explications que vous saisirez facilement. L'ordonnance de 1669, art. 41, titre XXVII, déclare tous les fleuves et rivières portant bateau de leurs fonds, sans artifices et ouvrages de main d'homme, faire partie du domaine de la couronne, sauf les droits de pêche et autres usages que les particuliers peuvent y avoir par titres et possessions valables, auxquels ils seront maintenus. Ce droit de pêche est de deux espèces : il y a un droit de pêche qu'on appelle *exclusif*, c'est le droit féodal ; il y a un droit de pêche inhérent à la propriété. Le droit exclusif est aujourd'hui définitivement supprimé comme féodal ; c'est-à-dire que nul n'a le droit de pêcher dans la rivière d'un autre à l'exclusion du propriétaire. Quant au droit de pêche accessoire de la propriété, celui-là évidemment continue d'exister au profit du propriétaire ; il existe tellement que l'Etat en jouit et l'afferme. Les riverains des ruisseaux en jouissent de même et au même titre, de telle façon que s'il était supprimé, il le serait pour l'Etat. Vous le voyez, nul doute ne peut s'élever à cet égard. La restriction du paragraphe ne crée pas un droit, elle ne fait que réserver le droit qui peut appartenir à chacun et que l'Etat contesterait au besoin. On a mis tant de soin à éviter toute espèce de rétroactivité, relativement à la conservation des droits des tiers, que par l'art. 85 (aujourd'hui 83), il est dit, comme dans le Code forestier : « Sont et demeurent abrogés toutes lois, ordonnances, « édits, etc., sur les matières réglées par la présente loi en tout « ce qui concerne la pêche. » Est-il possible de rien voir de plus clair, de mieux fait pour prévenir toutes les objections et toutes les difficultés qui peuvent avoir été élevées ou qui pourraient l'être ?»

M. Bavoux dit : « Il me semble que le paragraphe donne lieu à quelques difficultés. Par droit acquis entendra-t-on les droits antérieurs à 1789, ou seulement les droits postérieurs? Evidemment l'article, tel qu'il est rédigé, s'applique aux uns comme aux autres. Il serait donc utile de ne pas ouvrir une source d'où peuvent jaillir une foule de réclamations et de procès. Le législateur doit dès ce moment manifester sa volonté. Il doit dire si son intention est de faire revivre des droits abolis par nos lois, ou bien s'il veut seulement garantir des droits de possession. Dans l'état d'obscurité où se trouve le paragraphe, il serait mieux de le faire disparaître entièrement. »

M. Pardessus propose de rédiger ainsi le paragraphe en discussion : « le tout sans préjudice des droits acquis aux propriétaires riverains sur la pêche des rivières qui ont été déclarées flottables depuis la promulgation de la loi du 14 floréal an x. »

MM. His et *de Schonen* provoquent le retranchement du paragraphe proposé par le gouvernement.

Le premier dit : « Si ce paragraphe a pour objet de conserver des droits actuellement acquis à des tiers, ce ne peut être qu'en vertu des lois existantes. Or, l'article 85 (aujourd'hui 83) du projet de loi porte que les droits acquis antérieurement à la présente loi, seront jugés, en cas de contestation, d'après les lois existantes avant sa promulgation. Vous voyez, d'après cette disposition, que les droits des tiers sont réservés, et que le paragraphe que nous discutons devient inutile. Je me joins à M. Bavoux pour en demander la suppression. »

Le second dit à son tour : « Dans l'article en discussion, le projet de loi ayant pour objet de régler des droits, ne peut avoir d'effet rétroactif; dès-lors les droits acquis sont conservés intacts. Si des contestations s'élèvent à ce sujet, elles seront jugées par les tribunaux, conformément aux lois antérieures. C'est ce que dit l'article 85 du projet de loi. Je vote pour la suppression du paragraphe, que je regarde comme inutile et qui serait une source de procès. »

La chambre, consultée sur la proposition de retrancher le paragraphe en discussion, adopte la proposition à une seconde épreuve, la première ayant paru douteuse.

Le quatrième et dernier paragraphe est mis en délibération.

M. de Marnier, demande la suppression du mot *existans* proposé par la commission, parce que, d'après cet amendement, les adjudicataires de la pêche pourraient se croire autorisés à venir pêcher dans les rivières et fossés qui seraient établis à l'avenir par les propriétaires.

M. Mestadier, rapporteur, répond : « C'est précisément pour atteindre l'objet que se propose le préopinant que la commission a proposé de substituer le mot *existans* au mot *creusés*. La commission a craint que si le mot *creusés* était conservé, les agens du fisc n'exigeassent des propriétaires la preuve que les canaux et fossés avaient été creusés antérieurement à la promulgation de la loi. Nous avons cru, par la substitution du mot *existans*, maintenir d'une manière plus absolue, les droits des propriétaires. Il est évident que le fossé qui sera creusé à l'avenir sera *existant* au moment où il sera creusé. »

M. de Marnier propose de rédiger ainsi le paragraphe : « Sont toutefois exceptés les canaux et fossés *qui auraient été ou qui seraient creusés* dans des propriétés, etc. »

M. Charles Dupin pense qu'il vaudrait mieux mettre : « *Existans ou qui seraient creusés.* »

M. de Marnier se range à l'avis de M. Charles Dupin.

L'amendement ainsi rédigé est adopté.

L'article amendé est lui-même adopté.

DISCUSSION A LA CHAMBRE DES PAIRS. (1829.)

M. le marquis de Bouthillier, commissaire du roi, dit :
« Le troisième paragraphe de l'article 1ᵉʳ, qui réserve les droits
acquis par possession ou titres réguliers, a semblé faire double
emploi avec le dernier paragraphe de l'article 83, et par ce
motif a été supprimé. Cette modification a paru plus rationnelle
et dès-lors a été approuvée.

« Dans le projet sur lequel Vos Seigneuries ont délibéré en
1828, le dernier paragraphe de l'article 1ᵉʳ était ainsi conçu :
« Sont toutefois exceptés les canaux et fossés *creusés* dans des
« propriétés particulières et entretenus aux frais des proprié-
« taires. » Le mot *creusé*, sur l'observation d'un noble pair,
fut remplacé par celui *existant ;* la chambre des députés y a
ajouté : *ou qui seraient creusés*, parce qu'en effet, s'il était nécessaire de ne pas mettre le propriétaire dans l'embarras de pouvoir prouver que ce fossé avait été creusé par lui, et s'il fallait
seulement prendre les choses en l'état où elles se trouvaient, il
était pourtant indispensable de laisser, pour l'avenir, une garantie à celui qui *creuserait* un fossé, et qui, dès-lors, devrait
profiter du bénéfice des dispositions de cet article. »

M. le marquis de Maléville, rapporteur de la commission,
dit : « D'après le Code civil, les fleuves et rivières navigables ou
flottables, sont considérés comme des dépendances du domaine
public. L'article 1ᵉʳ du projet de loi n'est point destiné à modifier ni à expliquer la législation existante sur cette nature de
propriété ; il n'a pour objet que de déterminer et même de restreindre l'exercice du droit de pêche appartenant à l'Etat. Or,
la nouvelle rédaction de cet article semble, par sa clarté, faire
disparaître toutes les incertitudes que les précédentes auraient
pu laisser encore dans les esprits. L'article excepte les canaux et
fossés existans ou qui seraient creusés dans des propriétés particulières, et entretenus aux frais des propriétaires. Ainsi, le mode
de navigabilité ou de flottage nécessaire pour que le droit de
pêche soit exercé au profit de l'Etat, se trouve indiqué avec
toute la précision et la netteté dont est susceptible une définition
placée dans une loi. La condition que *l'entretien des fleuves,
rivières et canaux soit à la charge de l'Etat ou de ses ayant-
cause*, se trouve appliquée aux accessoires de ces cours d'eau
dans lesquels l'Etat exercera le droit de pêche, comme aux
fleuves, rivières et canaux dont ils font partie ; et cette amélioration dans la rédaction de l'article est due au gouvernement
lui-même.

« On conçoit assez, d'ailleurs, qu'à l'égard des canaux ou rivières mixtes qui sont entretenus, conformément à la loi du 16 septembre 1807, à moitié frais par l'Etat et par des communes, l'Etat ne peut y revendiquer exclusivement le droit de pêche : ce droit doit évidemment y être partagé, à moins qu'il n'y ait titres contraires, entre l'Etat et les communes qui contribuent à la navigation, proportionnellement à la quotité de leurs dépenses respectives.

« En consacrant le droit de pêche au profit de l'Etat dans les cours d'eau qu'il indique, le projet primitif de la couronne ajoutait : *le tout sans préjudice des droits acquis à des tiers par possession ou titres réguliers.* La chambre des députés a obtenu la suppression de ce paragraphe, comme faisant double emploi avec celui de l'article 83, qui porte que *tous les droits acquis antérieurement à la présente loi seront jugés, en cas de contestation, d'après les lois existantes avant sa promûlgation.*

« Ce double emploi n'existait peut-être pas exactement; car le paragraphe supprimé n'avait pas seulement pour objet .d'empêcher qu'on ne donnât aux dispositions nouvelles un effet rétroactif : son but était aussi de prévenir l'abus qu'on pourrait faire de ces dispositions, ainsi qu'on l'a peut-être fait de celles de la loi du 14 floréal an x, pour dépouiller des tiers de leurs droits acquis, malgré les titres réguliers ou la possession sur lesquels ces droits auraient été fondés. Aussi, dans une pétition adressée à Vos Seigneuries, le sieur Saulnier de la Pinelais, de Nantes, demande-t-il que le paragraphe supprimé soit rétabli dans l'article 1er, ou remplacé dans l'article 83. Votre commission n'a pourtant point pensé que cela fût indispensable. Si l'on voulait revenir sur les lois de la révolution, qui ont considéré comme des usurpations féodales, et supprimé, au profit de l'Etat, tous les droits de bac et de pêche, exercés par des particuliers, dans des fleuves, rivières ou canaux navigables, il faudrait une disposition bien plus explicite. Que s'il ne s'agit que de rassurer les particuliers contre les interprétations abusives de la loi nouvelle, cette disposition est presque superflue. Aujourd'hui que le domaine de l'Etat n'est plus imprescriptible, aujourd'hui qu'aux termes du Code civil l'Etat est soumis aux mêmes prescriptions que les particuliers, qui pourrait douter que, non-seulement l'Etat serait irrecevable à revendiquer des droits de pêche qui auraient été attribués à des tiers par des décisions rendues contre lui et passées en force de chose jugée, mais encore que de pareils droits ne sauraient être enlevés à ceux qui les auraient acquis, ou qui les acquerront, soit par la possession de dix ans avec bonne foi et juste titre, soit même sans aucun titre, mais par la possession de trente ans à dater de la publication du Code civil? »

L'article est adopté sans autre discussion.

OBSERVATIONS.

L'ordonnance de 1669, titre XXVII, article 41, déclarait *la propriété de tous les fleuves et rivières portant bateaux de leur fonds sans artifices et ouvrages de mains, faire partie du domaine de la couronne.* Le droit de pêche étant un appendice naturel de ce droit de propriété, l'article 1ᵉʳ, titre XXXI, de la même ordonnance défendait à toutes personnes, *autres que les maîtres pêcheurs reçus es-sièges des maîtrises, de pêcher sur fleuves et rivières navigables.*

La loi du 14 floréal an X, qui a rétabli le droit de pêche au profit de l'Etat, porte, article 12 : « A compter du 1ᵉʳ vendémiaire prochain, nul ne pourra pêcher dans les fleuves et rivières navigables, s'il n'est muni d'une licence, ou s'il n'est adjudicataire de la ferme de la pêche. »

Quant à l'avis du conseil d'état du 21 février 1822, en voici les termes : « Considérant que, dans l'acception commune, on confond sous la dénomination de rivières flottables, deux espèces de cours d'eau très-distinctes ; savoir, 1° des rivières flottables sur trains ou radeaux, au bord desquelles les propriétaires riverains sont tenus de livrer le marche-pied déterminé par l'article 650 du Code civil, et dont le curage et l'entretien sont à la charge de l'Etat ; 2° des rivières et ruisseaux flottables à bûches perdues, sur le bord desquels les propriétaires riverains ne sont assujétis qu'à livrer passage, dans le temps du flot, aux ouvriers du commerce de bois chargés de diriger les bûches flottantes et de repêcher les bûches submergées ; — considérant que les rivières flottables sur *trains ou bateaux* sont de leur nature *navigables* pour toute embarcation du même tirant d'eau que le train ou radeau flottant ; — que les rivières flottables de cette espèce ont été considérées comme rivières navigables, soit par l'ordonnance de 1669, soit par les premières instructions données pour l'exécution de la loi du 14 floréal an X ; — que dès lors les rivières flottables sur trains ou bateaux, dont l'entretien est à la charge de l'Etat, se trouvent comprises parmi les rivières navigables dont la pêche peut, aux termes de ladite loi, être affermée au profit de l'Etat ; — qu'il est impossible, au contraire, d'appliquer les dispositions de ladite loi aux cours d'eau qui ne sont flottables qu'à bûches perdues, et qui ne peuvent, sous aucun rapport, être considérés comme rivières navigables :

Est d'avis, 1° que l'Etat a droit d'affermer, en vertu de la loi du 14 floréal an x, la pêche des rivières qui sont navigables sur bateaux, trains ou radeaux, et dont l'entretien n'est pas à la charge des propriétaires riverains; 2° que ce droit ne peut s'é-tendre, en aucun cas, aux rivières ou ruisseaux qui ne sont flot-tables qu'à bûches perdues. »

ART. 2.

Dans toutes les rivières et canaux, autres que ceux qui sont désignés dans l'article précédent, les pro-priétaires riverains auront, chacun de son côté, le droit de pêche jusqu'au milieu du cours de l'eau, sans préjudice des droits contraires établis par possessions ou titres.

DISCUSSION A LA CHAMBRE DES PAIRS. (1828.)

L'article du projet était ainsi conçu : « Dans toutes les rivières et canaux, autres que ceux qui sont désignés en l'article précé-dent, les propriétaires riverains auront, chacun de son côté, le droit de pêche jusqu'au milieu du cours de l'eau. »

Ce que dit sur cette disposition M. le directeur-général des forêts, commissaire du roi, se trouve sous l'article Ier.

M. le marquis de Maleville, rapporteur de la commission; s'exprime dans les termes suivans : « A l'égard du droit de pêche dans les rivières, ruisseaux et canaux non navigables ni flotta-bles, la loi proposée l'attribue, par son article second, aux propriétaires riverains. Cette disposition est conforme à la raison, à la nature des choses, au droit commun, et spécialement aux lois romaines, qui suppléaient autrefois à toutes nos lois. D'a-près le droit romain, en effet, le lit ou le canal d'une rivière, le sol sur lequel elle roule, les bords qui la resserrent, étaient censés pris sur les fonds contigus et en étaient un accessoire. Le droit de pêche dans ces sortes de rivières, celui d'y prendre de l'eau pour l'irrigation ou pour les usines, ainsi que les autres droits de cette nature, étaient pour les propriétaires riverains un dédommagement des inconvéniens attachés à leur voisinage, et des dépenses auxquelles ils sont assujétis pour le curage et l'en-tretien de ces cours d'eau. Il est vrai qu'avant la révolution, les droits de pêche et de prise d'eau dans les ruisseaux et petites ri-vières, n'étaient pas généralement attribués aux simples propriétaires des fonds riverains. Ils étaient exercés, tantôt par le seigneur haut justicier, tantôt par le seigneur féodal, qui avait ce qu'on appelait *la propriété directe, le domaine direct de ces fonds*. Mais du moins l'Etat n'y avait aucune prétention à titre de souverain ; il ne s'attribuait le droit de pêche et les autres droits de propriété que dans les *rivières navigables de leur fonds, sans aucun ouvrage d'art*. Depuis l'abolition du régime féodal, depuis que le domaine direct a été réuni au domaine utile par l'affranchissement de toutes les terres, au profit des propriétaires riverains, la loi n'a accordé à l'Etat aucun droit nouveau dans les ruisseaux et rivières non navigables. Elle s'est bornée à réserver au gouvernement, non comme propriétaire, mais comme administrateur, la police et la surveillance des cours d'eau ; et si elle n'a pas toujours formellement consacré le droit de pêche des propriétaires riverains, comme celui des prises d'eau dans les petites rivières et ruisseaux dont il s'agit, elle a du moins été constamment interprétée en leur faveur. C'est ce qui résulte du décret d'ordre du jour de la convention nationale, du 6 juillet 1793, et d'un avis du conseil d'Etat du 27 pluviôse an XIII. Aussi, depuis 1790, les propriétaires riverains ont-ils constamment joui du droit de pêche, en se conformant aux réglemens de police sur cette matière. Le projet actuel ne fait que les y maintenir. »

M. le comte d'Argoùt dit dans la discussion générale : « A l'égard des rivières et canaux qui ne sont ni navigables ni flottables, l'article 2 du projet de loi porte que les propriétaires riverains auront, chacun de son côté, le droit de pêche jusqu'au milieu du cours de l'eau. Mais le partage de ce droit entre ces propriétaires peut avoir été réglé autrement, soit par leurs conventions, soit par leur possession respective ; et cependant le projet de loi ne fait aucune réserve pour ce cas. »

Le noble orateur fait de cette observation l'objet d'un amendement.

M. le marquis de Maleville, rapporteur de la commission, répondant à cette critique et à celle qui est rappelée sous l'article Ier, quant à l'attribution du droit de pêche, s'exprime ainsi dans son résumé : « La législation existante, depuis l'abolition du régime féodal, semble bien attribuer aux propriétaires riverains le droit de pêche dans les cours d'eau qui ne sont ni navigables ni flottables. Toutefois, il n'y a rien de positivement écrit à cet égard dans des lois proprement dites, et des doutes ont été élevés à diverses époques. Immédiatement après l'abolition du régime féodal, le droit de pêche dans toute sorte de cours d'eau a été, pendant quelque temps, considéré comme absolument libre.

Ensuite il a été revendiqué, dans quelques départemens, par les communes riveraines de ces cours d'eau. N'était-il donc pas encore utile de disposer formellement de ce droit par une loi précise ? C'est ce que fait l'article 2 du projet. Cet article ordonne que le droit de pêche dans les rivières et canaux qui ne sont ni navigables ni flottables, sera exercé par les propriétaires riverains, chacun de son côté, jusqu'au milieu du cours de l'eau. Par là il exclut toutes les prétentions, soit du domaine public, soit des communes, soit des individus qui ne sont pas propriétaires. Mais il est manifeste que, si les propriétaires riverains ont réglé entre eux l'exercice de ce droit différemment que ne le fait le projet de loi, ce projet ne porte aucune atteinte à leurs conventions et possessions respectives. L'exercice de ce droit, en ce qui concerne les conventions et les prescriptions, est soumis à tous les principes du droit commun. Cela ne nous paraît pas avoir besoin d'être énoncé. »

M. le comte d'Argout, rappelant l'amendement par lui présenté dans la dernière séance, propose de rédiger ainsi l'article en discussion : « Dans toutes les rivières, canaux, ruisseaux, et cours d'eau quelconques, qui ne font point partie du domaine de l'Etat, les propriétaires riverains auront, chacun de leur côté, le droit de pêche jusqu'au milieu du cours de l'eau, *sans préjudice des droits acquis par titres ou possessions contraires.* »

M. le rapporteur de la commission « estime que la réserve est inutile, en ce que jamais on n'a contesté aux particuliers le droit de déroger entre eux aux lois générales, lorsque la dérogation n'a en elle-même rien d'illicite. Il est donc évident que toutes conventions de ce genre devront être exécutées, et l'amendement n'ajouterait rien en cela au droit des parties intéressées. »

M. le comte de Peyronnet « déclare que, dans son opinion, l'amendement serait en effet inutile, si l'article Ier fût demeuré dans les termes généraux où il avait originairement été conçu. Mais on a cru devoir y faire une réserve pour certains droits qui ont paru légitimes. Ne serait-il pas à craindre que le défaut de réserve dans l'article 2 ne parût être une interdiction absolue de toute délimitation différente de celle qu'il a pour but d'établir ? Le noble pair appuie donc le principe de l'amendement ; mais il pense qu'il y aurait quelque danger à y faire mention de la possession, qui peut donner matière à beaucoup de difficultés. Il voudrait donc qu'on se bornât à faire réserve des droits établis par titre, et il rédigerait ainsi la disposition que l'on propose d'ajouter à l'article 2 : *Sans préjudice des droits contraires qui seraient établis par titres réguliers.* »

L'auteur de l'amendement se réunit à cette rédaction, qui est adoptée.

M. le baron Favard de Langlade, commissaire du roi, présenté, dans la session de 1829, l'article 2, rédigé de la manière suivante : « Dans toutes les rivières et canaux, autres que ceux qui sont désignés dans l'article précédent, les propriétaires riverains auront, chacun de son côté, le droit de pêche jusqu'au milieu du cours de l'eau, sans préjudice des droits contraires établis par possessions et titres réguliers. »

Voici comment il en expose les motifs.

« La pêche, dans les rivières non navigables, était autrefois un privilège qui résidait dans les mains, tantôt du seigneur haut justicier, tantôt du seigneur féodal. Ce privilège disparut avec la féodalité et les justices seigneuriales, dont les lois des 4 août 1789 et 13 avril 1791 prononcèrent l'abolition. Ce fut, dans la suite, une question de savoir à qui avait passé le droit dont les seigneurs avaient été dépouillés. La jurisprudence la décida en faveur des propriétaires riverains contre les communautés d'habitans qui revendiquaient également ce droit. Le projet se conforme à cette solution. Ne serait-ce point en effet, messieurs, blesser la justice et l'équité que de refuser aux riverains l'exercice de la pêche, lorsqu'on songe aux dommages auxquels les exposent la présence et le cours des eaux ; lorsque l'on considère surtout qu'ils ont à leur charge le curage et l'entretien de la rivière qui borde ou qui traverse leur propriété? Des difficultés fréquentes ne manqueraient pas de naître du conflit des prétentions des propriétaires de chaque rive, si le législateur ne prenait soin de les prévenir. Nous vous proposons de statuer qu'ils exerceront leur droit, chacun de son côté, jusqu'au milieu du cours de l'eau. Cette ligne de démarcation est la plus juste et la plus rationnelle : l'ancienne jurisprudence l'avait adoptée à l'égard des rivières qui séparaient le territoire de deux seigneuries. Toutefois, en la reproduisant, les auteurs du projet n'ont eu d'autre intention que de tracer une règle là où les parties intéressées ne sont pas convenues d'en suivre une autre. Cependant il a paru utile de s'exprimer à cet égard d'une manière explicite, et d'employer à la fin de l'article 2 du projet, comme on a fait dans l'article Ier, ces mots : *Sans préjudice des droits contraires qui seraient établis par possession et titres réguliers.* »

La commission propose deux amendemens. Le premier consiste à substituer la disjonctive *ou* à la conjonction *et*, à la fin de l'article. Le second tend à la suppression de l'adjectif *réguliers*.

Ces deux amendemens sont adoptés. L'article ainsi amendé est lui-même adopté.

OBSERVATIONS.

L'avis du conseil d'état du 27 pluviôse an XIII, approuvé le 3o du même mois, porte : « Considérant, 1° que la pêche des rivières non navigables faisait partie des droits féodaux, puisqu'elle était réservée, en France, soit au seigneur haut-justicier, soit au seigneur du fief; 2° que l'abolition de la féodalité a été faite non au profit des communes, mais bien au profit des vassaux, qui sont devenus libres dans leurs personnes et dans leurs propriétés; 3ᵉ que les propriétaires riverains sont exposés à tous les inconvéniens attachés au voisinage des rivières non navigables (dont les lois, d'ailleurs, n'ont pas réservé des avant-bords aux usages publics); que les lois et arrêtés du gouvernement les assujettissent à la dépense du curage et à l'entretien de ces rivières, et que, dans les principes de l'équité naturelle, celui qui supporte les charges doit aussi jouir des bénéfices; 4° enfin que le droit de pêche des rivières non navigables, accordé aux communes, serait une servitude pour les propriétés des particuliers, et que cette servitude n'existe point au Code civil;

« Est d'avis que la pêche des rivières non navigables ne peut, dans aucun cas, appartenir aux communes; que les propriétaires riverains doivent en jouir, sans pouvoir cependant exercer ce droit qu'en se conformant aux lois générales ou réglemens locaux concernant la pêche, ni le conserver, lorsque, par la suite, une rivière, aujourd'hui réputée non navigable, deviendrait navigable, et qu'en conséquence tous les actes de l'autorité administrative qui auraient mis des communes en possession de ce droit, doivent être déclarés nuls. »

ART. 3.

Des ordonnances royales, insérées au Bulletin des lois, détermineront, après une enquête *de commodo et incommodo*, quelles sont les parties des fleuves et rivières, et quels sont les canaux désignés dans les deux premiers paragraphes de l'article 1ᵉʳ, où le droit de pêche sera exercé au profit de l'État.

De semblables ordonnances fixeront les limites entre la pêche fluviale et la pêche maritime dans les fleuves et rivières affluant à la mer. Ces limites seront les mêmes que celles de l'inscription maritime; mais la pêche qui se fera au-dessus du point où les eaux cesseront d'être salées, sera soumise aux règles de police et de conservation établies pour la pêche fluviale.

Dans le cas où des cours d'eau seraient rendus ou déclarés navigables ou flottables, les propriétaires qui seront privés du droit de pêche auront droit à une indemnité préalable, qui sera réglée selon les formes prescrites par les articles 16, 17 et 18, de la loi du 8 mars 1810, compensation faite des avantages qu'ils pourraient retirer de la disposition prescrite par le gouvernement.

DISCUSSION A LA CHAMBRE DES PAIRS (1828).

Article du projet :
Il appartient au gouvernement,

1° De déclarer quelles sont les parties des fleuves et rivières, et quels sont les canaux désignés dans les deux premiers paragraphes de l'article 1er, où le droit de pêche sera exercé au profit de l'Etat;

2° De fixer les limites entre la pêche fluviale et la pêche maritime dans les fleuves et rivières affluant à la mer. Ces limites seront fixées à la marée basse, au point où les eaux cessent d'être salées.

M. le marquis de Malleville, rapporteur de la commission, dit : « D'après l'article 3, il appartient au gouvernement de déclarer quelles sont les parties des fleuves et rivières, et quels sont les canaux désignés dans les deux premiers paragraphes de l'article 1er, où le droit de pêche sera exercé au profit de l'Etat. Ce pouvoir déféré au gouvernement est en effet indispensable. Le gouvernement, pour faire la désignation dont il s'agit, a déjà pris ou prendra les mesures les plus convenables. Il a consulté ou consultera non-seulement les agens de l'administration, mais encore les hommes de l'art, les ingénieurs des ponts-et-chaussées, et les autorités locales. Il ne convient pas que la loi prescrive des précautions particulières pour empêcher

que le fisc, dans le dessein de dépouiller les propriétaires riverains de leur droit de pêche, ne fasse déclarer navigables ou
flottables des rivières ou parties de rivières qui ne le sont réellement pas, et qui ne l'ont jamais été. Toutefois une disposition
plus efficacement rassurante pour les droits des propriétaires a
été réclamée dans une pétition adressée à Vos Seigneuries, et la
commission ne croit pas pouvoir l'écarter. L'un des attributs ou
plutôt des devoirs de la souveraineté est de veiller à tout ce qui
peut intéresser l'ordre et la prospérité publique, de faire jouir
ses sujets de tous les avantages que la navigation peut leur procurer, d'imprimer au commerce le mouvement qu'il croit le plus
utile, d'en écarter les obstacles qui peuvent nuire à son activité,
et pour cela de rechercher quelles sont les rivières que la nature
a destinées à la navigation; de transformer même en rivières
navigables celles qui ne le sont pas naturellement, mais qui sont
susceptibles de le devenir; d'imposer à cet effet aux propriétés
particulières les sacrifices exigés par l'intérêt général. Mais, si le
gouvernement juge à propos de s'emparer d'une rivière, d'un
ruisseau, d'un canal qui de sa nature n'est pas navigable, pour
le rendre navigable par le moyen d'écluses ou autres ouvrages;
s'il croit devoir s'emparer d'un étang appartenant à des communes ou à des particuliers, pour y faire passer un canal destiné
à la navigation, peut-il enlever aux propriétaires riverains de
ce ruisseau, de cette rivière, de cet étang, leur droit de pêche
et tous ceux qu'ils y exerçaient légalement, sans les indemniser?

« Les anciens jurisconsultes reconnaissaient le droit à l'indemnité des propriétaires de cours d'eau expropriés, soit que la couronne les dépouillât d'un droit de pêche qu'ils avaient précédemment acquis dans une rivière navigable, soit qu'elle transformât
en rivière navigable une rivière qui ne l'était pas auparavant,
et où le droit de pêche appartenait à des particuliers. En serait-il
autrement aujourd'hui?

« Peut-être dira-t-on que la concession du droit de pêche qui
a été faite aux propriétaires riverains depuis l'abolition du régime féodal, n'est qu'un privilège gratuit et précaire; que cette
concession ne leur a été faite que pour les indemniser des dépenses auxquelles ils sont assujettis pour le curage et l'entretien
de ces cours d'eau; que, lorsqu'ils sont rendus navigables, les
propriétaires riverains cessent d'être chargés de cette dépense,
et retirent de grands avantages de la navigation; qu'enfin l'avis
du conseil d'état, du 27 pluviôse an XIII, qui a abandonné le
droit de pêche aux propriétaires riverains à l'exclusion des communes, porte formellement *qu'ils ne pourront le conserver,*

lorsque, par la suite, une rivière, aujourd'hui réputée non navigable, deviendra navigable.

« Mais ce n'est pas de l'avis du conseil d'état du 27 pluviôse, que les propriétaires riverains tirent leur droit de pêche ; ils le doivent, comme nous l'avons dejà établi, à la nature des choses, au droit commun, aux lois qui ont aboli le régime féodal. Ce droit est reconnu, consacré par l'article 2 du projet de loi lui-même : dès lors les auteurs de ce projet ne sauraient refuser une indemnité aux propriétaires riverains qui en sont privés par le fait du gouvernement, sans se mettre en contradiction avec eux-mêmes, et sans violer l'article 10 de la Charte constitutionnelle. Si ces propriétaires riverains retirent des avantages de ce que leur rivière ou ruisseau est approprié à la navigation : s'ils sont déchargés de la dépense à laquelle ils étaient assujettis pour le curage et l'entretien, ces avantages entreront en considération lors de l'évaluation de l'indemnité, qui devra être plus ou moins forte, selon que le droit de pêche est plus ou moins productif ; mais ce ne peut être une raison absolue pour refuser toute indemnité. Nous pensons donc qu'en faisant droit aux réclamations adressées à la chambre, il convient d'insérer, à la suite de l'article 3, une disposition additionnelle qui, pour le cas dont il s'agit, garantisse le droit à l'indemnité.

« D'après le même article 3, il appartient au gouvernement de fixer les limites entre la pêche fluviale et la pêche maritime dans les fleuves et rivières affluant à la mer. Mais l'article ajoute que *ces limites seront fixées à la marée basse, au point où les eaux cessent d'être salées.* Cette dernière disposition est contraire à celles de l'ordonnance de la marine de 1681.

« Vos Seigneuries savent que, d'après cette ordonnance, la pêche maritime est libre, tant sur les grèves qu'en pleine mer ; que l'ordonnance répute bords et rivages de la mer tout ce qu'elle couvre pendant les nouvelles et pleines lunes, et jusqu'où le grand flot de mars peut s'étendre sur les grèves. De là il suit que la pêche maritime ou la liberté de la pêche devrait s'étendre, dans les rivières affluant à la mer, depuis leur embouchure jusqu'au point où le grand flot de mars se fait sentir. C'est ainsi que cela se pratiquait effectivement avant la révolution, excepté dans quelques rivières où la pêche se trouvait soumise à des redevances féodales.

« Cet état de choses, si favorable à la multiplication et à la prospérité de la population maritime, dura jusqu'à la publication de la loi du 14 floréal an x, qui autorisa le gouvernement à percevoir les produits de la pêche fluviale dans les rivières navigables ou flottables, et à déterminer les parties où il con-

viendrait, soit d'affermer la pêche, soit de la concéder à des porteurs de licences. Ce fut alors qu'en fixant les limites de la pêche
fluviale, le gouvernement crut convenable de les étendre, comme
le faisait la loi proposée, jusqu'à la marée basse, au point où les
eaux cessent d'être salées. Cette extension augmenta sans doute
un peu les produits de la pêche fluviale; mais elle devint très-
préjudiciable à la population maritime. D'après les renseignemens pris en 1818 par ordre du ministre de la marine, il a été
vérifié que l'intervalle existant, dans les différens fleuves et
rivières affluant à la mer, entre le point où le grand flot de mars
se fait sentir et celui où les eaux cessent d'être salées, comprend
trois cent trente-deux communes; qu'avant l'an x ou 1802, on
y comptait neuf cent quatre-vingt-quatre bateaux et deux mille
cent quarante-un pêcheurs, tandis que, depuis la mise à exécution de la loi du 14 floréal, le nombre des bateaux s'était successivement réduit à huit cent seize, et celui des pêcheurs à
dix-sept cent quatre-vingt-quatorze; en sorte qu'il y avait cent
soixante-huit bateaux et trois cent quarante-sept pêcheurs de
moins. Et quel profit le gouvernement retirerait-il de cette extension de la pêche fluviale au détriment de la population maritime? Il a été calculé qu'en affermant la pêche des fleuves et
rivières affluant à la mer, dans l'intervalle dont il s'agit, le produit net pouvait en être porté à 65,166 fr., tandis que, dans le
système contraire, il serait réduit à environ 32,000 fr. Ce serait
donc pour un excédant de produit annuel de 33 à 34,000 fr.,
et, en supposant que ces calculs ne soient pas bien exacts, pour
un intérêt fiscal toujours fort mince, que le gouvernement rejet-
terait les réclamations sans cesse renouvelées d'une nombreuse
classe de Français qui, tous les jours, affrontent les dangers de
la mer pour nourrir leurs familles; qui, en augmentant la consommation, augmentent aussi par ce moyen les revenus de l'Etat;
qui, jusqu'à l'âge de cinquante ans, sont sujets aux rigueurs de
l'inscription maritime, et fournissent aux vaisseaux du roi une
pépinière de matelots. La question des limites de la pêche fluviale, plusieurs fois soulevée par les ministres successivement
chargés du département de la marine, a été, il est vrai, toujours résolue par le comité et le ministère des finances dans le
sens du projet de loi. Mais ces décisions n'ont été en quelque sorte
que des fins de non-recevoir; elles ont été prises sous l'empire
de la loi de floréal, et des nécessités imposées par des budgets
déjà votés. Aujourd'hui qu'il s'agit de refaire la loi, le gouvernement et les chambres ne doivent céder qu'à des raisons conformes aux véritables intérêts de l'Etat; et Vos Seigneuries
n'hésiteront probablement point à adopter une solution plus

favorable à la marine, qui, dans les nouvelles destinées de la France, semble appelée de plus en plus à rendre de si grands et glorieux services. Votre commission est donc d'avis de faire rentrer la pêche fluviale dans les limites tracées par l'ordonnance de 1681, et de les fixer au point où le grand flot de mars se fait sentir. »

D'après ces considérations, M. le rapporteur propose de rédiger ainsi le nᵒ 2 de l'article : « 2° De fixer les limites entre la pêche fluviale et la pêche maritime, dans les fleuves et rivières affluant à la mer ; ces limites seront fixées *au point où le grand flot de mars cesse de se faire sentir*. »

Et d'ajouter la disposition suivante : « Dans le cas où le gouvernement jugerait à propos de rendre navigables ou flottables, par des ouvrages d'art, des parties de fleuves, des rivières, ruisseaux ou canaux qui ne le sont pas de leur nature, et de priver les propriétaires riverains du droit qui leur appartient dans ces cours d'eau, ceux-ci pourront demander une indemnité proportionnée à leur perte, conformément à la Charte constitutionnelle et aux lois du royaume. »

M. le rapporteur présente, dans son résumé, des observations nouvelles sur ces dispositions. Il dit : « à l'article 3, la commission avait proposé de fixer les limites de la pêche fluviale et de la pêche maritime *au point où le grand flot de mars cesse de se faire sentir:*

« Elle pense maintenant que cette démarcation ne serait pas assez précise, ou qu'elle donnerait à la pêche maritime une extension exagérée ; que d'ailleurs le gouvernement sera toujours libre de favoriser la population maritime, en délivrant gratuitement des licences aux pêcheurs qui habitent près de l'embouchure des fleuves affluant à la mer, sans les soustraire pour cela à la surveillance de l'administration. Elle croit, en conséquence, devoir se borner à demander que les limites de la pêche fluviale et de la pêche maritime soient fixées *à la marée haute, au point où les eaux cessent d'être salées.*

« Au même article, la commission avait proposé une disposition additionnelle qui garantissait une indemnité aux propriétaires riverains lorsque le gouvernement croirait devoir rendre navigables ou flottables, *par des ouvrages d'art*, des parties de fleuves, des rivières, ruisseaux ou canaux qui ne le seraient pas de leur nature, et priverait les propriétaires riverains du droit de pêche qu'ils y exerçaient légalement.

» D'après les observations du premier orateur (*M. le comte d'Argout*), elle a reconnu que cette disposition ne devait pas être restreinte au cas où le gouvernement, *par des ouvrages d'art*, rendrait réellement navigables ou flottables de pareils cours d'eau ; que pour donner ouverture au droit à l'indemnité, il suffisait que le gouvernement les classât parmi les rivières navigables ou flottables, et dépouillât les propriétaires riverains du droit de pêche qu'ils y avaient légalement exercé. Elle propose de rédiger ainsi cette disposition additionnelle : « Dans le cas où « le gouvernement trouverait convenable, pour cause d'utilité « publique, de rendre navigables ou flottables, ou de classer « comme navigables ou flottables, des parties de fleuves, des « rivières, ruisseaux ou canaux qui ne le sont pas de leur na- « ture, et de priver les propriétaires riverains du droit de pêche « qui leur appartient dans ces cours d'eau, ceux-ci pourront « demander une indemnité proportionnée à leur perte, confor- « mément à la Charte constitutionnelle et aux lois du royaume. »

« Cette disposition, nobles Pairs, rendra inutiles les précautions qu'on avait réclamées en faveur des propriétaires, contre l'abus que le gouvernement pourrait faire de la classification des cours d'eau. Le gouvernement, à qui appartient le droit de favoriser et d'étendre la navigation générale, classera parmi les rivières navigables ou flottables toutes celles qu'il jugera susceptibles de le devenir. Les particuliers ne pourront y former opposition ; mais si cette classification les dépouille d'un droit de pêche à eux appartenant dans ces rivières, ils se pourvoiront devant les tribunaux pour obtenir une indemnité ; et les tribunaux prononceront, ainsi que de droit, sur ces demandes, sans avoir à critiquer la classification des rivières. »

La discussion s'établit sur le premier paragraphe de l'article.

M. le comte de Tournon « pense qu'il est important qu'une disposition expresse du projet confirme l'assurance qui a été donnée dans l'exposé des motifs de voir établir d'une manière fixe la classification des rivières et canaux. Le plus sûr moyen d'arriver à ce but serait de statuer que la classification telle qu'elle résulte de l'état actuel des choses serait fixée par une ordonnance royale insérée au Bulletin des lois, et qu'à l'avenir il ne pourrait y être fait de changement que dans la même forme. Le noble pair substituerait donc à ces mots : *Il appartient au gouvernement de déclarer*, cette rédaction d'ailleurs plus conforme au style législatif : *Des ordonnances royales insérées au Bulletin des lois détermineront, etc.* »

M. le marquis de Bouthillier, directeur général des foréts, commissaire du roi, « déclare que, dans son opinion, l'insertion au Bulletin des lois serait de droit en pareille matière, et n'aurait pas même besoin d'être ordonnée. Le travail que l'auteur de l'amendement désire est au surplus celui-là même dont l'admi-

nistration a préparé les bases. Déjà de nombreux renseignemens
sont recueillis; et la commission formée pour cet objet sera en
mesure d'arrêter et de soumettre à l'approbation du roi le tableau général de la classification des cours d'eau pour chaque
département, aussitôt après la promulgation de la loi. Ce tableau,
dont le commissaire du roi présente à la chambre les divers élémens, prouve d'autant plus, et par sa division même et par les
bases sur lesquelles il est établi, que, comme on l'a dit, le projet
et l'exécution qui doit lui être donnée, ne s'appliquent en effet
qu'au droit de pêche, et n'ont aucun trait à la propriété des cours
d'eau, à laquelle il n'est apporté aucun changement. »

M. le comte d'Argout « observe que si en effet le tableau
de classification qui doit être dressé en vertu de l'article 3, ne
s'applique qu'à l'exercice du droit de pêche appartenant à l'Etat,
la disposition de cet article devient en quelque sorte sans objet;
puisqu'aux termes de l'article 1er le gouvernement reste le maître
d'un droit beaucoup plus considérable, celui de ne pas exercer
ses droits sur les cours d'eau navigables entretenus par les particuliers, à plus forte raison a-t-il le droit de cantonner la pêche
là où il voudra l'exploiter à son profit. Mais, quoi qu'on en ait
pu dire, il faut reconnaître que la déclaration dont il est ici
question, intéresse notablement la propriété même des cours
d'eau, puisqu'elle a pour but d'en fixer les limites entre l'Etat
et les particuliers. Et, en effet, une déclaration de cantonnement pourrait comprendre une portion de cours d'eau non-navi-
gable, et qui ferait, par conséquent, partie du domaine des particuliers. Sous ce rapport donc la publicité des ordonnances est
nécessaire, et il faut qu'elle soit accompagnée du recours possible aux tribunaux ordinaires de la part des tiers dont les droits
seraient compromis. »

M. le comte de Peyronnet « estime que le recours contre
les ordonnances dont il s'agit, n'a pas besoin d'être autorisé d'une
manière spéciale, parce que le droit de l'exercer résulte suffisamment des lois générales, et spécialement du réglement de septembre 1806. »

M. le comte d'Argout « pense que le droit de recours, tel
qu'il existe aujourd'hui, ne donne véritablement aucune garantie
aux particuliers. Il ne leur est pas permis, en effet, de contester
sur le fait de navigabilité, et cependant c'est la déclaration de ce
fait qui tranche toute la question. Les tribunaux n'ont alors que le
droit d'appliquer la déclaration de navigabilité telle qu'elle a été
faite par le gouvernement : la condamnation du réclamant serait
donc certaine. Un recours devant le conseil-d'état et instruit administrativement, ne conduirait pas à la rectification d'une fausse

déclaration de navigabilité, puisque l'examen nouveau serait fait par les mêmes hommes et suivant les mêmes formes. »

M. le rapporteur, « déclare que si la commission n'a proposé d'établir aucune forme particulière pour la déclaration de navigabilité, ni aucun recours spécial contre les ordonnances qui la contiendraient, c'est que tout, à cet égard, demeure dans le droit commun. L'Etat, en effet, conserve toujours le droit de déclarer navigables, et d'attribuer ainsi au domaine public, s'il le juge utile, telle ou telle partie de cours d'eau qui aurait formé auparavant une propriété particulière; et, dans ce cas, le seul droit qui appartienne à celui qui se prétend propriétaire est de faire reconnaître sa propriété, afin de demander ensuite dans les formes ordinaires, et avant la dépossession, l'indemnité préalable qui est due en cas d'expropriation pour cause d'utilité publique. C'est ce droit incontestable que la commission a jugé cependant utile de rappeler dans un paragraphe additionnel, et elle avait cru garantir d'une manière suffisante par cette addition tous les droits des particuliers, surtout en présence de la disposition de l'article 4 du projet, qui défère aux tribunaux ordinaires toutes constestations entre l'administration ou ses ayant-cause et les tiers intéressés, ce qui comprend nécessairement le cas où une partie du cours d'eau appartenant à un particulier aurait été mal à propos comprise dans un cantonnement de pêche domaniale. L'amendement proposé n'est donc pas nécessaire; mais on peut dire aussi qu'il ne présente aucun inconvénient : la chambre jugera si elle doit ou non l'admettre. »

L'amendement est mis aux voix et adopté. Le paragraphe 1ᵉʳ ainsi modifié est pareillement adopté.

Le second paragraphe est mis en délibération.

M. le comte de Tocqueville, membre de la commission, « croit devoir reproduire devant la chambre une proposition qu'il avait déjà faite au sein de la commission, et qui tendrait à supprimer la seconde partie de ce paragraphe. Ce n'est pas à la loi qu'il appartient de déterminer l'endroit où seront fixées les limites entre la pêche fluviale et la pêche maritime. Cette fixation étant essentiellement variable de sa nature, suivant les circonstances et les localités, que ne la laisse-t-on dans le domaine de l'ordonnance? La chambre a entendu sa commission proposer tour à tour de prendre pour limite le point où le grand flot de mars se fait sentir, et celui où l'eau des rivières cesse d'être salée. Cette incertitude suffit dans l'opinion du noble pair pour prouver qu'une disposition législative ne serait pas sans inconvénient à cet égard. »

Plusieurs orateurs sont successivement entendus sur la fixation de ces limites.

M. le rapporteur croit devoir quelques explications à la chambre sur les motifs qui ont déterminé la commission à changer la rédaction qu'elle avait proposée d'abord. « Elle a reconnu, dit Sa Seigneurie, sur les observations des commissaires du roi, qu'une trop grande extension de la pêche maritime serait préjudiciable à la conservation du poisson dans les rivières : elle a donc consenti à se départir de la limite à laquelle elle s'était arrêtée dans son rapport; mais la nouvelle proposition qu'elle soumet à la chambre diffère encore de celle du gouvernement en ce que la limite serait fixée, dans le système du projet, au point où les eaux cessent d'être salées *à la marée basse*, tandis que la commission l'étend jusqu'au point où elles cessent d'être salées *à la marée haute.* C'est une latitude de quelques lieues de plus pour les marins. Enfin, pour corriger ce que cette mesure pourrait avoir de trop rigoureux dans certaines localités, la commission propose d'ajouter à l'article 10 du projet une disposition par laquelle le gouvernement serait autorisé à accorder des licences gratuites aux pêcheurs, même au-dessus de la marée. On ne saurait donc adresser à la commission le reproche de vouloir retirer à la pêche maritime la faveur qu'elle lui avait accordée d'abord. Elle a toujours en vue de seconder, par des encouragemens salutaires, les développemens d'une industrie qui fournit à la nation de si utiles ressources; mais elle veut en même temps concilier cette faveur avec les moyens de surveillance dont il importe que l'administration ne soit point dépouillée. »

M. le comte de Peyronnet dit : « Il est un point de vue sous lequel la question n'a point encore été envisagée, et qui cependant lui donne un certain degré d'importance. C'est un double principe établi par nos lois, que, dans la mer, la pêche est libre à tous, que dans les fleuves, au contraire, elle est la propriété soit de l'État, soit des riverains, suivant que les cours d'eau sont ou non navigables ou flottables. Mais il y a pour ce dernier cas une remarque importante à faire, c'est que sur les rivières même navigables ou flottables les propriétaires riverains ne sont privés de l'exercice du droit de pêche que parce que l'Etat se l'est réservé à lui-même. S'il cesse de l'exercer, leur droit renaît aussitôt : le projet lui-même en offre l'exemple pour les cours d'eau qui, bien que flottables, ne portent ni trains ni radeaux. Ces principes une fois posés, n'y aurait-il pas quelque injustice à étendre les limites de la pêche maritime dans l'intérieur des rivières? En effet, si l'Etat renonce à son droit de pêche sur ces portions de rivières, n'est-ce pas en faveur des propriétaires que cette renonciation doit s'opérer? Ne serait-ce pas les dépouiller au profit des marins, que d'admettre ceux-ci à pêcher librement au bord de leurs héritages? Cette concession reposerait d'ailleurs sur une fiction contraire à la vérité; car, qui soutiendra jamais que la mer s'étende à vingt ou trente lieues au-delà de la limite où les eaux cessent d'être salées; c'est cependant à cette distance que la limite de la pêche maritime se trouverait reculée, notamment dans la Gironde, si l'on prenait pour base le point où le flot de mars cesse de se faire sentir. Enfin, une observation bien simple achève de montrer combien le système du projet est préférable : c'est que la qualité des eaux est un caractère permanent et inhérent à leur nature, tandis que la marée de mars n'est qu'une circonstance passagère dont la loi ne saurait s'occuper. »

M. le comte de Marcellus « estime que, s'il faut s'en tenir à ce dernier ordre d'idées, les variations des marées ne sont pas moins dans la nature des choses que la salure des eaux de la mer. Quant à l'argument principal qui vient d'être opposé à l'amendement, le noble pair le trouve peu solide. Ce ne sont point les propriétaires riverains que l'on dépouille au profit des pêcheurs marins : c'est seulement le fisc qui se départ de ses droits en leur faveur. En effet, la pêche des fleuves et rivières navigables et flottables appartient à l'Etat : la chambre l'a ainsi décidé sur l'article Ier du projet. Or, il ne peut être ici question que de la pêche dans les fleuves *affluant à l'Océan*, et par conséquent navigables et flottables, car s'il ne l'était pas, les bateaux de pêcheurs ne pourraient y circuler. C'est donc la pêche de l'Etat et non celle des riverains qu'on propose de restreindre, sans un grand préjudice du trésor, et pour l'intérêt évident de la marine. »

Le pair de France, ministre des finances, dit que « la question qui s'agite en ce moment ne doit être considérée ni sous le rapport du produit, au profit de l'Etat, ni sous le rapport de l'intérêt des marins.

« Sous le rapport du produit, elle est sans importance, ainsi que cela a été suffisamment expliqué; sous celui de l'intérêt des marins, elle n'en a pas davantage; car le département de la marine aura toujours la faculté de prendre des licences, pour toutes les parties de rivières dans lesquelles il lui paraîtra convenable d'accorder aux marins l'exercice du droit de pêche. Mais c'est une question d'ordre, de surveillance, et de conservation du poisson. L'ordonnance de 1681 a déclaré la pêche libre tant en pleine mer que sur les grèves; mais, en même temps, elle a déclaré que tout ce que la mer couvrait et découvrait pendant la nouvelle et pleine lune, jusqu'où le grand flot de mars se pouvait étendre sur les grèves, était réputé bords et rivages de la mer. La liberté de pêche que cette ordonnance accorde, ne s'entend donc que de la mer et de ses grèves. Si les limites entre la pêche fluviale et la pêche maritime étaient fixées au point où le grand flot de mars cesse de se faire sentir, la pêche deviendrait libre et commune dans les fleuves et rivières, à une distance de la mer de vingt, trente et quarante lieues. Dans tout cet espace, l'administration n'aurait ni droit ni qualité pour en surveiller l'exercice, ni pour empêcher l'usage de filets destructeurs du poisson : il en résulterait évidemment une grande dépopulation dans les rivières. Le gouvernement ne saurait donc admettre un amendement qui serait aussi contraire au but que le projet de loi se propose. »

Le second paragraphe de l'article en discussion est mis aux voix et adopté, tel qu'il a été rédigé en dernier lieu par la commission.

La disposition additionnelle qui forme la troisième, devient l'objet de la délibération.

M. le comte de Peyronnet prie M. le rapporteur d'expliquer si la commission a entendu restreindre l'indemnité dont il est question dans le paragraphe additionnel, à la perte du seul droit de pêche, ou si son intention a été de l'étendre à la perte des autres droits qui peuvent résulter de la propriété du cours d'eau.

M. le rapporteur « déclare que la commission n'a entendu appliquer l'indemnité qu'au droit de pêche, qui seul fait l'objet de la loi proposée. Il pense, au surplus, qu'il ne sera pas inutile de rappeler en peu de mots les raisons principales qui ont déterminé la commission à proposer ce paragraphe additionnel. L'ordonnance de 1669, comme la loi de l'an x et le Code civil, ne comprennent dans le domaine de l'Etat que les seules rivières navigables et flottables. La propriété des autres cours d'eau semble donc par cela même devoir être considérée comme la propriété des riverains, et telle est en effet l'opinion générale des divers auteurs qui se sont occupés de cette matière. Or, comme le droit de pêche n'est que l'accessoire de la propriété, il en résulte nécessairement que ce droit n'appartient à l'Etat que sur les cours d'eau navigables, et qu'à l'égard des autres, c'est aux riverains qu'il appartient de l'exercer. Ce principe se trouve déjà consacré par la délibération de la chambre sur l'article 2. Mais une des conséquences inévitables qu'il entraîne, est la nécessité d'indemniser les riverains, lorsque l'Etat les dépouille de leur droit pour càuse d'utilité publique. Sans doute la propriété des cours d'eau ne ressemble pas en tout aux propriétés ordinaires, et elle est soumise à quelques restrictions établies dans l'intérêt général. Mais ce n'en est pas moins une propriété, et une indemnité est due en cas d'expropriation pour les droits qui en résultent, de même qu'elle serait due pour l'expropriation d'un droit d'usage ou d'une servitude qui ne sont pas non plus des propriétés ordinaires. On a objecté contre la proposition faite à cet égard par la commission, que le Code civil, en attribuant, dans le cas de déplacement du lit d'une rivière, le lit abandonné pour indemnité au propriétaire des terrains occupés par le nouveau lit, semblait avoir décidé que le lit de la rivière n'appartenait pas au riverain. Mais quand il serait vrai que telle serait la conséquence à tirer d'une disposition faite pour un cas exceptionnel, il faudrait toujours remarquer que dans le paragraphe proposé, il ne s'agit ni de la propriété du sol, ni de celle du cours d'eau, mais seulement de celle du droit de pêche, que le projet lui-même attribue aux riverains. »

M. le vicomte Dambray fait observer « que l'établissement de la navigation sur une rivière, compense et bien au-delà, par les avantages qu'elle procure aux riverains, le préjudice qu'ils peuvent éprouver par le droit de pêche. Si le paragraphe additionnel était adopté, peut-être serait-il nécessaire d'y insérer une restriction pour ces cas. »

M. le baron de Barante « estime qu'aucune restriction n'est nécessaire, les lois auxquelles se refère l'amendement de la commission ayant prévu le cas d'une plus-value, résultant des travaux, et ayant statué qu'elle serait imputée jusqu'à due concurrence sur l'indemnité due au propriétaire exproprié. Mais une autre observation doit être faite sur la rédaction proposée. Il y est question du cas où le gouvernement classerait parmi les rivières navigables des cours d'eau qui ne le seraient pas de leur nature. Or, il est impossible de supposer que le gouvernement puisse adopter sans aucune utilité une classification contraire à la vérité, et la seule hypothèse admissible est celle où par des travaux d'art il viendrait à rendre navigable un cours d'eau qui ne l'était pas auparavant. »

M. le rapporteur expose « que l'addition de ces mots a été faite sur la demande de l'un des orateurs entendus dans la première séance, et pour le cas où il conviendrait au gouvernement de classer à l'avenir parmi les rivières navigables un cours d'eau sur lequel on aurait dessein d'établir, en effet, la navigation, mais sur lequel elle ne serait pas encore établie. »

M. le comte de Monville « observe que l'amendement se rattache à une question de propriété des plus importantes, et qu'il voudrait voir décider d'une manière plus précise encore puisque l'occasion s'en présente. Il est bien entendu que le droit de pêche sur les cours d'eau non navigables, appartient exclusivement aux riverains ; mais ce droit n'est évidemment que l'accessoire de la propriété du cours d'eau lui-même, et dès-lors on ne voit pas pourquoi l'indemnité en cas d'expropriation ne serait pas également attribuée à tous les autres droits que comprend la propriété. Le noble pair demanderait donc que la rédaction proposée fût sous-amendée en ce sens. Il pense que ce serait un moyen utile de restreindre dans de justes limites l'autorité absolue que s'arroge l'administration sur les cours d'eau, et qui va jusqu'à imposer à l'établissement des usines alimentées par des cours d'eau non navigables, la condition exorbitante de la renonciation à toute indemnité pour le cas où l'autorisation donnée viendrait à être révoquée. C'est à faire cesser cet état de choses, que serait destiné le sous-amendement du noble pair ; mais si la chambre n'adoptait pas son opinion, il se croirait obligé d'en faire ultérieurement l'objet d'une proposition spéciale. »

M. le comte de Saint-Roman, « demande la suppression de ces mots : *ou de classer comme navigables ou flottables.* Il semble que toute l'autorité nécessaire est réservée à l'administration, lorsqu'on lui reconnaît le droit de rendre navigables des cours d'eau qui ne le seraient pas de leur nature. Ce changement ne pouvant avoir lieu qu'au moyen de travaux utiles, on conçoit que la faculté accordée à cet égard au gouvernement est sans danger. Mais il n'en serait pas de même d'un droit arbitraire de classification qui, sans imposer aucune charge à l'administration ni procurer aucun avantage aux administrés, pourrait devenir pour eux l'occasion d'un préjudice grave. »

M. le vicomte Dambray « estime qu'il y aurait lieu de supprimer aussi les mots : *pour cause d'utilité publique,* qui semblent superflus, le changement dans la classification des cours d'eau, ou l'établissement d'une navigation nouvelle ne pouvant jamais avoir d'autre motif que celui de l'utilité publique. »

M. le baron de Barante demanderait qu'au mot *gouvernement*, employé dans la rédaction proposée, on substituât celui d'*administration*, qui semble mieux approprié à l'objet qu'il s'agit de régler, et qui ne se rattache en rien à ce qu'on appelle le *gouvernement.*

M. le ministre des finances remarque que l'amendement proposé au nom de la commission présente des difficultés sérieuses, et amène nécessairement la discussion de questions délicates. « La principale, dit Son Excellence, est celle de savoir si les propriétaires riverains d'une rivière non flottable ni navigable sont propriétaires de cette rivière, et à quel titre ils exercent le droit de pêche dans cette rivière : car, s'ils jouissent de ce droit comme propriétaires, ils auraient droit à une indemnité dans le cas où, pour des causes d'utilité publique, ils en seraient dépouillés. Mais la question de savoir si les riverains sont propriétaires des rivières qui ne sont ni flottables ni navigables, est une question qui paraît devoir être décidée négativement dans l'état actuel de la législation. On ne peut cependant pas dire que l'Etat ait cette propriété, puisque la loi, qui lui attribue la propriété des rivières flottables et navigables, exclut, par cela même, celles qui ne le sont pas. D'un autre côté, le Code civil, qui accorde au propriétaire dans le terrain duquel une source prend naissance le droit d'en user à son gré, dans l'héritage dans lequel elle a son cours, décide, par la même raison, que le propriétaire qui n'est que riverain n'a pas le même droit. Enfin, l'article 563 du Code civil, qui porte que si un fleuve ou une rivière navigable, flottable ou non, se forme un nouveau cours, en abandonnant son ancien lit, les propriétaires des fonds nouvellement occupés prennent, à titre d'indemnité, l'ancien lit abandonné, suppose nécessairement que les propriétaires des fonds adjacens à l'ancien lit n'y ont aucun droit de propriété. La propriété de la rivière qui n'est ni navigable ni flottable serait donc, comme celle des chemins vicinaux, une propriété publique qu'aucun particulier ne peut s'arroger, et sur laquelle, par suite, le gouvernement exerce le droit d'inspection et de haute-police. Toute la question, dans ce cas, consisterait à savoir si le droit de pêche dont le gouvernement accorde l'exercice aux propriétaires riverains, pour les dédommager des charges et des incommodités que le voisinage de la rivière leur impose, peut devenir, pour eux, un droit absolu de propriété, et peut donner lieu à une indemnité à leur profit, lorsque le gouvernement fait cesser les charges pour les riverains, et juge qu'il est utile aux intérêts publics de rendre flottable ou navigable la rivière qui ne l'était pas.

« Quelle que soit l'opinion qu'on puisse avoir sur cette question, dont la difficulté peut être appréciée par la chambre, on doit, du moins, reconnaître que sa solution ne peut trouver place dans un projet de loi qui n'a pour objet que de régler l'exercice du droit de pêche. Dans tous les cas, la rédaction de l'amendement qui est proposé devrait éprouver plusieurs modifications.

« Au reste, si l'amendement était rejeté, il n'en pourrait résulter aucune conséquence contre les prétentions des proprié→

.taires riverains : ils demeureraient avec tous leurs droits, et il serait bien entendu que l'amendement n'aurait été rejeté que parce que la chambre aurait jugé qu'il serait déplacé dans un projet de loi qui n'a d'autre objet que celui de régler l'exercice du droit de pêche. »

M. le comte de Saint-Roman insiste sur la nécessité de modifier la rédaction proposée. Dans son opinion, il faut bien se garder de donner prise aux prétentions de l'administration sur la propriété des cours d'eau non navigables.

M. le baron de Monville estime que la question relative à la propriété des cours d'eau doit recevoir une solution toute différente de celle vers laquelle le ministre a paru incliner.

M. le comte d'Argout « déclare qu'il ne peut donner son assentiment au système que le ministre voudrait faire admettre, et qui tendrait à établir que le gouvernement est propriétaire de tous les cours d'eau, et que tous les droits qui s'y rattachent au profit des particuliers ne sont que de simples tolérances, toujours révocables sans indemnité. Le rapporteur de la commission semblait avoir tout dit à cet égard, et la doctrine contraire à celle du ministre est appuyée sur l'opinion de presque tous les auteurs qui ont écrit sur cette matière avant comme depuis la révolution. »

M. le ministre des finances appuie de nouveau son système.

M. le baron de Barante dit « qu'il a toujours été entendu jusqu'ici, et qu'il résulte même de la discussion, commencée depuis trois jours, que le droit de pêche est une dépendance de la propriété. Or, comment pourrait-on régler le droit de pêche, si la propriété elle-même était encore incertaine? Les argumens qui viennent d'être présentés, tendraient donc à établir qu'en ce moment une bonne loi serait impossible à faire. Mais il n'en est pas ainsi, et toute la difficulté roule sur la confusion que l'on a faite entre ce qui appartient à l'autorité publique, et ce qui constitue la propriété de l'Etat. Sans doute l'administration peut intervenir comme puissance publique, et pour l'intérêt général, dans le réglement et la police des cours d'eau non navigables, et c'est pour cela que son autorisation est nécessaire à l'établissement des usines sur ces cours d'eau. Mais ce n'est pas comme propriétaire que ce droit lui appartient. Cependant les rapprochemens qui existent entre ces deux droits bien distincts ont pu entraîner quelque incertitude. L'administration a pu finir par se croire propriétaire de ce qu'elle était chargée de régir dans l'intérêt de tous, et, ainsi, les permissions sont devenues des concessions auxquelles on a cru pouvoir imposer des conditions contraires au droit véritable de propriété. C'est précisément ce qui était arrivé sous le régime féodal dans lequel les seigneurs, chargés originairement de rendre la justice dans l'intérêt de tous, avaient fini par conserver, comme propriété patrimoniale., un droit qui n'était que la conséquence d'une autorité qui n'existait plus. Aujourd'hui que la question est élevée, il faut en revenir aux vrais principes; et, puisque la chambre n'a à s'occuper que du droit de pêche, au moins doit-elle, en ce point, régler, d'une manière juste, les droits des propriétaires, et ceux de l'administration. A celle-ci sans doute appartient le droit de classification; mais il ne faut pas que ce droit puisse être exercé d'une manière absolument arbitraire, et contraire même à la nature. des choses; c'est pour cela que le noble pair retrancherait dans la rédaction de l'article additionnel ces mots : *qui ne le sont pas de leur nature.* Il appuie, au surplus, l'amendement, et, pour en prouver d'autant plus la nécessité, il croit devoir citer à la chambre un exemple frappant des inconvéniens que pourrait avoir le système contraire, celui de la déclaration de navigabilité sans indemnité pour le droit de pêche. Il existe près de Nantes une petite rivière qui autrefois coulait sur un sol marécageux, et n'était d'aucune utilité pour le pays, mais qui, par suite de travaux particuliers, est devenue navigable, et sert à l'approvisionnement de la ville de Nantes. Le droit de pêche dans cette rivière a toujours continué d'appartenir aux riverains qui sont chargés de son entretien. On conçoit quel préjudice leur causerait l'administration, si, l'amendement n'étant pas admis, elle venait à déclarer cette rivière navigable, ce qui cependant ne serait que la reconnaissance d'un fait exact en lui-même; tandis que l'adoption de l'amendement assurera dans tous les cas au propriétaire une juste indemnité. »

M. le baron Mounier appuie également l'amendement de la commission, qu'il propose de rédiger ainsi : « Dans le cas où le gouvernement jugerait convenable de rendre navigables ou flottables des parties de fleuves, de rivières, de ruisseaux ou de canaux qui ne l'étaient point encore, ou de classer comme navigables ou flottables des parties de fleuves, de rivières, de ruisseaux ou de canaux qui n'étaient point encore ainsi classés, les propriétaires privés du droit de pêche auront droit, à raison de cette privation, à une indemnité qui sera réglée conformément aux lois de l'expropriation pour cause d'utilité publique. »

M. le ministre des finances dit « que cette rédaction, comme celle de la commission, a toujours pour résultat de trancher l'importante question de savoir si la pêche est pour les riverains un véritable droit ou une simple faculté à laquelle s'appliquerait implicitement la condition toujours imposée à l'établissement des usines sur les mêmes cours d'eau, celle de n'avoir droit à aucune indemnité en cas de suppression. »

M. le comte de Pontécoulant appuie l'amendement, pour lequel il adopte la rédaction proposée par le dernier opinant, en substituant seulement le mot *d'administration* à celui de *gouvernement*, ainsi que cela a déjà été proposé.

M. ministre des finances répond « que c'est par un acte solennel du gouvernement, et non par une simple décision administrative, que peut être prononcée l'expropriation pour cause d'utilité publique que l'amendement a pour objet de prévoir. En supposant donc son admission, le mot *gouvernement* est préférable à celui qu'on se propose d'y substituer. »

M. le comte de Peyronnet « demande que l'on supprime dans la rédaction ces mots qui la terminent : *conformément aux lois sur les expropriations pour cause d'utilité publique.* La pêche est en effet un droit mobilier, et auquel il y aurait quelque inconvénient à appliquer la double procédure administrative et judiciaire que prescrivent les lois sur l'expropriation des immeubles.»

M. le baron Mounier dit « que la loi générale sur l'expropriation pour cause d'utilité publique, prescrit en effet des formalités administratives qui ne sauraient être appliquées à la déclaration de navigabilité dont il s'agit ici; mais elle contient aussi des dispositions sur le mode d'évaluation de l'indemnité, et sur le réglement qui doit en être fait par les tribunaux. Or, comme il est impossible de faire régler autrement l'indemnité pour le droit de pêche, il est nécessaire de rappeler à cet égard l'exécution de la loi générale qui, d'ailleurs, a été constamment observée pour l'expropriation des droits de servitude, qui sont aussi des droits incorporels, et qui, sous ce rapport, présentent quelque analogie avec le droit de pêche. »

La chambre, sur la demande de M. le ministre des finances, prononce le renvoi pur et simple de l'amendement à la commission.

M. le marquis de Maleville, rapporteur, propose au nom de la commission, dans la séance du lendemain jeudi, 1ᵉʳ mai 1828, une nouvelle rédaction du paragraphe en discussion; c'est celle qui a passé dans la loi.

Sa Seigneurie explique les motifs qui ont déterminé la commission. « Il a paru convenable, dit-elle, de maintenir à côté des mots : *rendus navigables ou flottables*, une autre expression qui laisse au gouvernement une certaine latitude pour les cas où l'utilité publique exige que des cours d'eau soient *déclarés* tels, mais il est toujours bien entendu que l'indemnité ne peut être réclamée qu'à raison des fleuves, rivières ou ruisseaux qui n'étaient pas déjà navigables ou flottables. Quant à la fixation de l'indemnité, la commission avait à choisir entre le mode établi par la loi du 16 septembre 1807, et celui qui résulte de la loi du 8 mars 1810. Dans le système de la loi de 1807, l'indemnité était fixée par l'autorité administrative, qui prononçait aussi l'expropriation, et se trouvait ainsi juge dans sa propre cause. La loi de 1810, plus conforme à l'équité, renvoie les deux parties devant les tribunaux pour le réglement de l'indemnité, lorsqu'elle n'a pas été convenue de gré à gré.

« On a vu quelque inconvénient à appliquer ici cette dernière loi, à cause des formalités trop compliquées qu'elle prescrit : on a craint que ces formalités ne parussent abusives lorsqu'il s'agirait d'une valeur tout-à-fait modique, telle que celle de la pêche en beaucoup d'endroits. Mais il suffit de lire la loi de l'an x pour reconnaître que cette complication de formes dont on se plaint n'existe que dans les titres Ier et II, où il est question de déterminer s'il y a lieu ou non à l'expropriation demandée par le gouvernement. C'est pour cette justification préparatoire que la loi exige des publications et des affiches, et qu'elle établit différens recours devant le préfet et en justice.

« Dans le cas prévu par le paragraphe en discussion, toutes ces formalités seront suppléées par l'ordonnance du roi qui déclarera le cours d'eau navigable ou flottable. Cette déclaration du gouvernement, seul juge en cette matière de l'utilité publique, ne sera point susceptible de contestation, et il ne s'agira plus que de régler le montant de l'indemnité.

« Les formes établies à cet égard par les articles 16, 17 et 18 que la commission propose de mentionner dans le projet, n'ont rien que de simple et de facile dans l'exécution. Le tribunal de l'arrondissement où les biens sont situés peut lui-même fixer l'indemnité, eu égard aux baux actuels, aux contrats de vente passés antérieurement, aux matrices des rôles et à tous autres documens qu'il peut réunir. Si ces documens se trouvent insuffisans pour éclairer sa religion, il peut nommer d'office trois experts, il peut même n'en désigner qu'un seul, et il statue sur leur rapport, qui n'est considéré que comme simple renseignement. Enfin, dans le cas où il y aurait des tiers intéressés à titre d'usufruit, ou de bail à ferme, le propriétaire doit les appeler avant la fixation de l'indemnité, pour concourir, en ce qui les concerne, aux opérations y relatives. Sinon, il demeure chargé envers eux des indemnités qu'ils pourraient réclamer. Les indemnités de ces tiers intervenans sont réglées dans les mêmes formes que celles des propriétaires. La commission n'a pas cru devoir ajouter à la mention de ces trois articles celle de l'art. 19

de la loi de 1808, qui autorise les tribunaux, en cas d'urgence, à ordonner provisoirement la mise en possession de l'administration avant le paiement de l'indemnité. Cette disposition serait contraire au principe que consacrent l'article 545 du Code civil et l'article 10 de la Charte. La première rédaction soumise à la chambre rappelait ce principe de droit public. La commission propose maintenant de supprimer les mots : *conformément à la Charte constitutionnelle*, pour faire droit à l'observation d'un noble pair qui les avait trouvés superflus. La commission aurait pu cependant s'autoriser pour les maintenir d'un précédent de la chambre qui, dans sa séance du 6 mai 1819, avait adopté, sur l'article 15 d'un projet de loi relatif aux places de guerre, un amendement qui contenait textuellement le même renvoi.

« La disposition qui tend à admettre en compensation de l'indemnité demandée, la plus-value résultant de la mesure ordonnée par le gouvernement, n'a pas besoin d'être justifiée. Elle est évidemment fondée en équité. C'est d'ailleurs l'application du principe posé par la loi du 16 septembre 1807. »

DISCUSSION A LA CHAMBRE DES DÉPUTÉS.

M. le baron Favard de Langlade, commissaire du roi, présentant le projet de code dans la session de 1829, dit : « Ainsi, Messieurs, le projet de code distingue sous le rapport de la pêche deux espèces de cours d'eau. Les uns sont navigables ou flottables, les autres ne le sont point. Le droit de pêche est exercé dans les premiers par l'Etat, dans les seconds par les particuliers. Il importe donc beaucoup de déterminer dans quelle catégorie sera placée telle ou telle rivière, puisque de là dépend l'attribution de la pêche. Mais comment fixer la séparation ? serait-il possible de poser dans la loi un mode permanent, un principe absolu ? Non sans doute. Des rivières ni navigables ni flottables peuvent le devenir, d'autres peuvent cesser de l'être. Il faut donc laisser au gouvernement le classement des fleuves et rivières. N'oublions pas qu'il s'agit ici bien moins du revenu de l'Etat que de l'intérêt public de la navigation ; que le gouvernement, d'ailleurs entouré de tous les élémens d'une bonne décision, est le protecteur naturel de ce précieux intérêt ; que dès-lors il appartient au roi de classer les rivières, comme il classe par des ordonnances royales les routes du royaume. C'est sur ces considérations qu'est appuyé l'article 3 du projet. Lorsque, en vertu de cette disposition, le gouvernement déclarera navigable ou flottable une rivière ou partie de rivière qui jusque-là n'avait pas été considérée comme telle, la conséquence sera, pour les propriétaires riverains, la perte de leur droit de pêche, et pour l'Etat, l'acquisition de ce même droit. Il y aura de la part du gouvernement, par le fait de cette déclaration, expropriation pour cause d'utilité publique, et par suite obligation de payer de justes indemnités, conformément à la loi du 8 mars 1810.

« Les fleuves ont avec la mer une communication qui demande aussi une séparation entre la pêche maritime et la pêche fluviale. Les motifs qui justifient l'attribution au gouvernement du droit de déclarer les rivières navigables ou flottables, réclament également son intervention pour fixer cette séparation. Le projet reconnaît cette vérité, mais en indiquant le point où les limites devront être posées de manière à proclamer un principe fixe dont l'autorité administrative n'ait qu'à faire l'application. La difficulté est de savoir où sera ce point ; sera-t-il à la marée haute ou à la marée basse ? Cette question a été l'objet d'une assez longue discussion à la chambre des pairs. On avait d'abord incliné à penser qu'il fallait préférer *la marée basse, au point où les eaux cessent d'être salées*, parce que là paraissait être la démarcation naturelle des eaux de la mer et des eaux des fleuves. D'un autre côté, on avait cru apercevoir quelque avantage à restreindre la pêche fluviale au profit de la pêche maritime, et à choisir le lieu où se fait sentir *le grand flot de mars*. Mais le gouvernement s'est arrêté, avec la chambre des pairs, à un point intermédiaire, qui est *la marée haute*. Il a paru que cette limite était mieux combinée dans l'intérêt de l'une et l'autre pêche, et qu'elle offrait quelque chose de plus positif et de plus certain dans l'application. »

M. Mestadier, rapporteur de la commission, s'exprime en ces termes : « Le premier paragraphe de l'art. 3 est ainsi conçu : « Des ordonnances royales, insérées au Bulletin des lois, déter- « mineront quelles sont les parties des fleuves et rivières, et quels « sont les canaux désignés dans les deux premiers paragraphes de « l'article 1ᵉʳ où le droit de pêche sera exercé au profit de l'Etat. »

« La fixation des limites est-elle du domaine de la loi ou du domaine des ordonnances ? Elle a pour objet, elle a pour effet de placer hors du domaine privé, de placer dans le domaine public des parties de fleuves et de rivières, de les soumettre ainsi sous plusieurs rapports à une législation différente, de priver les riverains du droit de pêche et de la libre disposition des eaux ; nul doute sur le droit du pouvoir législatif. En déclarant que les rivières *flottables* et *navigables* sont une dépendance du domaine public, en disant ce que l'on doit entendre par une rivière *flottable*, le législateur consacre le principe général ; mais l'application du principe sera variable selon les lieux, souvent hérissée de difficultés, soumise à de nombreuses exceptions. Le législateur doit s'arrêter dans les limites du possible, et ne pas risquer d'agir au hasard; ne pouvant pas connaître les détails, les circonstances, les spécialités locales, il pose les points fondamentaux, et délègue le surplus de ses pouvoirs. Une garantie est donnée contre l'abus, c'est la publicité des ordonnances; elles seront insérées au Bulletin des lois, et le recours des tiers dont les droits seraient compromis est le droit commun.

« Le paragraphe 2 de l'article 3 fixe les limites entre la pêche fluviale et la pêche maritime, dans les fleuves et rivières affluant à la mer, à la marée haute au point où les eaux cessent d'être salées. Le premier projet proposait de fixer les limites à la marée basse, conformément à la loi du 14 floréal an x; c'est la chambre des pairs qui, voulant étendre de quelques lieues les limites de la pêche maritime, a voté pour la fixation à la marée haute, mais en prenant toujours pour règle la salure des eaux. Depuis l'ordonnance de 1681 jusqu'à la révolution, le point où pénètre le flux dans les hautes marées d'équinoxe avait servi de limite entre la pêche fluviale et la pêche maritime; le grand flot de mars ne devrait-il pas servir encore de règle? Il y a ici trois intérêts différens à considérer : l'intérêt du fisc, celui de la marine et celui de la conservation du poisson. Ce serait pour le fisc une différence de 34 à 35,000 fr. en plus ou en moins; ce produit est sans importance. Il n'en peut être de même des deux autres intérêts : les questions qui touchent à la prospérité de la marine française seront toujours traitées avec la plus grande faveur, et il a été vérifié que la différence entre le point où le grand flot de mars cesse de se faire sentir et le point où les eaux cessent d'être salées, est de vingt-cinq à trente lieues; cet intervalle comprend trois cent trente-deux communes. Avant l'an x ou 1802, on y comptait neuf cent quatre-vingt-quatre bateaux et deux mille cent quarante-un pêcheurs; le nombre des bateaux s'est successivement réduit à huit cent seize, et celui des pêcheurs à mille sept cent quatre-vingt-quatorze; différence en moins, cent soixante-huit bateaux et trois cent quarante-sept pêcheurs. Ces faits ont été l'objet des plus sérieuses méditations. Mais c'est un double principe que, dans la mer, la pêche est libre à tous, et que, dans les fleuves, rivières et cours d'eau, elle est la propriété soit de l'Etat, soit des riverains. Si on prenait pour limite le point où le grand flot de mars se fait sentir, la pêche deviendrait libre dans les fleuves et rivières à une distance de la mer de trente et quarante lieues; dans la Dordogne jusqu'à Libourne, dans la Seine jusqu'à Pont-de-Larche; ce serait évidemment une irruption exagérée de la pêche maritime, hors de toute mesure, hors de toute vérité. Cette irruption aurait l'effet le plus funeste sur la conservation du poisson, l'administration n'ayant plus dans tout cet espace aucun droit de surveiller l'exercice de la pêche. D'ailleurs la loi de l'an x a déjà vingt-sept ans de date et d'exécution ; les limites de la pêche maritime seront étendues de quelques lieues de plus, et en prenant pour règle la salure des eaux à la marée haute, le projet concilie le respect des lois, la vérité des faits, l'intérêt de la marine, l'intérêt de la société à la conservation du poisson. Tels sont les motifs qui ont déterminé le vœu de la commission en faveur du deuxième paragraphe de l'article 3.

« Le troisième paragraphe reconnaît le droit à une indemnité, pour les propriétaires qui seront privés du droit de pêche, dans le cas où des cours d'eau seraient rendus ou déclarés navigables ou flottables. Il suffit d'énoncer ce principe pour en reconnaître la justice ; mais il est indispensable de remarquer, il est important de constater qu'en parlant de l'indemnité pour la pêche, cet article n'est point exclusif de tout autre droit à une autre indemnité : si l'article ne parle d'indemnité que pour la pêche, c'est parce que le projet laisse en dehors les questions de propriété, et ne traite que de la pêche. »

La fixation des limites entre la pêche maritime et la pêche fluviale devient l'objet d'une discussion sérieuse.

M. Gautier demande que l'on dise : « *Ces limites seront fixées au point qu'atteignent les hautes marées ordinaires de pleine et de nouvelle lune.* »

L'orateur, rappelant l'ordonnance de 1681, d'après laquelle la pêche était libre dans les fleuves et rivières affluant à la mer, jusqu'au point où les marées cessent de se faire sentir, expose les avantages qu'offrirait le rétablissement des mêmes principes. Il dit : « Les habitans des bords des fleuves, classés pour la plupart dans l'inscription maritime, trouvent dans la pêche pour leur famille, quand ils sont sur mer, et pour eux-mêmes, quand ils sont de retour, une ressource qui assure leur subsistance. Ils en avaient joui sans contestation jusqu'en 1802, et je crois que l'ancienneté de la possession de ce droit serait peut-être à elle seule un motif de le leur restituer. Mais il en est un plus important, et qui touche à un des intérêts les plus élevés de l'Etat. La liberté de la pêche dans les fleuves est, pour la population riveraine, un encouragement puissant à se consacrer à la marine. Les jeunes gens y trouvent à la fois un profit actuel, une occupation attrayante, et l'apprentissage d'une profession utile. Quand la pêche était libre, un marin, rentré dans ses foyers, cherchait dans les hasards et les dangers de cette occupation une continuation des habitudes de son métier. Il employait pour l'aider ses enfans et ceux de ses voisins ; il en entraînait d'autres par son exemple ; tous étaient aussitôt classés, et devenaient par conséquent marins à leur tour. Aujourd'hui que rien n'attire plus la population riveraine vers la navigation des fleuves, le goût du service maritime décroît, et l'inscription maritime éprouve une diminution sensible, dont on aperçoit déjà les effets dans le renchérissement des gages d'équipage et la rareté des matelots. »

L'honorable membre ajoute : « Le seul motif qui ait paru empêcher votre commission de rentrer à cet égard dans notre ancienne législation, c'est la crainte que l'agrandissement accordé au domaine de la pêche libre ne soit funeste à la conservation du poisson. Je crois cette crainte tout-à-fait chimérique. Tous ceux qui ont habité les bords des grands fleuves affluant dans l'Océan savent qu'on n'y prend guère que des poissons qui remontent périodiquement de la mer dans les rivières, et ceux-là, il n'est pas à craindre que l'espèce s'en perde ou qu'elle diminue. Ils sont pour la pêche ce que sont pour la chasse les oiseaux de passage. D'ailleurs je n'ai pas entendu dire que depuis que les dispositions de l'ordonnance de 1681 ont été modifiées, le poisson soit devenu plus abondant qu'il ne l'était autrefois ; et je crois qu'on pourrait, sans s'exposer à aucun danger de ce genre, en revenir à une législation qui a subsisté si long-temps sans qu'on en ait ressenti l'inconvénient qu'on appréhende aujourd'hui. »

M. Reboul ne s'oppose pas à l'amendement de M. Gautier ; mais il fait remarquer à la chambre que la Méditerranée n'ayant pas de flux et reflux comme l'Océan, si l'on prend pour limite de la pêche maritime le point où les eaux cessent d'être salées, la pêche fluviale s'étendra évidemment jusque dans le bassin de la mer ; ce qui serait contraire à la population maritime qui habite sur les bords des affluens dans la Méditerranée. Il lui paraît conforme à la justice distributive que la distance fixée à l'égard des fleuves qui affluent dans l'Océan soit appliquée aux fleuves qui affluent dans la Méditerranée.

M. Laboëssière propose de dire : *Ces limites seront fixées à la marée haute des équinoxes.* « En effet, ajoute-t-il, il y a une grande différence entre la marée haute des équinoxes et les hautes marées moyennes dont vous a parlé M. Gautier ; et il résultera de l'adoption de mon amendement une très-grande différence dans le sort des départemens maritimes. La population des pêcheurs est une population extrêmement pauvre ; dans les années où la pêche ne donne pas, il y a parmi elle une misère affreuse. Le peu d'extension donnée aux limites dans lesquelles la pêche pourra avoir lieu, lui offrira une ressource précieuse. Je rappellerai, en faveur de cette population malheureuse, que lorsque le projet de loi fut envoyé dans le conseil-général de mon département, nous nous récriâmes sur la consternation dans laquelle les restrictions qu'on voulait mettre à la pêche maritime allaient plonger toute la population qui habite aux embouchures des fleuves qui affluent dans la mer. »

M. Charles Dupin appuie la proposition de M. Gautier, sous-amendée par M. Laboëssière. « Je crois, dit-il, qu'il faut surtout considérer l'utilité de la mesure proposée, par rapport à l'inscription maritime. Depuis très-peu de temps la marine a fait un très-grand sacrifice, en abandonnant une portion de l'inscription maritime, celle qui tenait à la partie supérieure des fleuves, c'est-à-dire en renonçant à tous ses droits sur les pêcheurs de cette partie des fleuves et des rivières. Il semble donc juste de lui conserver au moins toute la partie comprise depuis l'embouchure des rivières et des fleuves jusqu'au point où la mer se fait sentir en quelque temps que ce soit. En conséquence je crois qu'il faut adopter l'amendement de M. Gautier avec la modification proposée par l'honorable général Laboëssière, et dire que la pêche maritime s'étendra dans tous les points des embouchures des fleuves ou des rivières où les hautes marées d'équinoxe se font sentir. »

M. le marquis de Bouthillier, commissaire du roi, et *M. le ministre des finances* combattent la proposition.

M. Charles Dupin propose la rédaction suivante : « *Ces limites seront les mêmes que celles de l'inscription maritime.*»

Il développe ainsi sa proposition : « Messieurs, ainsi que j'ai eu l'honneur de le dire à la chambre, dans la séance d'hier, l'inscription maritime a supprimé tous les quartiers de l'intérieur; elle a fait ainsi l'abandon de quinze à seize mille inscrits, qu'elle rend à la pleine liberté du commerce intérieur. Voici quelles sont aujourd'hui les limites de l'inscription maritime : pour les fleuves et les rivières de la Méditerranée, au point où remonte le flot d'équinoxe; pour les ports de la Méditerranée, au point où cesse la remonte des bâtimens allant à la voile. Il est de toute justice d'adopter les mêmes limites pour la démarcation de la pêche fluviale ou maritime, que pour la navigation fluviale ou maritime. En effet, Messieurs, quelle justice trouverait-on à dire : La navigation de cette partie des fleuves et des rivières comptera pour rendre les pêcheurs et les marins amenables de force sur nos vaisseaux de guerre, et pour les rendre passibles des sacrifices, des fatigues et des dangers du service naval ; en un mot, la navigation sur cette partie des rivières ,et des fleuves, fera peser sur les marins toutes les charges maritimes ; et la pêche dans les mêmes eaux ne leur comptera pas comme pêche maritime ! Elle sera maritime pour les mettre eux et leur industrie, leur travail et leur existence, au service de nos escadres, jusqu'à l'âge de 5o ans, et ne sera pas maritime pour leur procurer un misérable bénéfice de pêche, dont le fisc peut espérer 35 à 4o mille francs !... Non, Messieurs, j'amais la chambre des députés ne voudra consentir à cette misérable épargne, opérée aux dépens de la subsistance de nos matelots et de nos pêcheurs. Songez, Messieurs, que vous donnez par an plus de 3 millions pour encourager la pêche hauturière à Terre-Neuve ; abandonnez un faible revenu de 3o à 4o mille francs pour ajouter au bienêtre d'une autre classe non moins nombreuse que la première ; une classe de pêcheurs qui sert aussi de pépinière à la marine, et qui mérite également votre généreuse protection. »

M. le marquis de Bouthillier, commissaire du roi, combat l'amendement, et présente le tableau des pertes qui en résulteraient pour l'Etat, pertes qu'il fait monter à 96,200 francs.

M. le ministre des finances le repousse également. Son Excellence dit : « On vous parle de l'intérêt des marins, mais il est facile de concilier cet intérêt avec celui de la police. Si les marins ont la faculté de pêcher dans des limites aussi étendues, ils pêcheront sans surveillance, pourront détruire le poisson, employer pour la pêche des instrumens nuisibles. Les règles qui concernent la pêche maritime s'appliqueront à cette étendue considérée comme dépendances de la mer, et on pourra y pêcher comme dans la mer, sans être soumis à une surveillance. C'est plutôt à l'article 10 du projet de loi qu'à celui-ci que peut se rapporter l'observation qui a été faite. Ajoutez, si vous voulez, par amendement à l'article 10, que le gouvernement pourra accorder des licences aux marins ; je ne m'y opposerai pas. Vous pourrez par ce moyen exercer un droit de police qui empêchera les marins d'abuser de la pêche. Les marins auront, en vertu de licences qui leur seront données pour un prix très-modique, la liberté de pêcher jusqu'au point où le ministre de la marine le jugera convenable. »

M. le rapporteur de la commission reconnaît que la limite de l'inscription maritime est conforme à la justice. « J'en ai été moi-même frappé, ajoute-t-il, mais je vous demanderai si vous voulez que le droit de pêche soit affranchi de toute surveillance ? (*Voix diverses.* Non, non.) Alors il faut adopter le moyen qu'a indiqué M. le ministre des finances, et donner au gouvernement le droit de délivrer des licences. C'est là la condition sur laquelle il m'a paru que les membres de la commission consentiraient à l'amendement. On pourrait donc ajouter cette disposition : *Mais la pêche qui se fera au-dessus du point où les eaux cesseront d'être salées, sera soumise aux règles établies pour la pêche fluviale.*

M. Pardessus voudrait qu'on dît : *Aux règles de police.*

M. le ministre des finances consent à cet amendement, parce qu'il remplit les vues de police qu'il désire voir observer. Seulement il fait remarquer qu'il en résultera pour l'Etat la diminution d'un produit de 80,000 francs. Il voudrait qu'on dît : *Aux règles de police et de conservation.*

L'amendement de M. Charles Dupin, ainsi sous-amendé par M. le rapporteur de la commission, M. Pardessus et M. le ministre des finances, est adopté.

M. Marchal demande la suppression, dans le 1er paragraphe de l'article, des mots *inserés au Bulletin des lois.* Il regarde ces expressions comme inutiles, attendu que l'insertion est nécessaire pour rendre obligatoires les ordonnances royales d'un intérêt général. Elles lui semblent même dangereuses en ce qu'elles peuvent accréditer la doctrine que l'insertion au Bulletin est facultative.

Cet amendement est rejeté.

M. le comte de Noailles propose d'ajouter dans le même paragraphe, après le mot *détermineront*, ceux-ci : *Après une enquête* DE COMMODO ET INCOMMODO. Il appuie, en ces termes, cet amendement : « Je vous ai dit hier qu'il y avait des intérêts étrangers à la pêche fluviale qui seraient déterminés par la manière dont vous vous occuperiez de cette pêche. Les décisions par lesquelles une rivière est déclarée navigable, ont fourni à des fermiers le prétexte de venir réclamer des droits sur les bacs, et il est arrivé que des communications à l'agriculture et au commerce ont été interrompues. Je demande donc qu'avant de décider la question si grave des rivières navigables ou non, on fasse une enquête *de commodo* ou *de incommodo.* Je voudrais même qu'il fût possible d'ajouter à la loi quelques clauses qui déterminassent d'une manière encore plus positive, que les droits des propriétaires seront respectés, et que les intérêts des riverains seront consultés. Je me range à l'amendement de M. de Metz, parce qu'il satisfait à ce désir. »

L'amendement de M. de Metz, auquel se réfère M. de Noailles, porte : « Des ordonnances royales *précédées de formalités semblables à celles prescrites par le titre II de la loi du 8 mars 1810,* etc. »

M. le marquis de Bouthillier, commissaire du roi, s'oppose à cet amendement, dont il ne méconnaît pas la justice, mais qui lui semble intempestif.

M. le baron Favard de Langlade, commissaire du roi, monte à la tribune après M. *de Metz* qui a parlé en faveur de sa proposition. Il s'exprime de la manière suivante : « Je prie la chambre de vouloir bien remarquer que jusqu'ici l'on ne s'est occupé que des mesures d'exécution, qui sont dans les attributions exclusives de la prérogative royale. Tout ce qu'on a demandé s'exécute en ce moment. Je tiens à la main une lettre circulaire adressée à tous les préfets, à tous les maires, afin de donner tous les renseignemens qu'ils pourront avoir en ce qui concerne les limites de la navigation. Les conseils de préfecture ont été invités à donner leur avis sur la fixation de ces limites. L'honorable préopinant craint que les propriétaires qui ont des droits de pêche n'en soient dépouillés par l'ordonnance royale qui déclarerait une rivière navigable ou flottable. Il est dans les attributions du roi (d'après le paragraphe 3 de l'article) de rendre navigable toute rivière qui ne l'est pas ; mais dans ce cas il y a lieu à une indemnité accordée conformément à la loi de 1800. Sous ce rapport, il en est des rivières comme des routes ; toutes les difficultés auxquelles peut donner lieu l'ouverture d'une nouvelle route sont renvoyées devant les tribunaux, et le roi ne rend une ordonnance qu'après avoir pris tous les renseignemens convenables. Du reste, la publicité des ordonnances dans le Bulletin des lois est une garantie que les intérêts publics et privés seront respectés, et je crois, en conséquence, que l'article du projet obtiendra l'assentiment de la chambre. »

M. de Cordou répond : « C'est précisément ce que vient de dire le préopinant, qui prouve que l'amendement est extrêmement utile. Il a dit que des rivières jusqu'ici non navigables ou non flottables, pourront être déclarées navigables ou flottables par ordonnance. Nous sommes d'accord là-dessus ; mais l'ordonnance sera rendue sans procédure : s'il y a quelques parties lésées, il leur faudra se pourvoir devant le conseil-d'état et suivre dispendieusement leurs réclamations. Des circulaires, des avis ne valent pas la loi. Plusieurs fois on nous a dit à cette tribune : cela est entendu, nous sommes de votre avis, l'amendement est inutile ; et puis quand venait l'exécution de la loi, on répondait aux réclamans : cela n'est pas dans la loi. Expliquons-nous clairement ; décidons qu'une procédure *de commodo* et *incommodo* précédera l'ordonnance royale. Quel inconvénient peut-il y avoir à ce que l'autorité bien éclairée ne puisse léser aucun intérêt ? J'appuie de tout mon pouvoir l'amendement de M. de Noailles. »

M. de Noailles, qui d'abord avait réuni son amendement à celui de M. *de Metz*, déclare le reprendre, et M. *de Metz* lui-même se réunit à M. *de Noailles*.

L'amendement de cet honorable membre est adopté.

Le dernier paragraphe est mis en délibération.

M. de Schonen demande la suppression des mots : *compensation faite des avantages qu'ils pourraient retirer de la disposition prescrite par le gouvernement*. « En droit, dit l'orateur, il ne peut y avoir de compensation qu'entre deux créances également liquides et exigibles. On me dira que le mot *compensation* n'est pas employé ici dans le sens légal du Code civil ; mais alors pourquoi s'en servir ? Car aussitôt que le dommage existera, il faudra accorder une indemnité préalable ; et comme on ne peut pas encore apprécier les avantages, il n'y aura pas moyen de les compenser. D'ailleurs, cette disposition est tout-à-fait inutile. Tout est prévu par l'article 28 de la loi de septembre 1807, qui est rappelé par la loi du 8 mars 1810, citée dans l'article que nous discutons. J'insiste pour la suppression d'une disposition qui me paraît inexécutable dans ses termes, et inutile parce qu'elle est prévue par la législation antérieure. »

M. Becquey répond : « Je vais démontrer que la disposition dont le préopinant demande le retranchement n'est nullement inutile, et que, si elle n'existait pas, il faudrait toujours donner une indemnité sans compensation à ceux qui seraient privés de la pêche, au moment où une rivière serait déclarée navigable ou flottable. En effet, la loi de 1807 ne parle que des propriétés foncières, telles que bâtimens, jardins, champs, dont seraient privés les propriétaires qui peuvent profiter de l'établissement de la navigation nouvelle, et non pas au cas dont il s'agit. On a voulu que le magistrat, au moment où il réglait l'indemnité du propriétaire, reconnût s'il n'était pas appelé à recueillir des avantages particuliers qui devaient affaiblir cette indemnité. Mais je suppose que vous ayez fait d'un ruisseau qui coule près d'une forêt, une rivière flottable ; ce changement offre assurément au propriétaire de la forêt des avantages plus considérables que le droit de pêche qu'il pouvait avoir dans ce ruisseau et dont il aura été privé. Serait-il juste que le gouvernement l'indemnisât de ce droit de pêche, sans compenser les avantages qu'il recueillera de la rivière ? Si la disposition n'est pas insérée dans la loi, il ne pourra se faire aucune espèce de compensation. D'ailleurs quelle crainte peut-on concevoir, quand de semblables appréciations sont faites par les tribunaux ? Je demande le maintien de la dernière disposition du paragraphe. »

La proposition de M. de Schonen est mise aux voix et rejetée.

La chambre rejette également la proposition faite par M. *Bourgon*, d'ajouter le mot *particuliers* au mot *avantages*.

L'article amendé comme il vient d'être dit est adopté.

DISCUSSION A LA CHAMBRE DES PAIRS. (1829.)

M. le marquis de Maleville, rapporteur de la commission, rappelle les termes de l'article 3, et dit : « Les formalités prescrites par cette disposition semblent exiger quelques explications particulières.

« Il appartient incontestablement au gouvernement du roi, ou, si l'on veut, à l'administration, d'ordonner l'ouverture des canaux comme celle des routes ; d'indiquer quelles parties des fleuves sont ou peuvent être rendues navigables. Nul n'a le droit de former opposition à ces actes de haute administration. Si, par l'effet des dispositions arrêtées par le gouvernement, quelques particuliers se trouvent dépouillés de leurs droits de pêche ou de leurs propriétés, ils peuvent traduire l'Etat devant les tribunaux, pour y faire prononcer sur la justice et la quotité d'une indemnité. Les tribunaux statuent conformément à la loi du 8 mars 1810, voilà la principale garantie des propriétaires. Cependant la loi du 8 mars elle-même autorise aussi les particuliers dont les propriétés se trouvent atteintes par les plans des ingénieurs, et qui prétendent que l'exécution des travaux n'exige pas la cession de leurs immeubles, à porter leurs plaintes et leurs demandes à une commission spéciale. Cette commission émet son avis et le soumet au préfet. C'est pour donner de plus en plus aux particuliers la garantie qu'ils ne seront pas dépouillés légèrement de leurs droits de pêche, et pour les informer des arrêtés de l'administration qui pourraient motiver des réclamations de leur part, que Vos Seigneuries ont proposé, l'année dernière, l'insertion au Bulletin des lois des ordonnances qui détermineront quels sont les canaux, quelles sont les parties de fleuves et rivières navigables, où le droit de pêche sera exercé au profit de l'Etat.

« L'autre chambre a demandé qu'on y ajoutât la formalité d'une enquête *de commodo et incommodo.* Au premier coup d'œil, il paraît extraordinaire de soumettre aux résultats d'une pareille enquête, la déclaration faite par le gouvernement, dans l'intérêt général, que telle rivière est navigable ou flottable, et que son entretien est à la charge de l'Etat ; car, dans les ordonnances dont il s'agit, on n'aura à s'occuper du droit de pêche que comme d'un accessoire à la navigabilité du cours d'eau et à son entretien par l'Etat. Ces enquêtes *de commodo et incom-*

modo, où s'expriment des intérêts privés, ne sont ordinairement employées que pour apprécier les avantages ou les inconvéniens d'une usine, d'un établissement communal ou local. Toutefois, le gouvernement ne sera point lié par le résultat de ces enquêtes; il y statuera sous sa responsabilité, et la commission ne voit pas de raisons suffisantes pour repousser une mesure qui, en éclairant plus ou moins l'autorité, sera pour les propriétaires un moyen d'avertissement et un nouveau motif de sécurité. Il est sans doute bien entendu, d'ailleurs, que ces enquêtes ne devront pas avoir lieu dans toutes les communes riveraines des fleuves et rivières qui sont actuellement navigables ou flottables, et que le gouvernement déclarera tels : elles ne seront nécessaires que dans les localités contiguës aux partie de ces cours d'eau, où d'autres propriétaires que l'Etat exercent des droits de pêche, et lorsque le gouvernement croira devoir en disposer, dans l'intérêt public, en déclarant leur navigabilité, et en prenant à sa charge leur entretien. »

M. le rapporteur, passant au paragraphe qui concerne la séparation de la pêche fluviale de la pêche maritime, ajoute : « D'après le régime actuel, les limites de l'inscription maritime sont, pour les fleuves et les rivières de l'Océan, au point où remonte le flot de l'équinoxe, et pour ceux de la Méditerranée, au point où cesse la remonte des bâtimens allant à la voile. Ces limites sont conformes à l'article 2 de la loi du 3 brumaire an IV, qui porte : « Sont compris dans l'inscription maritime... ceux qui font « la navigation ou la pêche de mer sur les côtes, ou dans les rivières « jusqu'où remonte la marée, et pour celles où il n'y a pas de ma- « rée, jusqu'à l'endroit où les bâtimens de mer peuvent remonter. » La nouvelle disposition du projet, au moyen de l'amendement présenté par l'autre chambre, ne fait donc, en adoptant ces limites pour la pêche fluviale et la pêche maritime, que les placer *au point où remonte le flot de l'équinoxe*, du moins dans les rivières sujettes à la marée. Et c'est aussi ce que la commission avait eu l'honneur de proposer à Vos Seigneuries dans la dernière session : je n'ai pas besoin de vous rappeler ses motifs. Si cette proposition fut alors modifiée malgré tout l'intérêt qu'inspirait la population maritime, si la chambre ne crut devoir étendre les limites de la pêche maritime que *jusqu'au point où les eaux cessent d'être salées à la marée haute*, ce fut principalement parce qu'elle craignit de compromettre la reproduction du poisson, en l'abandonnant à toute la liberté de la pêche maritime, depuis le point où les eaux cessent d'être salées, jusqu'à celui où remonte le flot de mars. Mais le projet actuel prévient jusqu'à un certain point ce danger ; en disposant *que la pêche qui se*

13

fera au-dessus du point où les eaux cessent d'être salées, sera soumise aux règles de police et de conservation établies pour la pêche fluviale. Au moyen de ce correctif, l'amendement nous paraît devoir être adopté. »

L'article est adopté sans discussion.

ART. 4.

Les contestations entre l'administration et les adjudicataires, relatives à l'interprétation et à l'exécution des conditions des baux et adjudications, et toutes celles qui s'élèveraient entre l'administration ou ses ayant-cause et des tiers intéressés à raison de leurs droits ou de leurs propriétés, seront portées devant les tribunaux.

DISCUSSION A LA CHAMBRE DES PAIRS. (1828.)

M. le marquis de Bouthillier, commissaire du roi, dit dans l'exposé des motifs, touchant cet article : « Si, par la suite, il s'élève des contestations, soit entre l'administration et les adjudicataires de la pêche, soit de la part des tiers intéressés, elles seront, conformément aux règles du droit commun, portées devant les tribunaux. »

M. le marquis de Maleville, rapporteur de la commission, dit : « L'article 4 de la loi proposée introduit, en faveur de la compétence judiciaire, une innovation remarquable.

« Malgré la séparation des pouvoirs décrétée par la première de nos assemblées nationales, l'autorité administrative obtint, dans des circonstances extraordinaires, une étendue d'attributions qui a souvent été signalée comme exorbitante. D'après la législation et la jurisprudence qui ont précédé la restauration, cette autorité ne se bornait pas à ordonner, à prescrire des mesures dans l'intérêt général, à statuer sur les oppositions qui y étaient formées, à rédiger des cahiers des charges, à prononcer sur la validité, quant à la forme, des ventes fermes, ou adjudications faites par ses ordres ; elle seule pouvait en interpréter les clauses et conditions ; et, par suite, elle était appelée à résoudre des questions de propriété, à juger des litiges existant entre des particuliers, à prononcer sur des contestations qui n'intéressaient le gouvernement que comme propriétaire. Les tribunaux ne connaissaient des adjudications administratives que pour leur exécution ; il leur était interdit d'en interpréter les clauses.

« D'après le projet de loi, au contraire, les tribunaux désormais ne prononceront pas seulement sur les contestations relatives *à l'exécution* des baux et des adjudications du droit de pêche ; ils prononceront sur toutes celles qui pourront dépendre *de l'interprétation* des clauses y contenues. C'est devant eux que seront portées toutes les difficultés existant entre les différens fermiers ou porteurs de licences, sur les limites des cantonnemens qui leur auront été respectivement adjugés, et généralement toutes celles qui pourront s'élever entre l'administration ou ses ayant-cause et des tiers intéressés à raison de leurs droits ou de leur propriété. Les adjudications une fois faites, la loi proposée ne réserve à l'autorité administrative que l'examen de la validité des surenchères. Ce projet nous paraît en cela parfaitement conforme à la démarcation constitutionnelle des pouvoirs. »

M. le comte d'Argout, dans la discussion générale, trouve que « l'article 4, tout en disposant que les contestations relatives à l'interprétation et à l'exécution des conditions des baux et adjudications, seront portées devant les tribunaux, ne dit pas quelle autorité jugera celles qui s'élèveront entre le gouvernement et ses ayant-cause. »

M. le marquis de Maleville, rapporteur, répond à cette observation dans son résumé. Il dit : « La législation existante, et cela est assez connu, intervertit en plusieurs matières l'ordre naturel des juridictions. En attribuant à l'autorité administrative l'interprétation des adjudications et des contrats consentis par ses agens, elle la rend en quelque sorte juge et partie, et fait dépendre les droits mêmes de propriété, des décisions des conseils de préfecture et du conseil d'état. L'article 4 du projet de loi fait cesser les abus de cet ordre de choses, du moins en ce qui concerne les adjudications et l'exercice du droit de pêche ; et en ordonnant que toutes les contestations y relatives qui s'élèveraient entre l'administration ou ses ayant-cause et *des tiers intéressés à raison de leurs droits ou de leurs propriétés*, seront portées devant les tribunaux, il est clair qu'elle y comprend celles qui s'élèveraient entre le gouvernement ou des concessionnaires ou ayant-cause quelconques. »

L'article 4 est adopté tel qu'il se trouvait dans le projet du gouvernement.

DISCUSSION A LA CHAMBRE DES DÉPUTÉS.

M. le baron Favard de Langlade, commissaire du roi, dit dans son exposé des motifs, session de 1829 : « Parmi les contestations qui peuvent s'élever sur l'exercice du droit de pêche, il en est dont le jugement a été jusqu'ici déféré à l'autorité administrative. Nous vous proposons de les renvoyer toutes aux tribunaux; c'est le but de l'article 4 du projet. Sans doute, messieurs, vous applaudirez à cette disposition comme à un hommage rendu à ces maximes tutélaires-de la Charte, que toute'justice émane du roi, et qu'elle s'administre en son nom par des juges inamovibles. Vous y verrez avec un sentiment de reconnaissance une nouvelle preuve de la ferme résolution du monarque de coordonner toutes les branches de notre législation avec le pacte constitutionnel. »

M. Mestadier, rapporteur de la commission, s'exprime en ces termes : « L'article 4 règle la compétence relativement aux contestations qui pourront s'élever, et il consacre la juridiction des tribunaux, non-seulement entre l'administration ou ses ayant-cause et des tiers intéressés à raison de leurs droits ou de leurs propriétés, mais encore entre l'administration et les adjudicataires, relativement à l'interprétation et à l'exécution des baux et adjudications. Abandonnant ainsi la compétence des conseils de préfecture sur les conventions du gouvernement avec des tiers, relativement à des intérêts matériels. La commission applaudit à cette grande amélioration dans l'ordre des juridictions.

« A la quatrième ligne de l'article 4, le mot *ou* doit être substitué au mot *et.* On doit dire : *entre l'administration ou ses ayant-cause.* »

Cette substitution est adoptée.

M. de Schonen fait l'observation suivante : « L'énumération que contient l'article 4 me paraît incomplète. Je n'y vois rien qui soit relatif aux demandes en annulation des baux et adjudications. Les tribunaux de première instance peuvent-ils connaître de ces demandes? C'est une question que je me permets d'adresser à M. le commissaire du roi. Elle est d'autant plus importante, que dans le titre III, on a réglé tout ce qui est relatif aux adjudications des cantonnemens de pêche, et qu'on a même prescrit des peines pour certains cas. Ainsi, voilà des droits établis, et l'on cherche vainement une juridiction dans le projet de loi. »

M. le baron Favard de Langlade, commissaire du roi, dit : « La réponse la plus péremptoire à faire à l'honorable préopinant est de lire l'article. Les termes de l'article, et ce qui a été dit dans l'exposé des motifs, font assez voir que toutes ces contestations doivent être portées devant les tribunaux. »

M. le ministre des finances : « Il n'y a qu'un cas, celui de nullité des formes extérieures, que l'administration ne pourrait porter devant les tribunaux ; tous les autres cas peuvent y être portés. »

M. de Schonen : « C'était là l'objet de mon observation. »

L'article est adopté.

Art. 5.

Tout individu qui se livrera à la pêche sur les fleuves et rivières navigables ou flottables, canaux, ruisseaux ou cours d'eau quelconques, sans la permission de celui à qui le droit de pêche appartient, sera condamné à une amende de 20 francs au moins et de 100 francs au plus, indépendamment des dommages-intérêts.

Il y aura lieu en outre à la restitution du prix du poisson qui aura été péché en délit, et la confiscation des filets et engins de pêche pourra être prononcée.

Néanmoins il est permis à tout individu de pêcher à la ligne flottante tenue à la main, dans les fleuves, rivières et canaux désignés dans les deux premiers paragraphes de l'article 1ᵉʳ de la présente loi, le temps du frai excepté.

DISCUSSION A LA CHAMBRE DES PAIRS. (1828.)

M. le marquis de Bouthillier, commissaire du roi, dit dans l'exposé des motifs : « Les peines à appliquer à ceux qui pêchent sans droit dans les cours d'eau quelconques, sont beaucoup moins fortes que celles qui étaient prononcées par l'ordonnance de 1669 et par la loi du 4 mai 1802 (14 floréal an x), et les divers délits sont prévus et spécifiés avec plus d'exactitude. »

Dans l'article du projet, le paragraphe final était ainsi rédigé : « Néanmoins il est permis à tout individu de pêcher à la ligne flottante tenue à la main, dans les fleuves, rivières et canaux navigables seulement, le temps du frai excepté. »

M. le marquis de Maleville, rapporteur, dit : « L'article 5 détermine d'une manière convenable les peines à appliquer à ceux qui, sans droit, se livrent à la pêche dans les cours d'eau quelconques.

« Nous observerons qu'en permettant à tout individu de pêcher à la ligne flottante tenue à la main, dans les fleuves, rivières et canaux navigables, il excepte le temps du frai. Cette exception ne se trouvait pas dans la première rédaction de cet article (*c'est-à-dire dans le projet communiqué aux cours de justice*), et quelques personnes ont demandé qu'elle fût retranchée comme trop sévère. Mais votre commission n'a pas pensé que la faveur qui peut être accordée à ce genre de pêche ou de récréation, dût aller jusqu'à le permettre dans un temps où l'intérêt de la reproduction du poisson exige qu'on le défende contre tous les moyens quelconques employés pour le détruire. Elle n'a pas pensé non plus qu'il convînt de placer dans la loi, comme on le propose dans une pétition adressée à la chambre, la définition ou la description de la ligne flottante : cette description, si elle est nécessaire, est du domaine des ordonnances du roi. »

M. le comte d'Argout voudrait que l'article 5, qui institue des peines contre ceux qui se livrent à la pêche sans permission, fût placé dans le titre IV, où il s'agit plus particulièrement de pénalités.

M. le marquis de Maleville, rapporteur, dit dans son résumé : « La législation existante, c'est-à-dire l'ordonnance de 1669 et la loi du 14 floréal an x ont bien défendu l'exercice de la pêche à ceux qui ne sont ni fermiers ni porteurs de licences, dans les rivières navigables et flottables appartenant à l'Etat ; elles ont bien prononcé des peines contre ceux qui y pêchent sans permission : mais elles ne s'occupent pas de ceux qui, sans droit, se permettent le même exercice dans les autres cours d'eau, au préjudice des propriétaires riverains.

« Le projet actuel a dû remplir et remplit effectivement cette lacune. Il inflige la même peine à ceux qui violent ainsi le droit de propriété, soit au préjudice de l'Etat, soit au préjudice des particuliers. Et, quoi qu'en ait d'abord pensé le noble comte (*M. le comte d'Argout*), cette disposition pénale ne nous paraît point déplacée dans le titre Iᵉʳ, qui statue sur la propriété du droit de pêche ; elle ne serait pas plus convenablement transportée dans le titre IV, parce qu'il n'existe point de titre exclusivement consacré aux prohibitions et à l'énonciation des peines. Les différentes dispositions pénales que renferme le projet, sont disséminées dans les différens titres, et y sont insérées à mesure que les cas auxquels elles s'appliquent se présentent. Il n'est donc pas plus étrange d'en rencontrer dans le titre Iᵉʳ que dans la plupart des autres titres. »

M. le comte d'Argout retire sa proposition, mais il persiste dans un autre amendement qu'il a également proposé dans la discussion générale, et qui consiste à rédiger ainsi le dernier paragraphe de l'article en discussion : « Néanmoins il est permis « à tout individu de pêcher à la ligne flottante tenue à la main, « dans les fleuves, rivières et canaux *désignés dans les deux* « *premiers paragraphes de l'article* 1er *de la présente loi*, le « temps du frai excepté. »

Selon le noble pair, ce changement de rédaction aurait pour but de prévenir l'abus que l'on pourrait faire de la généralité des termes du projet pour pêcher à la ligne, contre le gré des propriétaires riverains, sur des portions de rivières qui n'appartiendraient pas à l'Etat.

M. le rapporteur de la commission « déclare qu'il a toujours été bien entendu que la disposition ne pourrait s'appliquer qu'aux fleuves ou rivières dans lesquels le droit de pêche est exercé par l'Etat : c'est ce qu'indique assez la restriction contenue dans ces mots *navigables seulement*. Il ne voit, au reste, aucun inconvénient à adopter une rédaction qui peut paraître plus claire que celle du projet. »

M. le comte de Sesmaisons « estime qu'il est important d'ôter tout prétexte à ceux qui voudraient s'autoriser d'un texte de loi ambigu pour s'introduire jusque dans les propriétés privées, en bravant impunément la défense des riverains. »

Aucune réclamation ne s'élevant contre l'amendement proposé, il est mis aux voix et adopté.

L'article entier, modifié par cet amendement, est également adopté.

DISCUSSION A LA CHAMBRE DES DÉPUTÉS.

M. le baron Favard de Langlade, commissaire du roi, reproduit l'article 5 tel qu'il a été amendé par la chambre des pairs. Il dit : « La pêche est un droit qui constitue une propriété dont la violation doit être réprimée. Ce droit d'ailleurs serait inefficace, si les dispositions qui le consacrent n'avaient point de sanction pénale. La loi du 14 floréal an x prononce une amende de 50 à 200 fr., qui doit être doublée en cas de récidive. L'article 5 du projet contient aussi la fixation d'une amende par *maximum* et *minimum*, mais moins élevée. L'expérience a prouvé que la trop grande sévérité est le plus souvent un obstacle au châtiment des coupables. C'est une vérité dont l'influence a déjà été reconnue dans la discussion du Code forestier. Nous avons eu soin surtout de faire descendre le *minimum* de l'amende de 20 fr., afin que les contraventions, même légères, ne restent pas impunies. La circonstance aggravante de la récidive n'est pas indiquée; mais elle n'en sera pas moins une cause du doublement de la peine, attendu que l'article 200 du Code forestier, qui veut que la peine soit toujours doublée en cas de récidive, est déclaré par l'article 73 (aujourd'hui 71) du projet actuel, applicable aux délits et contraventions en matière de pêche. Il est pourtant un mode de pêche que les pénalités ne doivent pas atteindre, c'est celui de la ligne flottante tenue à la main. Toutefois il ne jouit de ce privilège que dans les rivières et canaux où la pêche est exercée par l'État, et il constituerait une contravention punissable s'il avait lieu dans les cours d'eau dont la pêche appartient aux propriétaires riverains. »

Le deuxième paragraphe de l'article était ainsi conçu : « Il y aura lieu, en outre, à la confiscation des filets et engins de pêche, et à la restitution du prix du poisson qui aura été pêché en délit. »

La commission propose et la chambre adopte pour ce paragraphe la rédaction qui a passé dans la loi. On a trouvé trop sévère que la confiscation des engins de pêche fût ordonnée impérativement; on a voulu rendre la disposition facultative.

L'article ainsi amendé est adopté.

DISCUSSION A LA CHAMBRE DES PAIRS. (1829.)

M. le marquis de Bouthillier, commissaire du roi, dit dans l'exposé des motifs : « L'article 5 prononçait, contre celui qui pêcherait sans autorisation, la confiscation des filets et engins, même non prohibés, conformément à la règle qui veut que les instrumens du délit soient confisqués. Mais il a paru que cette disposition était trop sévère, et qu'il suffisait, dans ce cas, de rendre la confiscation facultative. Comme l'article 41 du projet ordonne que les filets et engins prohibés qui auront été saisis soient détruits, et que c'est principalement contre l'emploi de ces instrumens que la loi doit se montrer sévère, l'amendement n'a pas dû éprouver de difficultés de notre part. »

OBSERVATIONS.

L'exception en faveur de la pêche à la ligne flottante se trouvait aussi dans l'article 14 de la loi du 14 floréal an x, mais exprimée en termes moins clairs. Il était permis à toutes personnes de pêcher dans les fleuves et rivières navigables *à la ligne flottante et à la main.*

On distingue deux espèces de lignes : *les lignes dormantes,* dont une extrémité est fixée au fond de l'eau, tandis que l'autre est attachée à un corps solide sur le bord de l'eau, et qui sont garnies d'hameçons dans leur longueur; *les lignes flottantes*, formées d'un long fil qui flotte sur la surface de l'onde, et à l'extrémité inférieure duquel on place un ou plusieurs hameçons.

Les lignes flottantes peuvent être attachées à un corps fixe, ou tenues à la main au moyen d'une perche ou d'une canne.

C'était seulement de la ligne flottante tenue à la main que la loi du 14 floréal an x avait autorisé l'usage. Mais les expressions dont elle se servait donnèrent lieu à des difficultés. On prétendit qu'elle tolérait deux sortes de pêche; qu'elle permettait d'une part de se servir d'une ligne flottante quelconque, et de l'autre de prendre du poisson avec la main sans faire usage d'aucun instrument. Ce fut pour écarter ces prétentions qu'un arrêté du gouvernement, du 17 nivôse an xii, confirmant et expliquant l'article 14 de la loi de l'an x, employa les termes plus précis de *ligne flottante tenue à la main.*

Malgré cette interprétation positive, un individu condamné en première instance comme coupable d'avoir pris du poisson *avec les mains* en plongeant dans la Dordogne, était parvenu à se faire acquitter sur l'appel, en soutenant que le fait qui lui était imputé ne constituait pas un délit. Mais une décision si ouvertement contraire au texte comme à l'esprit de la loi a été annulée par un arrêt de la cour de cassation, du 7 août 1823.

Le nouveau Code, qui reproduit les expressions mêmes de la loi du 17 nivôse an xii, a évidemment le même sens, c'est-à-dire qu'il n'excepte de ses prohibitions et de ses pénalités que la pêche à *la ligne flottante tenue à la main*, c'est-à-dire, selon les expressions d'un naturaliste moderne, « Cette ligne flexible, au bout de laquelle un fil léger soutient un frêle hameçon caché sous un ver, sous une boulette artificielle, sous un petit fragment de substance organisée, ou sous toute autre amorce dont la forme ou l'odeur frappe l'œil ou l'odorat du poisson trop jeune, ou trop inexpérimenté, ou trop dénué d'instinct, ou trop entraîné par un appétit vorace, pour n'être pas facilement séduit. Quels souvenirs touchans, ajoute le même écrivain, cette ligne peut rappeler! Elle retrace à l'enfance ses jeux, à l'âge mûr ses loisirs, à la vieillesse ses distractions, au cœur sensible le ruisseau voisin du toit paternel; au voyageur le repos occupé des peuplades dont il a envié la douce quiétude, au philosophe l'origine de l'art. »

(M. de Lacépède, *Histoire des Poissons.*)

TITRE II.

De l'Administration et de la Régie de la Pêche.

ART. 6.

Nul ne peut exercer l'emploi de garde-pêche, s'il n'est âgé de vingt-cinq ans accomplis.

OBSERVATIONS.

Tout ce titre est la reproduction des articles 3, 5, 6 et 7 du Code forestier.

ART. 7.

Les préposés chargés de la surveillance de la pêche ne pourront entrer en fonctions qu'après avoir prêté serment devant le tribunal de première instance de leur résidence, et avoir fait enregistrer leur commission et l'acte de prestation de leur serment au greffe des tribunaux dans le ressort desquels ils devront exercer leurs fonctions.

Dans le cas d'un changement de résidence qui les placerait dans un autre ressort en la même qualité, il n'y aura pas lieu à une nouvelle prestation de serment.

ART. 8.

Les garde-pêche pourront être déclarés responsables des délits commis dans leurs cantonnemens, et passibles des amendes et indemnités encourues par les délinquans, lorsqu'ils n'auront pas dûment constaté les délits.

DISCUSSION A LA CHAMBRE DES DÉPUTÉS.

L'article du projet portait : « Les garde-pêche *sont responsables*, etc.

M. Mestadier, rapporteur, dit : « La commission a considéré comme trop rigoureuse la disposition absolue de l'article 8, portant que les garde-pêche sont responsables des délits commis dans leurs cantonnemens ; les délits forestiers laissent des traces qu'il est possible de reconnaître et de suivre : il n'en est pas de même des délits de pêche. Ne voulant pas exposer à une peine inévitable le garde qui a fait son devoir et rempli ses fonctions avec zèle, la commission vous propose de rendre cette disposition facultative, en disant seulement que les garde-pêche pourront être déclarés responsables des délits commis dans leurs cantonnemens. Les tribunaux n'en auront pas moins le pouvoir de punir la complicité, la connivence, même la négligence, et cela suffit à la société. »

L'article est adopté avec cette modification.

ART. 9.

L'empreinte des fers dont les garde-pêche font usage pour la marque des filets, sera déposée au greffe des tribunaux de première instance.

DISCUSSION A LA CHAMBRE DES PAIRS. (1828.)

Sur la demande de M. le comte de Sesmaisons, l'article est adopté avec l'addition des mots : *de première instance*, qui ne se trouvaient pas dans le projet.

TITRE III.

Des Adjudications des Cantonnemens de Pêche.

ART. 10.

La pêche au profit de l'Etat sera exploitée, soit par voie d'adjudication publique aux enchères et à l'extinction des feux, conformément au dispositions du présent titre, soit par concession de licences à prix d'argent.

Le mode de concession par licence ne pourra être employé qu'à défaut d'offres suffisantes.

En conséquence, il sera fait mention, dans les procès-verbaux d'adjudication, des mesures qui auront été prises pour leur donner toute la publicité possible, et des offres qui auront été faites.

DISCUSSION A LA CHAMBRE DES PAIRS. (1828.)

L'article du projet, d'ailleurs conforme à celui de la loi, en différait par le premier paragraphe qui portait : « La pêche sur les fleuves, rivières et canaux navigables et flottables par bateaux, trains ou radeaux, sera exploitée au profit de l'Etat, soit par voie d'adjudication, etc. »

M. le marquis de Bouthillier, commissaire du roi, en expose les motifs dans les termes suivans : « Le gouvernement a toujours appliqué aux adjudications des cantonnemens de pêche les règles prescrites pour la vente des coupes de bois, et il n'a eu qu'à se féliciter de ce mode de procéder, qui écarte les fraudes et les collusions ; c'est aussi le même mode que nous proposons de suivre pour l'avenir, avec les seules différences résultant de la nature de l'objet mis en adjudication. Toutefois nous maintenons la faculté qui a été accordée au gouvernement par l'art. 12 de la loi du 14 floréal an x, de délivrer des licences de pêche, mais en restreignant cette faculté au seul cas où la mise en adjudication d'un cantonnement n'aurait pas été suivie d'offres suffisantes ; et, afin d'assurer d'autant mieux la publicité et la concurrence, le projet de loi veut qu'il soit fait mention des mesures qui auront été prises à cet effet. Aucun abus ne peut donc résulter de la délivrance des licences de pêche, telle qu'elle sera désormais exercée. »

La commission n'adopte pas la rédaction du projet.

M. le marquis de Maleville, rapporteur, dit à ce sujet : « La loi du 14 floréal an x laissait au gouvernement la plus grande latitude, soit pour déterminer les parties des fleuves et rivières navigables où il jugerait la pêche susceptible d'être mise en ferme, soit pour régler, quant aux autres, les conditions auxquelles seraient assujettis les particuliers qui voudraient se livrer à la pêche moyennant une licence. Le projet actuel, au contraire, tout en permettant la concession des licences à prix d'argent, veut que ce mode d'exploitation ne soit employé qu'à défaut d'offres suffisantes pour une adjudication publique aux enchères ; il prescrit, en conséquence, de faire mention dans les procès-verbaux d'adjudication, des mesures qui auront été prises pour la publicité, et des offres qui auront été faites.

« Ces précautions, nobles pairs, nous paraissent excessives. Dans beaucoup de localités où il n'y a point de chemins de halage, dans celles où plusieurs propriétaires désirent obtenir séparément la jouissance de la pêche le long de leurs propriétés respectives, la pêche ne pourrait être mise en ferme par la voie des adjudications, sans exposer les propriétaires à des vexations, et sans nuire aux intérêts mêmes de l'Etat. Pourquoi ne pas laisser au gouvernement la faculté d'adopter, suivant les circonstances, le mode d'exploitation qu'il jugera le plus utile et le plus convenable ? C'est ce que nous proposons d'exprimer dans l'article 10, en affranchissant l'administration des liens qu'il lui impose. »

Cet amendement, qui consiste dans l'addition des mots : *Suivant que l'administration le jugera le plus utile*, à la fin du 1er paragraphe, reçoit ensuite de l'extension dans l'intérêt de la population maritime, et, dans son résumé, M. le rapporteur propose une nouvelle rédaction de l'article entier qui serait ainsi conçu : « La pêche au profit de l'Etat sera exploitée, soit par voie d'adjudication publique aux enchères et à l'extinction des feux, conformément aux dispositions du présent titre, soit par concession de licences à prix d'argent, ainsi que l'administration le jugera le plus utile.

« Des licences pourront être accordées gratuitement aux pêcheurs pour exercer leur état dans les parties inférieures des fleuves et rivières affluant à la mer, même au-dessus de la marée haute, et qui seront déterminées par l'administration. »

La délibération s'établit sur cette rédaction.

M. le marquis de Bouthillier demande la suppression des mots : *ainsi que l'administration le jugera le plus utile*, comme n'ajoutant rien au sens de la disposition.

Cette suppression, à laquelle M. le rapporteur donne son assentiment, est prononcée par la chambre.

M. le vicomte Laisné « aurait besoin d'être éclairé sur le véritable caractère des licences. Si, en effet, comme il a lieu de le croire, les licences conféraient à celui qui les obtient le droit exclusif de pêche dans le cantonnement qu'elles comprennent, elles présenteraient en réalité, comme les adjudications, tous les inconvéniens d'un monopole sans avoir, comme elles, les avantages qui résultent de la concurrence et de la publicité. Si, au contraire, elles ne conféraient pas de droit exclusif, quel est celui qui consentirait à les payer, quelque faible que pût en être le prix ? »

M. le directeur général des forêts répond « que les licences ne sont en effet autre chose que des concessions de cantonnemens, avec droit exclusif de pêche, mais pour des espaces moins étendus, et pour lesquels il serait difficile de trouver des adjudicataires. Aussi est-il à remarquer que le produit total des licences accordées ne s'élève en ce moment qu'à 20,231 francs. »

· *M. le comte de Villèle* « estime que dès-lors il ne peut y avoir aucun avantage à favoriser le système des licences ; car, du moment où elles confèrent un droit exclusif, elles ne peuvent amener, comme on paraissait se le proposer, ni une diminution dans le prix de la denrée, ni une augmentation du nombre des bras employés à l'exploitation. Leur résultat est le même que celui des adjudications, si ce n'est qu'elles privent l'Etat et l'administration d'une garantie précieuse pour tous les deux, et qui écarte tout soupçon de faveur et de partialité. Elles ne présentent donc que des inconvéniens, et ne peuvent être admises qu'à défaut d'adjudication possible, ainsi qu'il était dit au projet. »

· *M. le comte de Peyronnet* « déclare qu'il n'aurait rien à opposer à cette argumentation, si en effet les licences étaient nécessairement, et aux termes des lois, ce qu'en fait elles paraissent être aujourd'hui. Il est évident en effet que si la licence n'est qu'un cantonnement subdivisé, on ne trouvera pas plus de concessionnaires qu'on n'aurait trouvé d'adjudicataires ; les deux systèmes n'en font véritablement qu'un seul, et l'alternative est au moins inutile. Mais pourquoi ne changerait-on pas l'organisation du système des licences. La loi de l'an x donnait au gouvernement le droit d'en régler les conditions, et il semble que, dans les termes de sa disposition, il ne dût pas s'agir d'un droit exclusif : qui empêcherait donc, lorsqu'un cantonnement n'aurait pu être mis en ferme, ou n'en paraîtrait pas susceptible par des raisons que le gouvernement aurait à apprécier, qui empêcherait de fixer le nombre des licences qui pourraient être concédées pour ce cantonnement, et de leur accorder la concurrence pour la pêche dans toute son étendue ? Ce mode aurait l'avantage d'appeler un plus grand nombre de personnes ; et chacune d'elles, étant avertie de la nature de son droit et des avantages qu'elle pourrait en retirer, puisque le nombre des concessions serait fixé à l'avance, l'administration pourrait trouver à les placer à un prix convenable. C'est en modifiant ainsi l'organisation actuelle de ce mode d'exploitation, que l'on pourrait rendre véritablement utile l'amendement que la commission a proposé, et c'est sous ce rapport que le noble pair en vote l'adoption. »

M. le commissaire du roi, directeur-général des forêts, « expose que dans l'état actuel les licences sont de deux classes : les unes s'appliquent aux cantonnemens des rivières de l'inté‑rieur qui n'ont pu être mises en ferme à raison de leur peu d'im‑portance ou d'autres difficultés locales ; pour celles-là, elles ne diffèrent véritablement des adjudications qu'en ce que l'espace qu'elles comprennent est moindre, le cantonnement originaire se trouvant subdivisé en plusieurs cantonnemens de licence, et en ce qu'étant consenties de gré à gré elles n'entraînent aucun des frais qui accompagnent les adjudications. On conçoit com‑ment, au moyen de la subdivision et de l'exemption de frais, un plus grand nombre de personnes se trouvent en état de soumis‑sionner le droit de pêche, et comment l'administration parvient à en tirer ainsi un produit qu'elle n'aurait pas obtenu par l'autre mode. Quant à la seconde classe des licences, elle comprend celles qui sont accordées aux marins à l'embouchure des fleuves ; mais pour celles-là, le mode de concession est tout différent. Le cantonnement dans lequel elles s'exercent ne pouvant d'ordi‑naire, à raison des circonstances locales, se subdiviser d'une manière facile entre les concessionnaires, on en a fixé le prix total, et ce prix a été réparti d'accord entre l'administration et les agens de la marine, entre les divers porteurs de licence, pour chacun desquels la redevance annuelle a été fixée en raison du nombre et de la nature des filets qu'il emploie. Maintenant la commission propose d'autoriser, pour ces cantonnemens de l'em‑bouchure des fleuves, la délivrance de licences gratuites. Le motif qui l'a déterminée mérite sans doute d'être pris en consi‑dération ; mais il faut observer cependant qu'il serait dangereux d'affranchir ainsi les concessionnaires de toute dépendance à l'é‑gard de l'administration, en les exemptant de toute redevance. L'intérêt de la marine portera sans doute le gouvernement à ac‑corder un allégement sur le prix de la concession, mais il faut qu'il soit le maître de ce qu'il voudra faire à cet égard, et, sous ce rapport, le commissaire du roi ne pense pas que la chambre puisse admettre le second paragraphe proposé par la commission. »

Le paragraphe 1er, modifié par la suppression des mots : *ainsi que l'administration le jugera le plus utile,* est mis aux voix et adopté.

Le second paragraphe est mis aux voix et rejeté.

L'article ainsi amendé est adopté.

DISCUSSION A LA CHAMBRE DES DÉPUTÉS.

M. le baron Favard de Langlade, commissaire du roi, ne reproduit pas l'article tel qu'il a été adopté par la chambre héréditaire. Il le présente tel qu'il se trouve aujourd'hui dans la loi. Il en expose les motifs en ces termes : « Le gouvernement a deux moyens d'exploiter son droit de pèche; la voie d'adjudication publique, et celle des licences. Dans certaines localités, les riverains d'un fleuve ou d'une rivière navigable se montrent jaloux d'obtenir dans l'étendue de leur propriété la concession d'un droit qui pourrait devenir pour eux une cause de dommages et une source de vexations, s'il était affermé à d'autres individus. Sous ce rapport, les licences ont cet avantage qu'elles témoignent de la déférence et des ménagemens pour la propriété privée. Cette considération semblerait au premier abord demander qu'on laissât au gouvernement le choix des licences ou des adjudications, afin de concilier les convenances que présente le premier mode avec les intérêts du trésor, qui paraissent mieux s'accommoder du second.

« Mais si l'on réfléchit que les licences, laissées à la libre disposition du gouvernement, peuvent quelquefois devenir abusives et nuisibles aux intérêts de l'Etat; que d'autre part elles sont embarrassantes pour l'autorité dont les refus excitent des mécontentemens toujours fâcheux; qu'enfin la publicité et la concurrence sont en administration des garanties qu'il ne faut abandonner que par des motifs rares et puissans, on demeurera convaincu qu'il importe d'écarter toute idée d'alternative. Si les licences peuvent être admises, ce n'est que lorsqu'il est impossible de recourir au mode d'adjudication. Tel est, en définitive, le parti adopté par les rédacteurs du code. Nous espérons qu'il aura votre assentiment. »

M. Salverte propose d'ajouter la disposition suivante : « La durée des locations ne pourra excéder neuf années. La durée des concessions par licence ne pourra être de plus de trois années. »

M. le ministre des finances combat cette proposition en disant : « Tant qu'un bail ou une licence n'a qu'une durée qui ne dépasse pas neuf années, cet acte n'excède pas les limites de l'administration, et par conséquent il est convenable de laisser au gouvernement cette limite, par la raison toute simple que le gouvernement est administrateur. Il y aurait même trop d'inconvéniens à donner des limites trop étroites pour les baux et pour les licences, par la raison que celui qui n'aurait qu'une licence de deux ou trois années, se hâterait de dépeupler par tous les moyens qui pourraient augmenter sa jouissance. Il est donc convenable de laisser au gouvernement la faculté de fixer la durée des baux et des licences, puisqu'il ne peut sans une loi excéder la durée de neuf années. »

L'amendement de M. Salverte est mis aux voix et rejeté.

L'article est adopté.

ART. 11.

L'adjudication publique devra être annoncée au moins quinze jours à l'avance, par des affiches apposées dans le chef-lieu du département, dans les communes riveraines du cantonnement et dans les communes environnantes.

ART. 12.

Toute location faite autrement que par adjudication publique, sera considérée comme clandestine, et déclarée nulle. Les fonctionnaires et agens qui l'auraient ordonnée ou effectuée seront condamnés solidairement à une amende égale au double du fermage annuel du cantonnement de pêche.

Sont exceptées les concessions par voie de licences.

OBSERVATIONS.

Les deux articles précédens appliquent à l'exploitation de la pêche au profit de l'État, le principe de publicité et de concurrence consacré dans l'article 17 du Code forestier pour la vente des coupes de bois. Celui-ci prononce, comme l'article 18 du même code, la nullité des adjudications clandestines, et les peines à infliger aux fonctionnaires qui les auraient ordonnées ou effectuées.

ART. 13.

Sera de même annulée toute adjudication qui n'aura point été précédée des publications et affiches prescrites par l'article 11, ou qui aura été effectuée dans d'autres lieux, à autres jour et heure que ceux qui auront été indiqués par les affiches ou les procès-verbaux de remise en location.

Les fonctionnaires ou agens qui auraient contrevenu à ces dispositions seront condamnés solidairement à une amende égale à la valeur annuelle du cantonnement de pêche, et une amende pareille sera prononcée contre les adjudicataires, en cas de complicité.

DISCUSSION A LA CHAMBRE DES DÉPUTÉS.

M. de Schonen dit : « Vous voyez que cet article établit une juridiction toute nouvelle. Je demande si, pour poursuivre les fonctionnaires publics dont il est ici question, il faudra préalablement une autorisation du conseil d'état. »

M. le baron Favard de Langlade, commissaire du roi, répond : « Le Code de la pêche n'est pas un Code de procédure. L'article qui nous est soumis est le même que celui qui a été adopté dans le Code forestier. Il est dit que les agens qui ne rempliront pas leurs fonctions seront poursuivis. Quant au mode de poursuivre, nous n'avons pas à le discuter ; il existe à cet égard des règles dont on ne doit pas s'écarter. »

M. de Schonen. « Ce n'est pas répondre à ma question. Il faut que les tribunaux sachent bien si lorsqu'un délit de ce genre leur est dénoncé, ils peuvent poursuivre l'agent du gouvernement, sans se rendre passibles des peines portées par le Code pénal. »

M. Favard de Langlade. « Je croyais avoir répondu à l'observation du préopinant, en disant que le Code de la pêche ne faisait que constater les délits susceptibles d'être poursuivis, et n'établissait pas de règles pour la poursuite. L'honorable préopinant sait aussi bien que moi. puisqu'il applique journellement les lois, que les poursuites ne doivent être exercées que conformément aux lois existantes. »

M. de Schonen. « Voici dans quels termes serait rédigé l'a-

mendement que je propose : *Sans qu'il soit bésoin d'autori-*
sation préalable pour la poursuite.

Cet amendement se trouve compris dans celui que *M. Pa-*
taille propose en ces termes : « Les peines portées par les art. 12
et 13 seront appliquées par les tribunaux de police correctionnelle, qui prononceront par le même jugement la nullité de
l'adjudication, sans qu'il soit besoin d'aucune autorisation préalable pour la poursuite des agens ou fonctionnaires qui auront
contrevenu aux dispositions desdits articles. »

M. Amat combat cette proposition. « Examinons, dit-il, les
questions que fait naître l'amendement, et avant tout demandons
s'il est raisonnable d'élever, à propos d'une loi sur la pêche
fluviale, des discussions qui dominent l'ordre administratif et
l'ordre judiciaire. Pour moi, je les trouve d'autant moins oppor-
tunes qu'il s'agit de délits rendus presque insignifians par un
amendement que la commission a adopté sur ma proposition, et
qui permet aux tribunaux de réduire l'amende à 20 sous. Maintenant est-il convenable de faire prononcer la nullité de l'adjudication pour vice de forme? Non sans doute. Les tribunaux
pourront en prononcer la nullité comme d'un acte notarié si
l'adjudication a été faite au profit d'un incapable, d'un mineur,
d'un interdit, etc. Mais ceci touche le fond, la forme est entièrement du ressort administratif. La soumettre à la décision des
tribunaux, ce serait rendre l'administration leur tributaire. Mais
voyez combien l'amendement porte à faux. L'adjudication sera
nulle; pourquoi? Parce qu'elle n'aura pas eu lieu avec publicité.
Qui aura droit de se plaindre? Ce ne sera point l'adjudicataire,
car une adjudication clandestine est toujours faite à meilleur
marché; ce ne sera point l'administration locale, elle se gardera
bien de faire connaître son vol. Sera-ce donc l'administration
supérieure? Mais dans ce cas elle ne refuserait pas l'autorisation.
Ainsi vous voyez que l'amendement roule dans un cercle vicieux.
On nous dit : Déjà par l'article 4 vous avez empiété sur l'administration; vous avez donné aux tribunaux des attributions qui
lui appartenaient. Sans doute, mais cela ne détruit pas le principe général. Pourquoi l'administration jugeait-elle elle-même
les difficultés qui naissent des devis des marchés des baux? Ce
n'était point, comme l'a dit le préopinant, par un empiétement,
par un abus de conflit; c'était en exécution d'une loi de 1791.
Cette loi porte, en effet, que toutes les contestations entre les
entrepreneurs, fermiers, adjudicataires, etc., et l'administration,
seraient jugées administrativement. On cite l'article 69 du Code
de procédure civile : que dit cet article? Que dans le cas où le
préfet doit être assigné pour des affaires qui intéressent l'Etat,

il le sera au lieu et place de l'Etat. Cela n'a rien de commun avec l'objet qui nous occupe. Toujours faut-il en venir à ceci, qu'à moins de livrer l'administration à l'arbitraire, il est impossible de soumettre aux tribunaux les contestations qui naissent par suite des adjudications. Serait-il opportun de le faire dans cette circonstance, quand il s'agit d'adjudication tout-à-fait insignifiante, dont le revenu pour toute la France ne s'élève pas à 400,000 fr. ? serait-il convenable pour un objet de si peu d'importance d'établir un principe isolé, tandis que le même principe n'est point admis pour les adjudications de bois et de travaux publics qui s'élèvent à des millions. Notre collègue a demandé que les peines établies par l'article 13 fussent prononcées par les tribunaux correctionnels. En cela non-seulement je suis de son avis, mais je regarde son amendement comme tout-à-fait superflu.

« Je passe à la question la plus importante, celle de l'autorisation préalable. Il n'est pas douteux qui si un fonctionnaire pouvait être traduit devant les tribunaux sans autorisation, il serait à la merci de quiconque voudrait l'attaquer. Si la poursuite ne dépendait que du procureur du roi ou de tout autre fonctionnaire public, on pourrait être à peu près certain qu'elle n'aurait lieu que sur des apparences de dol. Mais autorisée d'une manière générale, elle serait à exercer pour tous ceux qui auraient à se plaindre d'une adjudication. En sorte que des personnes sans caractère, sans responsabilité, feraient pleuvoir sur la tête des fonctionnaires une multitude de procès injustes qui finiraient par les ruiner. Restons-en aux lois reconnues indispensables par l'Assemblée constituante.

« M. Pataille a demandé que le tribunal qui statuerait sur le délit, prononçât aussi l'annulation. Mais supposez que l'administrateur signataire soit traduit devant le tribunal, l'annulation devant être proposée au préjudice de l'adjudicataire, il faudra que celui-ci soit également mis en cause ; en sorte qu'on traduira devant la police correctionnelle un homme à qui aucun délit n'est imputé. Il est impossible d'admettre une proposition qui conduit à de telles conséquences, et qui d'ailleurs porte une perturbation complète dans l'ordre des juridictions. »

M. de Chantelauze repousse aussi l'amendement de M. Pataille. Il dit : « Je ne reviendrai pas sur les observations du préopinant, en ce qui concerne la dernière partie de la proposition ; mais je crois nécessaire de donner à la chambre quelques éclaircissemens sur l'esprit et le véritable sens de l'art. 13 du projet. Les dispositions renfermées dans cet article ne me paraissent pas avoir reçu de M. Amat leur véritable interprétation. Un principe domine le projet de loi : il est posé expressément par l'art. 4, qui renvoie aux tribunaux toutes les contestations survenues entre l'administration et les particuliers. L'art. 13 n'est que la conséquence rigoureusement déduite de ce principe. Ainsi rien n'est plus facile que de fixer le sens dans lequel il doit être entendu. Par qui la nullité de l'adjudication doit-elle être prononcée? Suivant M. Amat, ce serait par l'autorité administrative. Je crois qu'à cet égard il a commis une erreur extrêmement grave ; toutes les difficultés qui peuvent s'élever relativement à la validité de l'adjudication, sont, par le projet de loi, et comme conséquence de l'art. 4, déférées aux tribunaux. Il y a ici une distinction importante à saisir. Toutes les difficultés qui peuvent s'élever relativement aux enchères, à l'accomplissement des formalités voulues, antérieurement à l'adjudication, ne peuvent être jugées que par l'administrateur qui préside la séance ; mais une fois l'adjudication consommée, sa validité, ses effets, les engagemens réciproques des contractans tombent dans le domaine des tribunaux. Sans doute il résulte de ces dispositions de l'article une innovation qu'il ne faut pas perdre de vue ; cet article s'éloigne de la législation générale. Car jusqu'à présent les tribunaux n'étaient point appelés à connaître, quant à la forme, de la validité des actes administratifs ; mais ici le projet a voulu donner de plus entières garanties aux droits des intéressés. Reste donc une seule question à résoudre, c'est celle de savoir si l'annulation sera prononcée par les tribunaux civils ou par les tribunaux correctionnels. Ici je combattrai la proposition de M. Pataille : un tribunal correctionnel n'est appelé à statuer que sur des délits ; jamais il ne prononce sur la validité des engagemens. Qu'est-ce qu'une adjudication? Un contrat qui intervient entre l'administration, d'une part, et le fermier, de l'autre. Ce contrat a des effets qui ne peuvent être réglés par l'autorité administrative, puisque, dans ce cas, l'administration serait juge et partie. Il faut donc qu'une autorité indépendante, l'autorité des tribunaux, intervienne ; mais comme il s'agit d'une question purement civile, il est évident que c'est aux tribunaux civils, et non pas aux tribunaux correctionnels, qu'il faut recourir. On pourrait élever un doute sur le point de savoir par qui les tribunaux civils seront saisis. La réponse est facile : toute partie intéressée aura le pouvoir de saisir le tribunal. Il découle de là une conséquence, c'est que le délit ne peut être constaté, la peine prononcée, que lorsque l'adjudication aura été déclarée nulle, et que, par conséquent, la décision du tribunal correctionnel restera toujours soumise à la décision du tribunal civil.

Voilà des principes simples, dont je ne crois pas que nous devions nous écarter. »

M. Mestadier, rapporteur de la commission, ajoute : « Après la discussion qui vient d'avoir lieu, j'appellerai seulement l'attention de la chambre sur l'impossibilité d'attribuer aux tribunaux correctionnels la connaissance des nullités d'adjudication. Une adjudication sera nulle parce qu'elle aura été faite à des incapables ; or, le jugement des incapacités appartient aux tribunaux civils. Il y a une multitude de cas où même aucun tribunal ne pourra être saisi ; c'est quand la forme de l'acte sera vicieuse. Ici la nullité doit être soumise aux conseils de préfecture. Toutes les questions qu'on vient d'agiter ont d'avance été examinées dans la commission. Elle a pensé qu'en attendant une loi qu'on ne peut tarder à nous présenter, il n'était pas convenable de trancher ces questions à propos de la pêche fluviale. »

M. Pataille, sur l'invitation de *M. Schonen,* divise son amendement ; mais les deux parties en sont successivement rejetées.

L'article 13 est adopté.

OBSERVATIONS.

Cette disposition est tirée de l'article 19 du Code forestier ; mais elle est plus complète. Cet article 19, en effet, prescrit l'annulation de toute vente effectuée *dans d'autres lieux ou à un autre jour* que ceux qui auront été indiqués. Le Code de la pêche dit : « dans d'autres lieux, à autres jour *et heure,* etc. » Cette amélioration est le résultat d'une observation faite à la chambre des pairs lors de la discussion du Code forestier. « On conçoit, dit un pair de France, que si l'adjudication avait lieu avant l'heure indiquée, quoique le même jour, le préjudice causé à l'Etat serait le même que si l'adjudication avait eu lieu un autre jour, puisque les enchérisseurs pourraient n'être pas tous arrivés. L'art. 19 aurait donc dû prononcer la nullité des adjudications dans le cas où elles auraient été faites à une heure différente de celle que l'affiche aurait indiquée. Le noble pair ne proposera pas néanmoins d'amendement à cet égard, mais il a dû signaler cette lacune, afin que, dans l'ordonnance d'exécution, il soit pourvu aux moyens de prévenir les inconvéniens qui pourraient en résulter. » Il y a effectivement été pourvu, autant que possible, par l'art. 84 de l'ordonnance réglementaire du 1er août 1827.

A l'égard de l'autorisation nécessaire pour poursuivre les agens de l'administration de la pêche, voyez dans mon *Code forestier*, 3ᵉ édition, la discussion de l'art. 6, et les observations que j'ai mises à la suite.

ART. 14.

Toutes les contestations qui pourront s'élever pendant les opérations d'adjudication, sur la validité des enchères ou sur la solvabilité des enchérisseurs et des cautions, seront décidées immédiatement par le fonctionnaire qui présidera la séance d'adjudication.

OBSERVATIONS.

Cet article reproduit l'art. 20 du Code forestier,

Les décisions prises par le président de l'adjudication sont définitives, et n'admettent aucun recours. Voyez dans mon *Code forestier*, 3ᵉ édition, les observations placées à la suite de l'article 20 de ce code, et la discussion de la chambre des pairs sur l'article 26.

ART. 15.

Ne pourront prendre part aux adjudications, ni par eux-mêmes, ni par personnes interposées, directement ou indirectement, soit comme parties principales, soit comme associés ou cautions :

1.° Les agens et gardes forestiers et les garde-pêche, dans toute l'étendue du royaume ; les fonctionnaires chargés de présider ou de concourir aux adjudications, et les receveurs du produit de la pêche dans toute l'étendue du territoire où ils exercent leurs fonctions ;

En cas de contravention, ils seront punis d'une amende qui ne pourra excéder le quart ni être moindre du douzième du montant de l'adjudication ; et ils seront en outre passibles de l'emprisonnement et de l'interdiction qui sont prononcés par l'article 175 du Code pénal ;

2° Les parens et alliés en ligne directe, les frères et beaux-frères, oncles et neveux des agens et gardes forestiers et garde-pêche, dans toute l'étendue du territoire pour lequel ces agens ou gardes sont commissionnés ;

En cas de contravention, ils seront punis d'une amende égale à celle qui est prononcée par le paragraphe précédent ;

3° Les conseillers de préfecture, les juges, officiers du ministère public et greffiers des tribunaux de première instance, dans tout l'arrondissement de leur ressort ;

En cas de contravention, ils seront passibles de tous dommages-intérêts, s'il y a lieu.

Toute adjudication qui serait faite en contravention aux dispositions du présent article, sera déclacrée nulle.

OBSERVATIONS.

Cet article est copié de l'art. 21 du Code forestier.

<h2 style="text-align:center">Art. 16.</h2>

Toute association secrète ou manœuvre entre les pêcheurs ou autres, tendant à nuire aux enchères, à les troubler ou à obtenir les cantonnemens de pêche à plus bas prix, donnera lieu à l'application des peines portées par l'article 412 du Code pénal, indépendamment de tous dommages-intérêts ; et si l'adjudication a été faite au profit de l'association secrète ou des auteurs desdites manœuvres, elle sera déclarée nulle.

<h2 style="text-align:center">Art. 17.</h2>

Aucune déclaration de command ne sera admise, si elle n'est faite immédiatement après l'adjudication et séance tenante.

OBSERVATIONS.

Cet article et celui qui le précède sont la reproduction des art. 22 et 23 du Code forestier. Les quatre suivans sont pris des art. 24, 25, 26 et 27 du même Code.

ART. 18.

Faute par l'adjudicataire de fournir les cautions exigées par le cahier des charges dans le délai prescrit, il sera déclaré déchu de l'adjudication par un arrêté du préfet, et il sera procédé, dans les formes ci-dessus prescrites, à une nouvelle adjudication du cantonnement de pêche, à sa folle enchère.

L'adjudicataire déchu sera tenu, par corps, de la différence entre son prix et celui de la nouvelle adjudication. sans pouvoir réclamer l'excédant, s'il y en a.

ART. 19.

Toute personne capable et reconnue solvable sera admise, jusqu'à l'heure de midi du lendemain de l'adjudication, à faire une offre de surenchère, qui ne pourra être moindre du cinquième du montant de l'adjudication.

Dès qu'une pareille offre aura été faite, l'adjudicataire et les surenchérisseurs pourront faire de semblables déclarations de simple surenchère jusqu'à l'heure de midi du surlendemain de l'adjudication, heure à laquelle le plus offrant restera définitivement adjudicataire.

Toutes déclarations de surenchère devront être faites au secrétariat qui sera indiqué par le cahier des charges, et dans les délais ci-dessus fixés ; le tout sous peine de nullité.

Le secrétaire commis à l'effet de recevoir ces déclarations sera tenu de les consigner immédiatement sur un registre à ce destiné, d'y faire mention expresse du jour et de l'heure précise où il les aura reçues, et d'en donner communication à l'adjudicataire et aux surenchérisseurs, dès qu'il en sera requis ; le tout sous peine de trois cents francs d'amende, sans préjudice de plus fortes peines en càs de collusion.

En conséquence, il n'y aura lieu à aucune signification des déclarations de surenchère, soit par l'administration, soit par les adjudicataires et surenchérisseurs.

Art. 20.

Toutes contestations au sujet de la validité des surenchères seront portées devant les conseils de préfecture.

Art. 21.

Les adjudicataires et surenchérisseurs sont tenus, au moment de l'adjudication ou de leurs déclarations de surenchère, d'élire domicile dans le lieu où l'adjudication aura été faite ; faute par eux de le faire, tous actes postérieurs leur seront valablement signifiés au secrétariat de la sous-préfecture.

Art. 22.

Tout procès-verbal d'adjudication emporte exécution parée et contrainte par corps contre les adjudicataires, leurs associés et cautions, tant pour le paiement du prix principal de l'adjudication que pour accessoires et frais.

Les cautions sont en outre contraignables, solidairement et par les mêmes voies, au paiement des dommages, restitutions et amendes qu'aurait encourus l'adjudicataire.

DISCUSSION A LA CHAMBRE DES DÉPUTÉS.

M. de Schonen, après l'adoption de cet article qui a lieu sans

discussion, propose une disposition additionnelle ainsi conçue :
« Tout fonctionnaire public et tout agent de la pêche prévenu
d'un des délits prévus par les articles 12, 13, 15 et 19 du présent titre, seront poursuivis, soit à la requête de l'administration,
soit à celle du ministère public, conformément à l'article 483 du
Code d'instruction criminelle. »

L'honorable membre annonce que son dessein est d'anéantir
cette jurisprudence bizarre qui exige une autorisation préalable
de l'autorité administrative pour mettre en jugement les fonctionnaires publics. Il entre à ce sujet dans des développemens
qu'il est inutile de reproduire.

M. le baron Favard de Langlade, commissaire du roi, répond : « L'amendement de M. de Schonen est absolument le même
que celui sur lequel vous venez de prononcer. Rappelez-vous,
en effet, que notre collègue M. Pataille a demandé formellement
que les garde-pêche fussent traduits en jugement, sans qu'il
fût besoin d'autorisation préalable. L'amendement proposé par
M. de Schonen tend à détruire ce principe qui résulte d'une
foule de lois. Ce n'est pas l'article 75 de l'acte constitutionnel de
l'an x, c'est la loi de 1789, c'est une loi de 1790, c'est le Code
pénal de l'an iv, c'est un décret de 1806, qui l'ont établi de la
manière la plus formelle : c'est encore le Code d'instruction criminelle ; car ce ne sont pas seulement les agens de l'autorité administrative qui ne peuvent pas être mis en jugement sans autorisation, ce sont encore tous les magistrats, qui ne peuvent être
poursuivis sans autorisation préalable d'une cour royale, quand
il s'agit de membres d'un tribunal de première instance ; de la
cour de cassation, quand il s'agit de membres de cours royales.
Peut-on mettre en question ce qui résulte de neuf ou dix lois,
lors surtout que la disposition du projet a été adoptée par les
deux chambres pour le Code forestier? Je regarde donc la proposition faite par notre honorable collègue M. de Schonen comme
intempestive, et je demande que la chambre n'y fasse pas droit. »

M. de Schonen. « J'ai un respect trop profond pour les décisions de la chambre, bien qu'elles soient contraires à mon
opinion, pour reproduire jamais ce qu'elle aura cru devoir rejeter; mais je prétends qu'il existe une différence notoire entre
l'amendement que j'ai l'honneur de vous soumettre et celui de
mon honorable collègue. M. Pataille avait proposé de saisir directement les tribunaux de police correctionnelle. J'ai senti toute
l'importance des argumentations de M. le commissaire du roi,
contre cet amendement. J'ai compris qu'il pouvait offrir un très-
grand danger, celui de distraire, par une multitude d'accusations,
des officiers publics occupés à de pénibles fonctions, et j'ai très-

bien senti qu'il fallait leur donner une garantie contre la haine à laquelle les expose la nature de ces fonctions. Mais j'ai proposé de faire à l'égard des garde-pêche ce qui a lieu à l'égard des autres fonctionnaires, ce qui a lieu en ce moment relativement à un juge de paix, à un juge de police, à un juge faisant partie d'un tribunal de police correctionnelle. »

M. Favard de Langlade : « La nouvelle explication donnée par notre honorable collègue, M. de Schonen, est peut-être le meilleur argument qu'on puisse opposer à son amendement. Que propose-t-il en effet? de confondre les règles qui appartiennent à l'autorité judiciaire avec les règles qui appartiennent à l'autorité administrative. Qu'on fasse des propositions franches et loyales; ce n'est pas en improvisant des amendemens qu'on peut changer toutes les bases qui constituent l'autorité administrative. »

L'article additionnel proposé par M. de Schonen est mis aux voix et rejeté.

OBSERVATIONS.

C'est la disposition de l'article 28 du Code forestier que le législateur reproduit ici.

TITRE IV.

Conservation et Police de la Pêche.

ART. 23.

Nul ne pourra exercer le droit de pêche dans les fleuves et rivières navigables ou flottables, les canaux, ruisseaux ou cours d'eau quelconques, qu'en se conformant aux dispositions suivantes.

DISCUSSION A LA CHAMBRE DES PAIRS. (1828.)

M. le marquis de Bouthillier, commissaire du roi, dit dans l'exposé des motifs : « Nous avons déjà appelé l'attention de Vos

Seigneuries sur les améliorations que réclame la police de la pêche dans tous les cours d'eau, et nous avons fait remarquer que les désignations faites par les anciens réglemens, des instrumens nuisibles à la régénération du poisson, se trouvaient incomplètes, obscures ou fautives, à raison des changemens survenus dans la confection des instrumens de pêche et de la signification variable des noms qui leur ont été appliqués. Vouloir aujourd'hui fixer de nouveau dans la loi, et pour toutes les parties de la France, la dénomination des filets et instrumens dont il serait permis ou défendu de faire usage, ce serait s'exposer à retomber dans la même confusion des noms et des choses, et c'est ce qui nous a déterminés à vous proposer de laisser à l'autorité locale, sous l'approbation du gouvernement, le soin de désigner dans chaque département la dénomination des filets et instrumens prohibés. »

M. le marquis de Maleville, rapporteur de la commission, dit à son tour : « Le titre IV, qui traite *de la police et de la conservation de la pêche,* mérite une attention particulière. La plupart des dispositions qu'il renferme ont été puisées dans l'ordonnance de 1669 et dans les édits de nos rois; mais elles ont été modifiées conformément à l'état actuel et aux besoins de l'industrie. Le projet n'a d'ailleurs conservé des anciennes dispositions que celles qui étaient d'une nature permanente et vraiment législative. Il s'en réfère, pour les autres, à la sollicitude du gouvernement, et aux réglemens qu'il publiera après avoir consulté les gens de l'art et les usages locaux. »

M. le baron de Monville « estime que l'extrême généralité des termes dans lesquels cet article est conçu peut entrainer de graves inconvéniens. Si, en effet, on applique sans exception à tous les cours d'eau la totalité des articles compris dans le titre IV, il est évident que les propriétaires se trouveront exposés, dans beaucoup de cas, à un préjudice considérable : et pour n'en citer en ce moment qu'un seul exemple, n'est-il pas évident que l'exécution trop absolue de l'article 24, qui défend d'établir dans les cours d'eau aucun appareil destiné à empêcher le passage du poisson, détruirait à l'instant des milliers de pêcheries établies auprès des usines et dont les propriétaires sont en jouissance de temps immémorial. Pour restreindre donc cette grande latitude de l'article 23, le noble pair retrancherait de la nomenclature qu'il contient ces mots : *ou cours d'eau quelconques.* »

M. le comte de Tournon « demande qu'il soit inséré dans cet article une autre restriction. La faculté illimitée qui en résulterait pour l'administration de surveiller l'exécution des dispositions subséquentes dans tous les cours d'eau, deviendrait gênante et souvent vexatoire pour les particuliers, si elle s'étendait aux parcs et enclos dans lesquels le libre exercice de la propriété ne peut être gêné en rien. Concevrait-on, par exemple, qu'en exécution de l'article 27, les agens de la pêche s'introduisissent dans une propriété close, pour vérifier si le propriétaire ne prend pas à la main quelque poisson dans un ruisseau qui lui appartiendrait? A la vérité l'article 45 interdit aux agens l'entrée des maisons et habitations closes, mais cette exception ne s'applique pas aux parcs, jardins ou enclos, et c'est pour qu'aucune difficulté ne s'élève à cet égard que le noble pair propose d'ajouter à l'article 23, après ces mots : *ou cours d'eau quelconques*, ceux-ci : *non compris dans des parcs, jardins ou autres propriétés closes.* »

M. le marquis de Bouthillier, commissaire du roi, fait observer « que les dispositions du titre IV ont pour objet de régler les conditions auxquelles la police de la pêche sera soumise dans l'intérêt général ; leur application doit donc s'étendre à tous les cours d'eau, dans quelque espèce de propriété qu'ils se trouvent. On conçoit, en effet, qu'un barrage établi dans un parc ne nuit pas moins au repeuplement de la rivière que s'il était établi dans une propriété non close. Il est donc nécessaire que la disposition soit applicable à un cas comme à l'autre, et tout ce que l'on peut demander, c'est que l'introduction des agens dans les propriétés closes soit soumise à des formes qui rendent tout abus impossible. L'article 45 est relatif à cet objet : si la disposition paraît insuffisante on peut la modifier; mais celle de l'article 23 doit demeurer dans toute sa généralité. »

M. le comte de Tournon « insiste pour que la chambre en délibère en ce moment. C'est l'article 23 qui déclare applicables à tous les cours d'eau les articles subséquens; mais ces articles seraient sans effet si la loi n'attribuait pas aux agens de la pêche le droit de constater des contraventions. Or, c'est ce droit dont l'exercice devient exorbitant de vexation lorsqu'il s'applique aux propriétés closes, et le but de l'amendement est d'en affranchir les possesseurs de ces sortes de propriétés. Pour se convaincre d'ailleurs que l'affranchissement demandé n'aura pas les inconvéniens qu'on en redoute, il suffit de remarquer que les cours d'eau enfermés dans les propriétés closes ne sont ordinairement ni des fleuves ni des rivières importantes, mais de simples ruisseaux dont le libre usage sera sans inconvénient sur la pêche en général. »

M. le vicomte Dambray « dit qu'il y aurait plus de danger qu'on ne pense à accorder aux propriétés closes une sorte de privilège pour l'exclusion des agens de l'administration. Si, en

effet, on leur interdit dans ces propriétés la constatation des délits de pêche, on se croira fondé à leur en refuser aussi l'entrée
pour l'inspection des usines et les vérifications auxquelles elles
donnent lieu dans l'intérêt général. Le noble pair estime qu'il ne
doit y avoir aucune propriété qui soit affranchie d'une surveillance exercée dans l'intérêt général. »

M. le comte d'Argout « ne voit aucune analogie entre ces
deux cas. Les droits des tiers doivent toujours être respectés, et
lorsqu'un fait qui leur préjudicie aura eu lieu dans une propriété
close, la constatation pourra toujours en être demandée et ordonnée par les voies légales ; mais il ne s'agit en ce moment
que de la surveillance de l'administration, et l'on conçoit à combien de vexations cette surveillance peut donner prétexte, si
elle est légalement étendue, sans exception, aux propriétés
closes. »

M. le rapporteur répond « que les dispositions du titre IV ont
toutes pour objet l'intérêt général du repeuplement des rivières et de la reproduction du poisson. Or, il est évident que les
exceptions demandées s'étendraient, dans leur résultat, non-
seulement à la portion des cours d'eau qui se trouverait comprise
dans les propriétés closes, mais encore aux portions supérieures
et inférieures des mêmes cours d'eau. Si en effet un barrage est
établi dans un parc, la communication est interrompue entre les
deux parties de la rivière, et comme l'on sait que le poisson,
pour se reproduire, aime à remonter vers les sources, la pêche
de toute une rivière peut être réduite à rien par un obstacle
apporté au passage du poisson dans un endroit où le cours
d'eau ne paraîtrait avoir que bien peu d'importance. Il est donc
nécessaire que la surveillance de l'administration puisse s'é-
tendre à tous les cours d'eau et à toute l'étendue de chacun
d'eux. »

M. le directeur général des forêts « insiste pour que la disposition soit maintenue dans toute sa généralité : c'est en effet
le seul moyen de rendre efficaces les dispositions des articles
suivans, dont il n'y aurait plus aucun bien à attendre si elles
étaient soumises aux exceptions demandées. »

M. le baron de Monville « insiste au contraire pour l'adoption de l'amendement. On s'est fondé pour le combattre sur ce
que la reproduction des poissons avait lieu près des sources ; mais
s'il en était ainsi, le poisson aurait disparu depuis long-temps
de nos rivières, car il n'en est pas une dont le cours ne se trouve
borné en plusieurs endroits, et cependant, loin que le poisson
ait diminué, l'on peut soutenir que dans beaucoup de localités
il a augmenté, par cette disposition nouvelle qui transforme

chaque portion du lit des rivières en une sorte de vivier dont les propriétaires sont intéressés à la conservation et à la multiplication du poisson. C'est donc au moins une grande question que celle des barrages; mais, il faut en convenir, la généralité des dispositions du titre IV tient à une autre pensée, c'est une conséquence du principe auquel l'administration ne renonce pas, que l'Etat est propriétaire de tous les cours d'eau. Dans ce système il y n'a en effet rien que de juste à étendre à tous les cours d'eau la surveillance de l'administration; mais il en est tout autrement si, comme la chambre l'a reconnu, c'est aux riverains qu'appartient la propriété. Dans ce système le poisson est un gibier que l'on peut enfermer dans sa propriété, que l'on peut y détruire s'il vous nuit, dont on peut s'emparer entièrement et à l'exclusion de tous autres si on en trouve le moyen. C'est en se fondant sur ce principe que le noble pair réclame une exception à la généralité de l'article 23. »

Après avoir entendu plusieurs autres orateurs, la chambre écarte, par la question préalable, l'amendement proposé. Le retranchement demandé par M. le baron de Monville n'est point opéré, et l'article du projet est adopté.

Art. 24.

Il est interdit de placer dans les rivières navigables ou flottables, canaux et ruisseaux, aucun barrage, appareil ou établissement quelconque de pêcherie ayant pour objet d'empêcher entièrement le passage du poisson.

Les délinquans seront condamnés à une amende de 50 à 500 francs, et en outre aux dommages-intérêts; et les appareils ou établissemens de pêche seront saisis et détruits.

DISCUSSION A LA CHAMBRE DES PAIRS. (1828.)

Dans la première rédaction de l'article, le paragraphe 2 se terminait par ces mots : *sans préjudice de l'exécution des lois sur la police des cours d'eau.*

M. le marquis de Maleville, rapporteur de la commission, dit sur cet article : « Le poisson, étant né pour les eaux, circule successivement dans toutes celles qui sont courantes, et n'appartient pas plus à telle rivière ou à telle portion de rivière qu'à telle autre. Au temps du frai, il remonte souvent jusque dans les petits ruisseaux; il préfère alors les lits les plus resserrés, et notamment ceux dont les eaux sont limpides et les bords ombragés d'arbustes. Il ne saurait donc être permis aux propriétaires riverains des rivières et ruisseaux dans lesquels ils ont droit de pêche, ni d'attaquer le poisson au temps de sa reproduction, ni d'employer pour le prendre, en quelque temps que ce soit, des moyens qui pourraient dépeupler les rivières, ni de chercher à le fixer dans les parties de cours d'eau qui traversent ou bordent leurs propriétés, par des barrages, grilles ou autres ouvrages qui l'empêcheraient entièrement de monter ou de descendre dans les autres parties des rivières ou ruisseaux. Les mêmes prohibitions doivent être appliquées aux fermiers de la pêche et aux porteurs de licences dans les rivières navigables, pour qu'aucun d'eux n'entreprenne rien dans son cantonnement contre l'intérêt général. C'est sur ce principe de l'intérêt général qu'est fondé le droit de police et de surveillance que l'article 715 du Code civil attribue au gouvernement sur l'exercice de la pêche dans toute sorte de cours d'eau, ainsi que toutes les dispositions prohibitives que renferme le projet actuel. C'est d'après ce principe que votre commission a cru devoir écarter toutes les réclamations que l'intérêt privé a suggérées contre ces prohibitions, et qui tendent à soustraire à leurs effets la pêche qui s'exerce au profit des particuliers dans les rivières et ruisseaux non navigables. »

M. le comte d'Argout critique, dans la discussion générale, la fin de l'article depuis les mots *sans préjudice*, etc.

M. le marquis de Maleville, rapporteur, dit à ce sujet, dans son résumé : « Après avoir interdit de placer dans les rivières navigables ou flottables, canaux et ruisseaux, aucun barrage, appareil ou établissement quelconque de pêcherie, ayant pour objet d'empêcher entièrement le passage du poisson, l'article 24 porte que les contrevenans seront condamnés à une amende de 50 à 500 francs et en outre aux dommages-intérêts; et il ajoute que les appareils ou établissemens de pêche seront saisis et détruits, *sans préjudice de l'exécution des lois sur la police des cours d'eau.* Ces derniers mots sont inutiles, comme l'a démontré le noble comte (*le comte d'Argout*) qui a parlé le premier; car, lorsque les appareils et établissemens de pêche auront été détruits, tout sera consommé. Les mots précités pourraient faire croire qu'après avoir été condamnés par les tribunaux à l'amende et aux dommages-intérêts, ainsi qu'à la destruction de leurs appareils ou établissemens de pêche, les contrevenans seraient encore exposés à être une seconde fois poursuivis et condamnés, à raison du même fait, par l'autorité administrative, qui a la police des cours d'eau. La commission ayant égard aux observations présentées à ce sujet, propose donc de supprimer ces mots : *sans préjudice de l'exécution des lois sur la police des cours d'eau.* »

M. le ministre des finances ayant consenti à cette modification, la chambre adopte l'article ainsi modifié, après avoir entendu plusieurs orateurs, et rejeté un amendement proposé par M. le marquis de Lancosme dans les termes suivans : « En conséquence, il sera fait par l'administration des eaux et forêts, une inspection générale des barrages établis sur les fleuves et rivières, pour constater s'ils sont suivant les proportions voulues par les lois qui régissent la matière. »

« Dans le cas où une plainte s'élèverait contre un barrage de la part d'une commune, d'un arrondissement, d'un ou de plusieurs départemens, le procès-verbal d'inspection devra être dressé sur les lieux en présence d'un membre du conseil général, de deux membres du conseil d'arrondissement, et du maire de la commune où se trouve le barrage inspecté, afin qu'il soit statué sur sa réparation ou reconstruction. »

Cet amendement, qui, selon le vœu de son auteur, aurait dû être placé entre le premier et le second paragraphe de l'article, a été combattu par M. le marquis de Bouthillier, commissaire du roi, qui s'est exprimé en ces termes : « Les vérifications auxquelles l'amendement a pour but de soumettre les barrages sont de droit lorsqu'elles sont réclamées dans l'intérêt particulier, et l'administration est tenue de les faire dans l'intérêt public. Mais s'ensuit-il qu'une inspection générale de tous les barrages doive être ordonnée par une disposition législative, insérée dans la loi sur la pêche ; c'est ce que la chambre ne pensera sans doute pas. Les barrages sont de deux natures en effet, et ont deux objets bien distincts. Il y en a qui ne constituent que des appareils de pêcherie, et d'autres en plus grand nombre qui sont établis dans l'intérêt des usines : les premiers seuls sont soumis à la surveillance de l'administration chargée de la pêche ; la police des autres appartient à la direction des ponts-et-chaussées. L'amendement aurait l'inconvénient de confondre tout, et de statuer, à l'occasion d'une loi relative à la pêche, sur des intérêts tout-à-fait différens et de la plus haute importance. Le commissaire du roi ne pense donc pas que l'amendement puisse être admis. »

DISCUSSION A LA CHAMBRE DES DÉPUTÉS.

M. le baron Favard de Langlade, commissaire du roi, dit dans l'exposé des motifs, session de 1829 : « *La police et la conservation de la pêche* forment le titre IV : c'est là qu'il importe de s'entourer des précautions sans lesquelles la pêche fluviale serait presque vaine, et que les considérations d'intérêt général ainsi que d'intérêt privé réclament également.

« Le projet défend d'une manière absolue toute espèce de barrage, d'appareil ou d'établissement de pêcherie, dont le seul objet serait d'empêcher la remonte du poisson. Cette prohibition ne s'applique pas seulement aux fleuves et rivières navigables, elle s'étend à tous les cours d'eau sans exception ; elle comprend les propriétaires de la pêche, les fermiers ou porteurs de licences aussi bien que les individus qui n'ont aucun droit de pêche. S'il était permis d'intercepter le passage des poissons qui remontent le cours des fleuves et des rivières, il en résulterait une dépopulation funeste, un monopole au profit de quelques individus, une surabondance de poisson dans certaines localités, tandis qu'on en manquerait dans les lieux supérieurs. »

M. Mestadier, rapporteur de la commission, dit, dans son rapport : « Ce serait en vain que le législateur prendrait tous les moyens d'empêcher le dépeuplement des rivières, soit en déterminant lui-même la forme des filets et engins, les temps, saisons et heures de la pêche, la dimension des poissons, soit en proscrivant l'emploi des drogues ou appâts qui sont de nature à enivrer le poisson ou à le détruire, s'il permettait les barrages qui ; empêchant la remonte du poisson, nuisent plus au repeuplement des rivières que toutes les drogues et tous les engins prohibés, et si l'administration ne tenait pas sévèrement la main à la prompte destruction des barrages frauduleusement construits pendant l'anarchie à laquelle le projet de loi mettra enfin un terme. Pourvus par la nature de l'instinct et de la force nécessaires pour affronter et vaincre les plus grandes difficultés, les poissons franchissent les digues, les déversoirs les plus rapides. Ils remontent les fleuves et rivières souvent jusqu'à la source pour y déposer leur frai. Au lieu de présenter des deux côtés une pente douce sur laquelle le cours d'eau, quoique très-rapide, ne peut pas arrêter la remonte, des barrages présentent au poisson qui remonte une face perpendiculaire qui oppose à ses efforts un obstacle invincible, le fait retomber dans les filets placés au pied du barrage, et empêche ainsi la reproduction. C'est donc avec raison que l'article 24 interdit les barrages ayant pour objet d'empêcher entièrement le passage du poisson. A cet égard nulle possession n'a pu donner le droit, car la possession ne pourrait pas faire supposer un titre. Ce serait le droit d'empêcher le repeuplement des rivières, et on ne prescrit ni contre le droit naturel, ni contre la police générale, le bon ordre, le droit public. Dans ce cas, l'abus peut toujours être réformé. »

M. Jankowitz dit : « L'article 24 m'a semblé exprimé en termes trop généraux et trop absolus, ou avoir besoin, au moins, d'une interprétation préalable à la tribune, qui prévienne ou régularise celles que seraient entraînées à donner les autorités locales. Tous les viviers, réservoirs, canaux à poissons, les fosses mêmes creusées au-dessous des étangs et destinées à la mise en réserve du produit de leur pêche, sont nécessairement placés en eaux courantes, par conséquent sur des ruisseaux plus ou moins abondans, enclavés dans des propriétés où ils prennent leur source. Or, ce mot *ruisseau* est spécifié dans l'article 24 qui interdit tout barrage ou établissement quelconque ayant pour objet d'empêcher entièrement le passage du poisson, le tout sous peine d'amende. On ne peut, Messieurs, frapper de proscription ces divers moyens de conservation du poisson, indispensables surtout aux propriétaires d'étangs et à l'alimentation distributive des lieux environnans : ces réceptacles sont ordinairement partagés en diverses cases pour les variétés d'espèces, il faut même établir scrupuleusement les barrages, de manière à ce que les espèces ne puissent se confondre, et à ce qu'il ne s'introduise pas, par exemple, dans les cases des carpes, des brochets ou des perches, qui détruiraient en peu de temps les premières. La teneur de l'article troublerait la sécurité des propriétaires de ces constructions, et mettrait même les autorités locales dans une sorte d'embarras. »

M. de Bouthillier, commissaire du roi : « Nous ne comprenons pas très-bien le sens de la proposition qui vient de vous être faite.

» Il y a des barrages qui concernent les usines, qui barrent quelquefois en entier les rivières; nous n'avons pas eu à nous en occuper. Il y a des barrages de pêche; c'est de ceux-là seuls que nous parlons et que nous avons interdits, pour que les pêcheurs n'empêchassent pas le poisson de remonter et ne rendissent pas vain le droit de pêche que les propriétaires supérieurs pourraient avoir. Nous n'avons pas eu l'intention d'empêcher les particuliers qui ont des réservoirs près de la rive, d'y établir des barrages. »

M. Reboul : « L'observation de M. Jankowitz me paraît fondée sous certains rapports. Les propriétaires de canaux étant propriétaires, non-seulement de l'eau une fois qu'elle y est entrée, mais encore du fond de ces canaux, il semble que la disposition devrait leur réserver la faculté d'y établir tels barrages qu'ils jugeront à propos. »

M. Mestadier : « L'amendement de M. Jankowitz ne me

paraît pas admisible en lui-même ; car il s'appliquerait à tous
les ruisseaux qui communiquent aux rivières navigables ou flottables : or, il n'y a pas un ruisseau qui ne communique à des
rivières flottables. Il aurait en outre pour résultat de déroger aux
dispositions du Code civil, qui règlent la manière dont on doit
user des eaux qui bordent ou traversent des propriétés particulières. Je profite de la circonstance pour émettre le vœu qu'à
l'avenir, lorsque l'administration autorisera des barrages pour des
usines, elle prenne pour règle une ordonnance de nos rois qui
avait décidé qu'aucun barrage pour des usines ne pourrait avoir
lieu, sans qu'il y eût des vannes oûvertes pendant le temps du frai. »
* *M. Jankowitz :* « D'après les explications qui viennent d'être
données, je retire mon amendement. »

L'article est adopté avec la substitution, dans le second paragraphe, du mot *délinquans* à celui de *contrevenans*, qui
se trouvait dans le projet. Ce changement est le résultat d'une
observation générale de la commission portant : « Le *minimum*
des amendes étant de 20 francs, la moindre peine est une peine
correctionnelle (art. 1ᵉʳ du Code pénal); les faits prévus et punis
sont donc des délits. C'est par erreur que le mot *contravention*
se trouve dans le projet de loi : il doit être supprimé partout. »

DISCUSSION A LA CHAMBRE DES PAIRS. (1829.)

M. le comte de Bastard dit « qu'une explication serait nécessaire pour prévenir les interprétations fâcheuses qu'on pourrait faire de cet article au détriment des droits de propriété. En
étendant aux riverains des simples ruisseaux la défense d'établir
sur les cours d'eau aucun barrage ou appareil de pêcherie, les
auteurs du projet n'ont pas voulu sans doute priver le propriétaire d'un parc de la libre disposition des sources qu'il renferme.
Cependant, à s'en tenir à la lettre de l'article, l'amende qu'il
prononce semblerait applicable à celui-là même qui placerait
dans l'intérieur d'un terrain clos un appareil de pêche sur un
ruisseau qui serait sa propriété particulière. »

M. le marquis de Bouthillier, commissaire du roi, fait « observer que le droit de surveillance accordé à l'administration pour
la police de la pêche doit s'exercer non-seulement sur les rivières
qui sont considérées comme des dépendances du domaine public,
mais sur tous les cours d'eau quelconques. Il est en effet dans
l'intérêt de tous d'empêcher les barrages qui, en faisant obstacle
à la remonte du poisson dans le temps du frai, rendraient sa
reproduction plus difficile. Les propriétaires d'enclos ne sauraient avoir à cet égard aucun privilège, car ce privilège cau-

serait un préjudice réel à leurs voisins. C'est en ce sens qu'ont été combinées les diverses dispositions du projet : et l'article 40 ne défendant aux garde-pêches de s'introduire dans les enclos que pour la recherche des filets prohibés, les autorise, par cela même, à y exercer, comme partout ailleurs, le droit général de surveillance qui leur appartient. »

M. le duc de Praslin « demande si, sous prétexte de maintenir la police de la pêche, on pourrait empêcher un propriétaire de faire un barrage pour arroser ses prairies. S'il en était ainsi, le projet porterait évidemment atteinte à une faculté que ces lois garantissent aux riverains : quel moyen, en effet, de pratiquer une irrigation sans un barrage? »

M. le comte de Saint-Aldegonde « ajoute que le droit commun ne serait pas moins violé, si le propriétaire d'une source qui naît sur son fonds ne pouvait en user entièrement à son gré. »

M. le comte de Pontécoulant « s'appuie de l'article 644 du Code civil, pour justifier l'objection qui vient d'être faite. Aux termes de cet article, celui dont le fonds borde d'un seul côté une eau courante, n'a que le droit de s'en servir à son passage pour l'irrigation de ses propriétés : mais celui dont cette eau traverse l'héritage peut en user à sa volonté dans l'intervalle qu'elle y parcourt. Une seule obligation lui est imposée : c'est de rendre l'eau, à la sortie de ses fonds, à son cours ordinaire. Tel est le droit qui doit être maintenu dans son intégrité. L'administration ne veut pas sans doute modifier la législation à cet égard ; mais il faut prendre garde qu'en faisant la recherche des établissemens nuisibles à la pêche, elle ne restreigne les propriétaires dans des limites qui ne seraient plus celles que pose le Code civil, et que la défense d'établir un barrage même momentané, ne rende impossible l'usage d'un droit légitime. »

M. le comte d'Argout dit « qu'à son avis la seule lecture de l'article 24 suffit pour résoudre l'objection qui vient d'être faite : la défense qu'il porte ne s'applique pas à tous les barrages, mais à ceux-là seulement qui auraient *pour objet d'empêcher entièrement la remonte du poisson.* »

M. le comte de Vogué pense que tout barrage qui aurait pour effet d'empêcher cette remonte, bien qu'il ne fût pas construit dans ce but, semble rentrer, sinon dans les termes du projet, du moins dans son esprit.

M. le marquis de Maleville, rapporteur de la commission, dit que la même question fut agitée deux fois l'année dernière. « La chambre reconnut alors, ajoute-t-il, que la mesure qui tendait à prohiber les barrages était tout entière dans l'intérêt des riverains, puisque la libre circulation du poisson était indispensable pour le repeuplement des rivières ; ce n'est point d'ailleurs une innovation aux lois existantes : depuis l'ordonnance de 1669, l'administration a toujours exercé le droit de surveillance qu'on propose de lui conserver, et qui, loin de porter atteinte à la propriété, tend à la faire respecter par chacun au profit de tous. Quant à la question de savoir quels sont les barrages que défend l'article, ils ne sont évidemment que ceux qui empêcheraient entièrement la remonte du poisson au temps du frai. »

M. le comte de Bastard craint que cette définition ne paraisse encore comprendre, soit les chaussées faites pour retenir l'eau dans un étang, soit les digues ou déversoirs sans lesquels on ne peut mettre en jeu une usine, ni pratiquer une irrigation.

M. le duc de Crillon ajoute « qu'il est encore un autre cas dont on ne s'est pas occupé, mais qu'il serait utile de prévoir : c'est celui où un propriétaire a empoissonné à ses dépens une eau courante qui traverse son fonds : lui sera-t-il interdit de retenir par un barrage le poisson qui est ainsi devenu sa propriété ? »

M. le comte Belliard estime « qu'une explication serait d'autant plus nécessaire pour ce dernier cas, qu'il est peu de grands parcs où il ne se présente. Il faut savoir non-seulement si les grilles qu'on est dans l'usage de placer à l'entrée et à la sortie des eaux pour être clos chez soi, devront être assimilées à un barrage ; mais encore, ainsi qu'on l'observait tout à l'heure, si celui qui a une source sur sa propriété pourra la convertir en vivier d'eau courante en fermant au poisson toute issue, ou s'il sera privé, à cet égard, du libre exercice de ses droits. »

M. le marquis de Bouthillier répond « que plusieurs des préopinans semblent avoir confondu deux choses entièrement distinctes, les barrages établis pour les pêches et ceux qui servent à mettre en jeu les usines. La police de la pêche n'a rien de commun avec ces derniers : c'est l'administration des ponts-et-chaussées qui est seule consultée lorsqu'il s'agit d'autoriser leur établissement ou leur maintien : et une fois cette autorisation accordée dans les formes légales, les agens chargés de surveiller la pêche n'ont d'autre devoir que de s'y conformer. Ainsi se trouve écartée l'objection relative aux digues et déversoirs des moulins. Quant aux grillages au moyen desquels le propriétaire d'un enclos traversé par une eau courante empêcherait la libre circulation du poisson, ce serait évidemment un barrage de la nature de ceux que prohibe l'article 24 du projet, et puisqu'une explication a été demandée à cet égard, le commissaire du roi doit exposer comment l'article 644 du Code civil lui paraît devoir se combiner avec la disposition du projet. Celui qui a la propriété des deux rives d'une eau courante peut sans doute en user à son gré dans l'intervalle qu'elle y parcourt, mais à cette condition néanmoins qu'il ne nuira pas aux droits qu'ont respectivement ses voisins. Si donc il veut faire un vivier dans son enclos il peut y creuser un canal, le fermer par des grilles à ses extrémités, et y dériver les eaux de la rivière ou du ruisseau voisin, mais on ne saurait lui reconnaître le droit d'intercepter, par un barrage, le lit même de la rivière, car alors la remonte du poisson se trouvant arrêtée, il en résulterait un préjudice commun pour tous les riverains. C'est précisément pour empêcher de telles entreprises que la disposition de l'article a paru nécessaire. »

M. le duc de Praslin « avoue que le droit de propriété doit avoir pour limites le point où il deviendrait nuisible à autrui; mais il n'y a pas lieu du moins d'appliquer ce principe au cas où une source prend naissance dans un enclos, car l'usage que peut faire de cette source le possesseur du fonds, ne porte évidemment préjudice à personne, puisque le poisson qu'il y renferme est sa propriété privée. Le droit d'établir des étangs n'est-il pas d'ailleurs un des modes de jouissance que permettent les lois civiles au riverain d'un cours d'eau? et comment exercer ce droit, si l'on n'a pas celui d'établir un barrage? L'opinant estime que le seul moyen de garantir les propriétaires de recherches inquisitoriales et mal fondées, serait d'interdire aux garde-pêche l'entrée des parcs et propriétés closes. S'il est trop tard pour faire de cette restriction le sujet d'un amendement formel, le noble pair désire qu'elle soit au moins mentionnée dans l'ordonnance qui sera rendue pour l'exécution de la loi. »

M. le comte d'Argout dit « que le poisson ne peut être considéré comme une propriété privée, que lorsqu'il est renfermé dans un étang ou réservoir. Le poisson qui circule dans une eau courante n'est, à proprement parler, la propriété de personne; on ne peut s'en rendre maître qu'en le pêchant. Jusque-là l'intérêt commun des riverains exige qu'on n'apporte aucun obstacle à sa libre circulation. Cet intérêt est, il est vrai, dominé quelquefois par un intérêt plus grand encore, par l'utilité publique, qui détermine le gouvernement à permettre l'établissement de moulins et autres usines; mais alors la règle posée par le projet n'est plus applicable à ce dernier cas, car il s'agit alors de tout autre chose que d'empêcher le passage du poisson. En un mot, le projet ne tend qu'à prohiber un mode de pêche, mais il laisse dans toute sa force la législation relative aux établissemens sur les cours d'eau. »

M. le comte de Pontécoulant annonce que les explications qui viennent d'être données lui paraissent suffisantes pour concilier les droits de la propriété avec la juste part qu'il convient de laisser à l'administration dans la police de la pêche. Il se borne à demander qu'il en soit fait mention expresse dans les instructions qui seront ultérieurement données.

M. le comte Belliard croit devoir provoquer une déclaration plus explicite sur le point de savoir si l'article serait applicable au propriétaire qui fermerait par un privilège le cours d'une source née sur son propre fonds.

M. le commissaire du roi répond « qu'un ruisseau qui prend naissance dans une propriété privée, ne devient, en quelque sorte, propriété publique qu'au sortir du fonds où il a sa source : la partie supérieure de ce cours d'eau, qui se trouverait interceptée par un barrage, semblerait dès-lors pouvoir être assimilée à un canal dont le propriétaire aurait la libre disposition. »

Aucune proposition d'amendement ne résultant des observations faites sur l'article 24, cet article est mis aux voix et adopté dans les termes du projet.

OBSERVATIONS.

Une semblable interdiction résultait, avant le Code, et de l'article 42, titre XXVII, de l'ordonnance de 1669, et d'une clause particulière du cahier des charges rédigé en exécution de la loi du 14 floréal an x.

ART. 25.

Quiconque aura jeté dans les eaux des drogues ou appâts qui sont de nature à enivrer le poisson ou à le détruire, sera puni d'une amende de 30 francs à 300 francs, et d'un emprisonnement d'un mois à trois mois.

DISCUSSION A LA CHAMBRE DES PAIRS. (1828.)

L'article 25 du projet contenait la disposition suivante : « Des ordonnances royales détermineront les temps, saisons et heures pendant lesquels la pêche sera interdite dans les rivières et cours d'eau quelconques. Les contrevenans seront punis d'une amende de 30 francs à 200 francs. »

M. le baron Mounier obtient la parole sur cet article. « Son intention n'est pas d'attaquer la disposition qu'il contient. Il voudrait, au contraire, que le principe qu'elle pose fût étendu

18

à plusieurs autres articles du projet. Aussi la discussion à laquelle il va se livrer ne se bornera-t-elle pas à l'article en lui-même, et devra-t-elle comprendre une grande partie de ceux qui composent le titre IV. L'objet de ce titre est la conservation de la pêche dans l'intérêt général, et cet objet présente une importance d'autant plus grande, que le produit de la pêche est pour le pays un bénéfice net, et dont l'augmentation n'est achetée par aucun sacrifice sur d'autres produits. Mais si la conservation de la pèche est un intérêt général et constant, les mesures qui peuvent assurer cette conservation sont essentiellement variables suivant les lieux et suivant les temps. Elles doivent donc appartenir au régime des ordonnances qui, n'ayant pas la stabilité de la loi, peuvent sans inconvénient être mises en harmonie avec les circonstances. Cette vérité n'a pas échappé aux rédacteurs du projet, et ils en ont fait l'application à l'une des mesures les plus importantes dans l'intérêt du repeuplement, celle de l'interdiction de la pêche pendant le temps du frai : il est aujourd'hui reconnu que ce temps varie non-seulement suivant l'espèce de poissons, mais encore suivant la température des lieux ; la loi ne pouvait donc établir une règle générale. L'ordonnance de 1669 l'avait tenté, mais les erreurs dans lesquelles elle était tombée ne permettaient pas de renouveler un pareil essai ; aussi l'article 25 a-t-il pour but de faire fixer par des ordonnances royales les limites de la prohibition, et l'on ne peut qu'applaudir à cette sage disposition. »

Le noble pair présente aussi des observations sur les autres articles du même titre. « Le principe de l'article 31, dit Sa Seigneurie, est le même. Il dispose que des ordonnances royales détermineront quels sont les filets et autres instrumens de pêche qui devront être prohibés comme nuisibles au repeuplement des rivières. C'est encore une heureuse innovation à la législation actuelle. L'ordonnance de 1669 contenait en effet une nomenclature des engins prohibés ; mais déjà au moment de sa publication la plupart des noms qu'elle indique n'étaient plus en usage : ils avaient été puisés dans des édits qui remontaient à Philippe-le-Bel, et aujourd'hui personne ne connaît plus les engins qu'ils désignent. Les noms de ces engins changent d'ailleurs comme leurs formes, d'époque en époque, ils ne sont pas les mêmes dans tous les lieux ; ceux qui sont nuisibles à certaines espèces sont indispensables pour d'autres : il est donc impossible que la nomenclature en soit consacrée dans les formes solennelles et invariables de la loi, et c'est avec raison que les auteurs du projet ont encore laissé ce point au régime des ordonnances. Mais ayant une fois reconnu que la détermination des saisons où la pêche serait prohibée comme celle des procédés dont l'usage serait interdit, devait être réglée dans cette forme, pourquoi n'ont-ils pas admis toutes les conséquences de ce principe? ce qui était vrai et sage pour un cas l'était également pour un autre, et il ne devait à cet égard être fait aucune distinction. Il en a été cependant fait plusieurs que le noble pair croit inutiles et dangereuses, et sur lesquelles il croit devoir appeler l'attention de la chambre en parcourant rapidement une partie des articles qui composent le titre IV. L'article 26 d'abord établit des peines contre ceux qui font usage de drogues ou appâts de nature à enivrer le poisson. L'emploi de ces drogues doit sans doute être sévèrement réprimé puisqu'il tend à détruire la totalité du poisson pour n'en prendre qu'une petite portion; mais en résultat ce n'est autre chose qu'un procédé nuisible à l'intérêt général de la pêche; la nomenclature des drogues qui seront considérées comme contraires au repeuplement ne peut d'ailleurs être établie dans la loi. Les drogues que l'on emploie aujourd'hui ne sont plus celles que l'on employait il y a cinquante ans; ou peut en découvrir de nouvelles à chaque instant, et l'intervention de l'ordonnance est nécessaire à cet égard comme à l'égard de tous autres procédés susceptibles de prohibition. La même réflexion s'applique à l'article 27, qui a pour objet de prohiber la pêche à la main. Cette pêche est sans doute fort dangereuse dans certaines localités; mais dans d'autres elle est absolument nécessaire : il faut donc sur ce point des distinctions que la loi ne peut contenir. L'article 28 établit une prohibition qui peut être nécessaire, mais comprend-on bien dans toute la France ce que c'est qu'une bouille et qu'un rabot? Ne se sert-on pas dans certaines localités d'instrumens différens pour arriver au même but, et n'y a-t-il pas encore là matière à ordonnance? L'article 29, relatif à la pêche au feu et au moyen de la rupture de la glace, se rattache également à l'indication des procédés nuisibles et à celle des saisons prohibées; sous ce double rapport il appartiendrait donc à l'ordonnance. Les articles 32 et 34 ne sont que des exceptions, dont on ne comprend pas bien le motif, à la disposition de l'article 31. Si en effet c'est dans la forme des ordonnances que doit être établie la distinction entre les engins prohibés et les engins permis, pourquoi donc une ou deux espèces d'engins échapperaient-elles seules à l'application de ce principe général, et obtiendraient-elles l'espèce d'honneur de voir leurs dimensions réglées par la loi avec un détail peut-être indigne de sa gravité, et qui suppose dans le législateur des connaissances pratiques qui lui manquent évidemment? Ne peut-on pas dire la même chose de la classification établie dans l'article 35 pour les diverses espèces de poissons, relativément à la taille qu'ils doivent avoir pour que la vente en soit licite? La loi doit-elle donc s'occuper de pareilles minuties? peut-elle statuer sur ce point en connaissance de cause et sans s'exposer à des erreurs ou à des omissions qu'il serait ensuite difficile de réparer?» L'examen de ces divers articles détermine le noble pair à penser que la loi devait se borner à poser comme principe général que le droit de fixer les temps et heures où la pêche serait prohibée, ainsi que les procédés de pêche qui seraient interdits, et la dimension des poissons qu'il serait permis de pêcher, appartiendrait au gouvernement, et serait exercé par la voie d'ordonnances royales. A côté de ce principe la loi fixerait la pénalité d'une manière générale, et avec une latitude suffisante pour que le juge pût, dans tous les cas, proportionner la peine, non-seulement à la nature du délit, mais encore à la fortune du délinquant, ce qui n'est pas sans importance, eu égard à la position des individus qui se livrent le plus ordinairement au délit de la pêche. Le noble pair estime que sur ce point une modification assez grave devrait être introduite dans le système du projet; il voudrait que la loi prononçât toujours pour ces sortes de délits la peine de la prison, concurremment avec l'amende, sauf au juge à les appliquer cumulativement ou séparément, suivant les cas; et que l'on ne pense pas que ce changement aggravât le sort des délinquans; c'est au contraire pour l'adoucir que le noble pair le propose, et le motif qui l'y détermine, est qu'en général l'amende, même la plus modérée, est pour le pauvre une peine plus fâcheuse que l'emprisonnement, puisqu'il arrive que l'insolvabilité du condamné change par le fait la peine d'amende en un emprisonnement bien plus long que celui qui aurait été prononcé comme peine. Le noble pair propose, dans le sens des observations qu'il vient de présenter, une rédaction nouvelle qui restreindrait à deux articles la presque totalité de ceux qui composent actuellement le titre IV. Mais il demande que cette rédaction soit renvoyée à la commission, ainsi que les articles auxquels il propose de la substituer. Il pense qu'alors même que son système ne serait pas adopté, le renvoi aurait l'avantage de mettre la commission à même de réparer quelques vices de rédaction que le projet présente, et parmi lesquels le noble pair signale entre autres l'espèce de double emploi que contient l'article 31, qui exige en même temps la désignation par ordonnance des engins prohibés et celle des engins autorisés, lorsque la première suffisait seule et était préférable, comme plus conforme aux procédés ordinaires de la législation, et la répétition inutile de la disposition générale de l'article 33 dans la prohibition établie par l'article 36. Voici, au surplus, quelle serait la rédaction proposée par le noble pair :

« ART. 25 Des ordonnances royales détermineront : 1° Les temps, saisons et heures pendant lesquels la pêche sera interdite dans les rivières et cours d'eau quelconques;

« 2° Les filets, engins, instrumens, procédés et modes de pêche qui, étant de nature à nuire au repeuplement des rivières, devront être prohibés.

« ART. 26. Des ordonnances royales pourront également déterminer les dimensions au-dessous desquelles les poissons de certaines espèces devront être rejetés en rivière.

« ART. 27. Quiconque contreviendra aux prohibitions portées dans les ordonnances rendues en vertu des articles 25 et 26 ci-dessus, sera puni d'une amende de 10 à 300 fr. et d'un emprisonnement d'un jour à trois mois.

« L'amende et l'emprisonnement pourront être prononcés cumulativement ou séparement.

« Les filets, engins et instrumens prohibés seront saisis et confisqués. »

La chambre, après avoir entendu divers orateurs, renvoie à la commission l'article 25 et tous ceux qui le suivent jusqu'à la fin du titre IV, à l'exception d'un seul, qui forme dans le projet l'article 30.

Les dispositions qui sont renvoyées, en même temps que l'article 25, à un nouvel examen de la commission portent :

« ART. 26. Quiconque aura jeté dans les eaux des drogues ou appâts qui sont de nature à enivrer le poisson ou à le détruire, sera puni d'une amende de trente francs à trois cents francs, et d'un emprisonnement d'un mois à trois mois.

« ART. 27. Les fermiers de la pêche et tous autres individus qui seront surpris prenant le poisson à la main, seront punis d'une amende de cinquante francs.

« ART. 28. Les mêmes peines seront prononcées contre ceux qui bouilleront ou battront l'eau avec des bouilles ou longues perches en forme de rabot, tant sous les chevrins, racines, saules et osiers, qu'en tous autres lieux.

« ART. 29. Il est également défendu, et sous les mêmes peines, de rompre la glace sur les fleuves, rivières et canaux, et d'y porter des flambeaux, brandons et autres feux, pour y prendre le poisson.

« ART. 31. Sont prohibés les filets et autres instrumens de pêche connus sous quelque dénomination que ce soit, qui seront déclarés, par ordonnances royales, être de nature à nuire au repeuplement des rivières.

« Des ordonnances royales détermineront également l'espèce et la forme des filets dont l'usage sera permis dans chaque département.

« ART. 32. Sont également prohibés tous les filets, nasses et autres engins d'osier, quelle que soit leur dénomination, qui n'auraient pas les dimensions suivantes :

« Les filets doivent être à mailles carrées, de 30 millimètres, sans accrues, et non en lozange.

« Les verges des nasses et des autres engins de bois flexible seront pareillement écartées l'une de l'autre de 30 millimètres.

« Sont exceptés les filets destinés uniquement à la pêche du poisson de petite espèce, et qui seront désignés par des ordonnances royales comme il est dit en l'article précédent.

« Quiconque se servira de ces derniers filets pour une autre pêche que celle pour laquelle ils sont destinés, sera puni d'une amende de 30 francs au moins et de 100 francs au plus.

« ART. 33. Quiconque sera porteur hors de son domicile, ou fera usage, en quelque temps et en quelque fleuve, rivière, canal ou ruisseau que ce soit, de l'un des instrumens ou engins de pêche prohibés par les deux articles précédens, sera puni d'une amende qui ne pourra être moindre de 30 francs, ni excéder 100 francs.

« ART. 34. Il est interdit, sous les mêmes peines, à tous pêcheurs, de mettre des bires ou nasses d'osier au bout des dideaux pendant le temps du frai.

« ART. 35. Il est défendu à tous individus quelconques de colporter, débiter et tenir en réservoir des truites, ombres, carpes, barbeaux, brèmes, ayant moins de seize centimètres (six pouces) entre l'œil et la naissance de la nageoire de la queue, et les tanches, perches et gardons qui auraient moins de treize centimètres (cinq pouces) mesurés de la même manière, le tout sous peine d'une amende de vingt à cent francs et de la confiscation desdits poissons.

« Sont exceptées des dispositions prohibitives ci-dessus énoncées les ventes d'alevin provenant des étangs ou réservoirs et destiné à l'empoissonnement.

« Il est également défendu à tous pêcheurs, et sous les mêmes peines, d'appâter les hameçons, nasses, filets ou autres engins, avec des poissons des espèces ci-dessus désignées, quelle que soit leur longueur.

« ART. 36. Les fermiers et porteurs de licences ne peuvent user, pour l'exercice de la pêche sur les fleuves, rivières et canaux navigables et flottables, que du chemin de halage ou marche-pied ; sauf, en cas de besoin d'un espace plus étendu pour asséner et retirer leurs filets de l'eau, à se procurer auprès des propriétaires riverains, de gré à gré et à leurs frais, la jouissance des terrains dont ils auraient besoin.

« ART. 37. Les fermiers de la pêche et porteurs de licences, leurs associés, compagnons et gens à gages, ne pourront faire usage d'aucun filet ou engin quelconque qu'après qu'il aura été plombé ou marqué par les agens de l'administration chargée de la police de la pêche.

« Les contrevenans seront punis d'une amende de vingt francs par chaque filet ou engin non plombé ou marqué.

« ART. 38. Les fermiers de la pêche, porteurs de licences, et tous autres individus quelconques, qui se trouveraient munis, hors de leur domicile, des filets ou engins prohibés par les articles 31 et 32, seront déclarés en contravention aux dispositions desdits articles, et passibles des peines portées par l'article 33.

« ART. 39. Les contre-maîtres, les employés du balisage et les mariniers qui fréquentent les fleuves, rivières et canaux navigables ou flottables, ne pourront avoir dans leurs bateaux ou équipages aucun filet ou engin de pêche, même non prohibé, sous peine d'une amende de cinquante francs et de la confiscation des filets.

« A cet effet, il seront tenus de souffrir la visite, sur leurs bateaux et équipages, des agens chargés de la police de la pêche, toutes les fois qu'ils en seront requis.

« La même amende sera prononcée contre ceux qui s'opposeront à cette visite.

« ART. 40. Les fermiers de la pêche et les porteurs de licences, et tous pêcheurs en général, seront pareillement tenus d'amener leurs bateaux et de faire l'ouverture de leurs loges et hangars, hannetons, huches et autres réservoirs ou boutiques à poisson sur leurs cantonnemens, à toute réquisition des agens et préposés de l'administration de la pêche, à l'effet de constater les contraventions qui pourraient être par eux commises aux dispositions de la présente loi.

« Ceux qui s'opposeront à la visite ou refuseront l'ouverture de leurs boutiques à poisson, seront, pour ce seul fait, punis d'une amende de cinquante francs. »

M. le marquis de Maleville, rapporteur, rend compte de l'examen auquel la commission s'est livrée par suite du renvoi qui lui a été fait. Il s'exprime en ces termes : « Dans le cours de la discussion qui s'était élevée hier sur ces articles, on avait exprimé le vœu que le projet fût débarrassé de certaines dispositions de détail qui avaient paru appartenir au domaine de l'ordonnance plutôt qu'à celui de la loi, comme devant naturellement varier suivant les circonstances du temps et des lieux. On avait fait remarquer que les articles 25 et 31 contenaient déjà une application de ce principe, et qu'il pourrait être utile de lui donner une extension plus grande. La commission a reconnu qu'il y avait en effet de l'avantage à laisser au gouvernement le soin de déterminer, par des réglemens d'administration publique, les temps où l'exercice de la pêche doit être prohibé, les modes de pêche et engins nuisibles au repeuplement des rivières, les conditions que doivent remplir les filets dont l'usage est permis ; enfin, les dimensions au-dessous desquelles le poisson ne doit point être pêché, et les espèces d'appâts défendues. Dans ce dessein, elle propose de renvoyer, pour ces détails, aux ordonnances royales à intervenir. Telle est la disposition d'un article général qui serait destiné à remplacer les articles 27, 28, 29, 31, 32, 34 et 35 du projet. Quant à la disposition spéciale de l'article 26 du projet, la commission a cru devoir la maintenir, par ce motif qu'il serait impossible d'énumérer, même dans des ordonnances, toutes les drogues au moyen desquelles le poisson peut être empoisonné. La nomenclature que l'on essaierait de faire à cet égard, quelque longue qu'elle fût, contiendrait toujours des omissions dont la malveillance ne manquerait pas d'abuser. Après avoir ainsi pourvu au classement des délits, il s'agissait de déterminer la pénalité. Sous ce rapport, la commission a pensé que l'auteur de la rédaction présentée, dans la séance d'hier, était allé trop loin lorsqu'il a proposé de n'établir qu'une seule nature de peine pour toutes les sortes de contraventions qui pourraient être commises. Il paraîtrait contraire à la justice de punir également des délits dont la gravité varie nécessairement suivant la différence des cas. Le vague d'une telle disposition serait d'ailleurs de nature à embarrasser les magistrats. La commission a donc rangé les contraventions en diverses classes, à chacune desquelles elle applique une peine différemment graduée, suivant qu'on sera prévenu d'avoir pêché, soit en temps prohibé, soit avec des filets défendus, ou que les poursuites porteront, soit sur la dimension des poissons colportés, soit sur la qualité des appâts. Cinq articles rédigés en ce sens prendront les numéros 27, 28, 29, 30 et 31 du projet amendé. Dans la fixation des peines que portent ces articles, la commission n'a pas eu égard à la demande du noble pair qui avait proposé de mettre partout l'emprisonnement facultatif à côté de l'amende. Cette cumulation de peines n'eût pas été seulement contraire au principe d'après lequel ont été rédigés le Code pénal et le nouveau Code forestier, elle eût présenté de plus le grave inconvénient de paraître ranger les justiciables en plusieurs catégories, suivant leur état et leur fortune; enfin, il eût été possible que, contre l'intention du législateur, l'emprisonnement fût prononcé quelquefois contre des prévenus dont le rang aggraverait singulièrement la nature de cette peine. Il est vrai que l'amende, en matière correctionnelle, entraîne la contrainte par corps contre les prévenus insolvables, mais c'est un principe général à l'application duquel on ne peut se soustraire : la commission s'est efforcée d'ailleurs d'en affaiblir ici les inconvéniens en baissant le taux du *maximum* des amendes. Les dispositions des articles 37, 39 et 40 du projet, contre lesquels aucune objection ne s'était élevée, ont été conservés dans la nouvelle série d'articles, d'accord avec le commissaire du roi, pour compléter le titre IV du projet, qui est ainsi conçu : »

M. le rapporteur donne ici la série des articles refondus par la commission.

La rédaction de l'article 25, qui formait le 26ᵉ du projet, est celle qui a passé dans la loi. Elle est telle que le gouvernement l'avait présentée.

M. le comte de Tournon observe toutefois « que cet article est conçu dans des termes plus généraux que ceux qui le précèdent et qui ont été adoptés par la chambre dans une de ses précédentes séances. L'article 23 du projet porte seulement que les prohibitions du titre IV sont applicables à la pêche qui s'exerce *dans les fleuves et rivières navigables ou flottables, les canaux, ruisseaux ou cours d'eau quelconques,* ce qui semble exclure implicitement la pêche des étangs, viviers et réservoirs. L'art. 25 prononce au contraire des peines contre quiconque aura jeté *dans les eaux* des drogues ou appâts de nature à enivrer le poisson ou à le détruire. L'opinant demande si la rédaction plus large de ce dernier article doit le faire considérer comme applicable au fait de jeter des drogues enivrantes dans l'eau d'un étang. L'incertitude à cet égard pourrait n'être pas sans inconvénient; car plusieurs propriétaires ont recours à ce moyen pour pêcher les étangs qui leur appartiennent. »

M. le ministre des finances, répond que toutes les dispositions particulières contenues dans le titre IV, étant subordonnées au principe général énoncé dans l'article 23, qui détermine dans quelles eaux la pêche est soumise aux règles établies par les articles suivans, le sens des expressions dont se sert l'article 25 doit être restreint au cas où les drogues seraient jetées dans les eaux courantes.

M. le rapporteur de la commission ajoute « que le fait d'empoisonner les poissons d'un étang constitue un délit d'une nature particulière. L'article 452 du Code pénal, expressément confirmé en ce point par l'article 82 du projet, punit ce délit de peines beaucoup plus fortes que celles que prononce l'article 25. »

L'observation faite sur l'article 25 n'ayant point d'autre suite, cet article est mis aux voix et adopté.

L'article 30 du projet du gouvernement, qui n'a pas été renvoyé à la commission, était ainsi conçu : « Le rouissage du lin, du chanvre et de toute autre plante textile, dans les fleuves, rivières, canaux, et dans les ruisseaux y affluant, est défendu, sous peine d'une amende de 25 à 100 francs.

« Toutefois, dans les localités où l'on ne pourrait suppléer au rouissage dans l'eau par un autre moyen, le préfet, sous l'approbation du gouvernement, pourra accorder les exceptions qu'il jugera nécessaires. »

La chambre s'occupe de cet article.

M. *le comte de Marcellus* le considère comme n'offrant point d'avantages, et comme pouvant avoir des dangers. Il en demande en conséquence la suppression.

M. *le comte Chaptal* appuie cette proposition. Le noble pair s'exprime ainsi : « La prohibition contenue dans l'article 30 lui paraît nuisible à la santé des habitans de la campagne, et destructive d'une des premières branches de notre industrie agricole. En France, comme dans le reste de l'Europe, on a jusqu'à ce jour fait rouir le chanvre dans l'eau des fleuves, des rivières et des ruisseaux : si cet usage a donné quelquefois naissance à des réclamations isolées, elles n'ont jamais pu soutenir l'examen. Tout le monde comprend en effet que lorsqu'on plonge quelques poignées de chanvre dans une eau courante, les principes étrangers que la décomposition sépare de la fibre végétale se trouvent aussitôt entraînés par le courant, sans nuire à la salubrité de l'air ni même à la conservation du poisson, et le danger de l'opération est d'autant moindre qu'elle est faite dans une masse d'eau plus considérable. Les rivières de la Belgique, quoique peu rapides pour la plupart, offrent un exemple remarquable de ce qu'avance le noble pair. La quantité de chanvre que l'on met rouir sur leurs bords est telle, qu'à l'époque du rouissage leurs eaux lui ont paru noires comme de l'encre. Il a interrogé les habitans pour savoir si leurs santés s'en trouvaient altérées. Jamais, lui a-t-on répondu, ils n'ont éprouvé le moindre inconvénient de cet usage, et il n'est venu dans la pensée de personne de le changer ; il occasione peut-être la mort de quelques poissons, mais cette circonstance est peu importante quand il s'agit des grands intérêts de l'agriculture et du commerce. Si, comme le porte le projet, on prohibe les rouissages dans les fleuves, les rivières et les ruisseaux, il ne restera plus aux cultivateurs que l'eau des

mares et des fossés. Le moindre changement des habitudes locales
ne serait que l'inconvénient de ce système ; si vous mettez le
chanvre rouir dans un espace étroit, l'eau commencera bientôt
à s'altérer ; elle ne pourra plus servir de boisson aux hommes ni
même aux animaux ; enfin l'air se trouvera chargé d'exhalaisons
méphitiques qui le rendront d'autant plus malsain aux habitans,
que c'est autour de leurs chaumières qu'ils trouvent ordinairement les eaux dont ils ont besoin. S'il y avait une prohibition à
établir, elle devrait bien plutôt porter, dans l'opinion du noble
pair, sur le rouissage dans les eaux stagnantes. On a fait observer
que le projet de loi laisse au préfet la faculté d'accorder aux habitans les permissions qu'il jugera nécessaires ; mais la prohibition
sera toujours la règle générale, et pour obtenir une exception il
faudra s'adresser au gouvernement ; l'autorisation n'arrivera que
lentement, et peut-être la saison du rouissage se passera-t-elle
avant qu'elle soit délivrée. Un arrondissement entier pourrait
perdre par là le fruit de sa culture. Quand même il y aurait dans
la contrée d'autres endroits convenables pour le rouissage, est-il
indifférent au cultivateur de transporter sa récolte de chanvre à
une autre distance ? Les frais n'en seront-ils pas augmentés ?
Enfin, sous le rapport même de la quotité des produits, le rouissage par l'eau des fleuves a des effets tout différens de celui qui
s'opère dans les eaux stagnantes. Dans ces dernières, la fibre
s'altère par la décomposition : il en résulte du chanvre d'une
qualité inférieure, dont le commerce ne veut plus donner le
même prix. La prospérité de tel arrondissement qui produit pour
plusieurs millions de chanvre par année, peut en dépendre. Les
auteurs du projet ont eu sans doute en vue de favoriser les procédés mécaniques à l'aide desquels on prétend suppléer au rouissage par l'eau. Mais ces procédés ne peuvent qu'assouplir le
chanvre. Ils laissent toujours dans la fibre le principe corrupteur
que l'action de l'eau peut seule en détacher. Quelques essais
avaient offert des résultats propres à encourager les inventeurs.
D'habiles fabricans avaient conçu l'espoir d'affranchir l'agriculture de la nécessité du rouissage. L'opinant avait lui-même un
moment partagé leur confiance : mais les expériences faites en
grand par les soins du département de la marine ont désabusé
tous les esprits. On a reconnu que les toiles et les cordages fabri-
qués avec du chanvre qui n'avait pas été roui, ne pouvaient
séjourner long-temps dans l'eau sans se corrompre ; et tous les
fabricans ont bientôt abandonné des procédés qui auraient infailliblement détérioré la qualité de leurs produits. L'opinant
peut, au surplus, rassurer la chambre sur les dangers que l'opinion commune attribue au rouissage dans l'eau des rivières. Il

a long-temps habité les bords de la Garonne, du Rhône et de la Loire, et il a vu les habitans rouir leurs chanvres au bord de ces fleuves sans en éprouver jamais aucun accident fâcheux. Il termine par une observation qu'il ne croit pas dénuée d'importance. La culture du chanvre est pour la France une source considérable de produits; mais cette culture a encore besoin d'encouragemens pour que le pays puisse suffire, sous ce rapport, à sa consommation : dans l'état actuel, le commerce est forcé de tirer chaque année pour trente ou quarante millions de chanvre de l'étranger. Or, si la disposition de l'article 30 était connue dans les départemens producteurs, l'opinant ne doute pas que la présentation seule de cet article ne fût déjà un grand mal par les inquiétudes qu'elle ferait naître. L'unique moyen de prévenir ce mal, est de supprimer la disposition de l'article. Le noble pair insiste pour que la proposition faite en ce sens soit adoptée. »

M. le marquis de Bouthillier, commissaire du roi : « Tout en laissant à la chambre le soin d'apprécier les considérations graves qui viennent de lui être exposées, croit devoir rappeler en peu de mots les motifs qui avaient déterminé lés auteurs du projet à y insérer la disposition que l'on attaque. Cette disposition n'est pas seulement conforme à celle de l'ordonnance de 1669, elle ne fait que reproduire les prohibitions contenues dans divers arrêts du conseil, des années 1702, 1725 et suivantes, et dans diverses coutumes, telles que celles de Normandie, d'Amiens, du Bourbonnais. Ces prohibitions étaient principalement fondées sur les funestes effets du rouissage, relativement à la conservation du poisson. Les plaintes fréquentes que les fermiers de la pêche adressent à l'administration, prouvent assez que le rouissage leur cause un préjudice réel. La chambre décidera dans sa sagesse si l'intérêt du commerce doit faire négliger cette considération, qui peut ne paraître qu'accessoire ; mais un motif plus grave avait fait impression sur l'esprit des rédacteurs du projet de loi. Ils s'étaient flattés qu'en supprimant le rouissage dans les rivières, ils stimuleraient le zèle de ceux qui, dans l'intérêt de la salubrité publique, s'occupent de chercher un procédé moins dangereux. Le préopinant a fait observer que le rouissage dans les grands fleuves présentait peu d'inconvéniens ; mais dans la plupart des localités c'est dans l'eau des ruisseaux et des fontaines que le chanvre est déposé, et on ne saurait contester l'influence fâcheuse de cet usage sur la santé des habitans. Peut-être pourrait-on, dans beaucoup de communes, choisir des endroits plus convenables que ceux que la routine indique aux habitans, et la disposition de l'art. 30, en faisant intervenir l'autorité dans ce choix, pourrait conduire à des résultats utiles. On a craint que les formalités de l'autorisation administrative n'entraînassent une lenteur préjudiciable aux intérêts de l'agriculture ; mais aux termes de l'article dernier du projet, les ordonnances relatives à son exécution devront être rendues avant le 1er janvier prochain. Le gouvernement se ferait d'ailleurs un devoir d'apporter tous les ménagemens convenables à l'exercice du pouvoir discrétionnaire qui lui serait confié. Le commissaire du roi livre ces considérations aux méditations de la chambre, et s'en rapporte à sa sagesse pour choisir le parti qu'elle jugera le plus propre à concilier les divers intérêts. ».

M. le comte Chaptal « observe que la prohibition dont il s'agit existe, à la vérité, dans un grand nombre de lois, et de coutumes; mais que leur disposition à cet égard n'a jamais reçu d'exécution. C'est, aux yeux du noble pair, un motif de plus, pour ne point placer dans la loi nouvelle un article qui resterait nécessairement sans effet. Quant aux réclamations des fermiers de la pêche, elles ne prouvent pas, suivant lui, que le rouissage ait une influence nuisible pour la conservation du poisson : ces réclamations sont plutôt fondées sur ce que le poisson, qui aime à se réfugier dans les chanvres déposés au milieu du courant, est souvent dérobé par les cultivateurs, qui le prennent avec facilité lorsqu'ils enlèvent leur récolte du lit des rivières. Le noble pair aperçoit enfin un inconvénient grave à ce que la détermination des lieux où le rouissage sera permis soit abandonnée à l'autorité administrative. C'est en effet une remarque faite par tous les cultivateurs, que le plus ou moins de rapidité du courant influe sensiblement sur la durée du rouissage, et par suite sur la qualité du chanvre, qui, dans l'eau stagnante, rouit plus vite, mais perd de sa valeur. C'est à l'industrie particulière que l'on doit s'en rapporter sur le choix des lieux et des procédés : toute disposition générale aurait pour effet de léser des intérêts privés. »

M. le comte de Peyronnet « craint que la suppression de cet article, si elle est votée par la chambre, ne produise pas l'effet que les préopinans en ont attendu. La défense de rouir le chanvre dans les fleuves n'est pas portée seulement par l'ordonnance de 1669, elle résulte surtout d'un arrêt du conseil de 1702. Or, le dernier article du projet n'abroge les autres lois et réglemens antérieurs qu'*en ce qui concerne la pêche*. Si donc la disposition de l'article 30 est entièrement retranchée, le projet de loi ne contenant plus aucune disposition qui traite du rouissage en le rattachant à la pêche, les prohibitions de ces lois continueront à subsister. On ne pourrait les abroger qu'au moyen d'une disposition formelle. Le noble pair s'abstient de proposer aucune rédaction à cet égard ; il a voulu seulement éclairer la chambre sur le résultat de son vote. »

M. le comte d'Argout « affirme que, sous ce point de vue, la disposition de l'article 30 pourrait paraître étrangère à l'objet du projet de loi. On ne doit en effet s'occuper ici du rouissage que relativement à ses rapports avec la pêche ; et à cet égard l'article 26, qui réprime l'empoisonnement du poisson, ne pourrait-il pas s'étendre à tout procédé qui tendrait à corrompre l'eau des fleuves? »

M. le ministre des finances dit « que, si l'intention de la chambre n'est point d'interdire le rouissage dans les eaux courantes, on pourrait énoncer dans la loi qu'il sera permis dans les localités où des ordonnances du roi en auront autorisé l'usage. On laisserait ainsi au gouvernement la latitude nécessaire pour maintenir les coutumes locales partout où elles n'offriraient pas d'inconvénient. »

M. le comte Corbière « pense que cette nouvelle rédaction n'apporterait aucun changement au fond de la disposition de l'article 30. Dire que le rouissage sera permis dans les lieux où des ordonnances royales l'auront autorisé, ce serait en effet le prohiber dans les autres. Si l'on reconnaît aux cultivateurs le droit de faire rouir leur chanvre où bon leur semble, ils n'ont pas besoin de concession pour exercer ce droit. Quant à l'observation qui vient d'être faite au sujet de l'abrogation des lois antérieures, l'opinant croit le dernier article du projet de loi applicable à l'arrêt de 1702 comme à tous les réglemens sur la matière. Le rouissage n'a été défendu en effet que comme nuisible au poisson, d'où il faut conclure que les réglemens qui contiennent cette prohibition doivent être considérés comme relatifs à la pêche. Si la discussion n'était pas épuisée sur le fond, le noble pair ferait remarquer combien l'intérêt de la pêche doit paraître minime lorsqu'il s'agit de sacrifier une branche d'industrie aussi importante pour la marine militaire et marchande; mais pour se renfermer dans la question incidente, il lui suffit de rappeler que les lois s'abrogent aussi bien par consentement tacite que par une loi contraire, et que la prohibition portée par l'arrêt de 1702, étant depuis long-temps abrogée de cette manière, ce serait mettre les juges dans l'embarras que de la faire revivre par une disposition nouvelle. »

L'article 30 du projet est mis aux voix, et la suppression en est prononcée.

L'article 14, titre XXXI, de l'ordonnance de 1669 portait : « Défendons à toutes personnes de jeter dans les rivières aucune chaux, noix vomique, coque du Levant, mommie et autres drogues ou appâts, à peine de punition corporelle. »

En reproduisant cette disposition, le nouveau Code changé avec raison une sorte de châtiment que nos lois ne reconnaissent plus. En même temps, il en simplifie et généralise la teneur, en s'abstenant de désigner les substances malfaisantes dont il défend l'usage, et en se bornant à exprimer les qualités nuisibles que doivent avoir les *drogues ou appâts* pour constituer le délit prévu.

ART. 26.

Des ordonnances royales détermineront,

1° Les temps, saisons et heures pendant lesquels la pêche sera interdite dans les rivières et cours d'eau quelconques;

2° Les procédés et modes de pêche qui, étant de nature à nuire au repeuplement des rivières, devront être prohibés;

3° Les filets, engins et instrumens de pêche qui seront défendus comme étant aussi de nature à nuire au repeuplement des rivières;

4° Les dimensions de ceux dont l'usage sera permis dans les divers départemens pour la pêche des différentes espèces de poissons;

5° Les dimensions au-dessous desquelles les poissons de certaines espèces qui seront désignées ne pourront être pêchés et devront être rejetés en rivière;

6° Les espèces de poissons avec lesquelles il sera défendu d'appâter les hameçons, nasses, filets ou autres engins.

DISCUSSION A LA CHAMBRE DES PAIRS. (1828)

La rédaction de cet article est celle que la commission a proposée par suite du renvoi dont il est parlé dans la discussion de l'article précédent, sauf cependant une modification apportée au n° 2 par la chambre des députés. Les dispositions qu'il renferme sont adoptées par la chambre sans observations. On y trouve refondus les articles 25, 27, 28, 29, 31, 32, 34 et 35 du projet, lesquels sont transcrits sous l'article précédent.

DISCUSSION A LA CHAMBRE DES DÉPUTÉS.

M. le baron Favard de Langlade, commissaire du roi, dit dans l'exposé des motifs, session de 1829 : « L'ordonnance des eaux et forêts déterminait les temps, saisons et heures pendant lesquels la pêche était interdite. Ces dispositions, purement réglementaires, devaient trouver place dans un acte émané d'un souverain qui réunissait le pouvoir exécutif au pouvoir législatif; mais aujourd'hui que ces pouvoirs sont distincts, l'autorité législative doit laisser au régime des ordonnances royales les mesures d'exécution. Le projet reconnaît et consacre cette vérité, déjà proclamée dans la discussion du Code forestier. »

Dans l'article présenté par M. le commissaire du roi, le n° 2 portait : « 2° Les procédés et modes de pêche, autres que celui dont il est fait mention dans l'article 25, qui, étant de nature à nuire au repeuplement des rivières, devront être prohibés. »

M. Mestadier, rapporteur de la commission, dit : « A l'article 26, § 2, la commission propose de supprimer, comme inutiles, les mots : *autres que celui dont il est fait mention dans l'article 25.* Le premier de ces articles contient une disposition spéciale contre l'emploi coupable des drogues destructives du poisson, et le second une prohibition générale de tous les procédés de nature à nuire au repeuplement des rivières. Il est trop visible que le deuxième ne déroge pas au premier, pour qu'il soit nécessaire de l'exprimer. »

L'article est adopté avec cet amendement.

DISCUSSION A LA CHAMBRE DES PAIRS. (1829.)

L'article est reproduit tel qu'il a été adopté par l'autre chambre.

M. le comte de Chastellux fait observer « que, dans le projet de loi qui fut soumis à la chambre l'année dernière, la pêche à la main était interdite par une disposition formelle. Il regrette que cette prohibition, si importante pour empêcher le dépeuplement des rivières, ne soit pas textuellement reproduite dans la nouvelle rédaction présentée par le gouvernement. »

M. le marquis de Bouthillier, commissaire du roi, répond « que l'omission dont se plaint le noble pair est une des conséquences du système dans lequel la chambre elle-même est entrée l'année dernière, en laissant aux ordonnances la nomenclature des modes de pêche qui devront être défendus : la pêche à la main devra sans doute figurer dans cette nomenclature, mais il n'y a pas de raison pour la comprendre nominativement dans la loi. »

Aucune autre observation n'étant faite, l'article 26 est mis aux voix et adopté.

OBSERVATIONS.

L'ordonnance de 1669 fixait elle-même les temps, saisons et heures de la pêche. Selon l'article 5 du titre XXXI, il n'est permis de pêcher que depuis le lever jusqu'au coucher du soleil, excepté aux arches des ponts, aux moulins et aux gords où se tendent les dideaux. L'article 6 du même titre porte : « Les pêcheurs ne pourront pêcher durant le temps du frai ; savoir, aux rivières où la truite abonde sur tous les autres poissons, depuis le 1er février jusqu'à la mi-mars, et aux autres depuis le 1er avril jusqu'au 1er juin, à peine, pour la première fois, de vingt livres d'amende et d'un mois de prison, et du double de l'amende et de deux mois de prison pour la seconde, et du carcan, fouet et bannissement du ressort de la maîtrise pendant cinq années pour la troisième. » L'article suivant excepte de cette prohibition la pêche aux saumons, aloses et lamproies, qui devait être continuée en la manière accoutumée.

Ces dispositions présentent plusieurs inconvéniens. L'art. 5 ne prononçant point de peine manque de sanction, et les peines prononcées par l'article 6 sont exorbitantes. Ce dernier article a encore ce vice qu'il soumet à des limites absolues le temps de la pêche, susceptible de varier selon les localités. Cela est si vrai qu'il y a été dérogé par divers réglemens, et notamment par une déclaration du roi, du 24 août 1773.

L'ordonnance détermine en outre, dans le même titre XXXI, les filets et engins prohibés. Elle porte :

« ART. 8. Ne pourront aussi mettre bires ou nasses d'osier à bout de dideaux, pendant le temps de frai, à peine de vingt livres d'amende, et de confiscation des harnois pour la première fois, et d'être privé de la pêche pendant un an pour la seconde.

« ART. 9. Leur permettons néanmoins d'y mettre des chausses ou sacs du moule de dix-huit lignes en quarré, et non autrement, sur les mêmes peines ; mais, après le temps de frai passé, ils y pourront mettre des bires ou nasses d'osier à jour dont les verges seront éloignées les unes des autres de douze lignes au moins.

« ART. 10. Faisons très-expresses défenses aux maîtres pêcheurs de se servir d'aucuns engins et harnois prohibés par les anciennes ordonnances sur le fait de la pêche, et en outre de ceux appelés giles, tramail, furet, espervier, chaslon et sabre, dont elles ne font point de mention, et de tous autres qui pourraient être inventés au dépeuplement des rivières ; comme aussi d'aller au barandage, et mettre des bacs en rivières, à peine de cent livres d'amende pour la première fois, et de punition corporelle pour la seconde. »

Le Code n'a point imité cet exemple, il laisse au régime des ordonnances royales des mesures d'exécution qu'en effet il n'appartient point à l'autorité législative de prescrire.

M. le comte de Lacépède, dans son *Histoire des poissons*, divise en quatre classes les instrumens employés par les pêcheurs, et range dans la deuxième « ceux avec lesquels on va au-devant des légions de poissons, on les cerne, on les resserre, on les presse, on les renferme dans une enceinte d'où il leur est impossible de s'échapper. »

Il ajoute : « A la seconde classe appartiennent encore ces asiles trompeurs faits de jonc ou d'osier, ces *nasses* perfides dans lesquelles le poisson, égaré par la crainte ou entraîné par le besoin, ou conduit sans précaution par le courant auquel il s'est livré, et croyant trouver une retraite semblable à celle que lui ont donnée plus d'une fois les grottes de ses rivages hospitaliers, pénètre facilement, en écartant des branches rapprochées, qui ne lui présentent, lorsqu'il veut entrer, que des tiges dociles, mais qui lui offrant, lorsqu'il veut sortir, des pointes enlacées, le retiennent dans une captivité que la mort seule termine. »

ART. 27.

Quiconque se livrera à la pêche pendant les temps, saisons et heures prohibés par les ordonnances, sera puni d'une amende de 30 à 200 francs.

DISCUSSION A LA CHAMBRE DES PAIRS. (1828.)

La rédaction de cet article est celle qu'a proposée la commission par suite du renvoi qui lui a été fait, comme il est dit dans la discussion de l'article 25. Elle est adoptée sans observation. Elle correspond à l'article 25 du projet du gouvernement, lequel est transcrit sous le même article 25.

Art. 28.

Une amende de 3o à 100 francs sera prononcée contre ceux qui feront usage, en quelque temps et en quelque fleuve, rivière, canal ou ruisseau que ce soit, de l'un des procédés ou mode de pêche, ou de l'un des instrumens ou engins de pêche prohibés par les ordonnances.

Si le délit a eu lieu pendant le temps du frai, l'amende sera de 6o à 200 francs.

DISCUSSION A LA CHAMBRE DES PAIRS. (1828.)

Cette rédaction correspond à l'article 33 du projet, dont les termes sont transcrits sous l'article 25 de la loi actuelle. Elle est adoptée sans discussion. C'est celle que la commission a proposée par suite du renvoi qui lui a été fait du titre IV.

DISCUSSION A LA CHAMBRE DES DÉPUTÉS.

L'article est adopté avec la substitution du mot *délit* à celui de *contravention*, qui se trouvait dans le projet. Ce changement est fait sur l'observation de *MM. de Schonen* et *Mestadier*. Il est conforme à ce qui a eu lieu pour l'article 24.

Art. 29

Les mêmes peines sont prononcées contre ceux qui se serviront pour une autre pêche de filets permis seulement pour celle du poisson de petite espèce.

Ceux qui seront trouvés porteurs ou munis, hors de leur domicile, d'engins ou instrumens de pêche prohibés, pourront être condamnés à une amende qui n'excèdera pas 20 francs, et à la confiscation des engins ou instrumens de pêche, à moins que ces engins ou instrumens ne soient destinés à la pêche dans des étangs ou réservoirs.

DISCUSSION A LA CHAMBRE DES PAIRS. (1828.).

Cet article correspond aux 32° et 33° du projet primitif, lesquels sont transcrits sous l'article 25 de la loi actuelle. La chambre adopte la rédaction que lui présente la commission, par suite du renvoi qui lui a.été fait du titre IV. Cette rédaction est ainsi conçue : « Les mêmes peines seront prononcées,

1° Contre ceux qui seront trouvés porteurs ou munis, hors de leur domicile, d'engins ou instrumens de pêche prohibés, à moins que ces engins ou instrumens ne soient destinés à la pêche dans des étangs ou réservoirs ;

2° Contre ceux qui se serviront pour une autre pêche de filets permis seulement pour celle du poisson de petite espèce.

M. le comte de Tournon propose d'insérer, après l'article 29, la disposition suivante : « Sont exceptés des dispositions prescrites par les articles 26, 27 et 28, les cours d'eau qui traversent les parcs et enclos tels qu'ils sont définis par l'article 391 du Code pénal. »

L'orateur rappelle « que, dans la discussion qui s'est élevée sur l'article 23, il a déjà signalé à la chambre l'abus que des agens subalternes pourraient faire de la généralité des termes du projet pour s'introduire dans les parcs et enclos contre le gré des propriétaires, sous prétexte de surveiller l'exécution des réglemens. L'exception que demande le noble pair ne saurait inspirer de crainte dans l'intérêt de la pêche, car elle ne sera guère applicable aux fleuves ni aux rivières de quelque importance, qui ne sont presque jamais renfermés dans des enclos ; elle ne s'étendra qu'à de petites rivières ou à des ruisseaux, où la pêche est plutôt un objet d'intérêt privé que d'intérêt général. Mais les possesseurs d'enclos y trouveraient une garantie contre les vexations que peut leur susciter le caprice d'un garde-pêche. L'amendement ne fait au reste qu'appliquer à la. pêche une disposition que les articles 124 et 225 du Code forestier, votés par la chambre l'année dernière, ont déjà consacrée à l'égard du martelage et du défrichement des bois. Le noble pair insiste pour son adoption. »

M. le marquis de Bouthillier, commissaire du roi, répond : « qu'il n'existe aucune similitude entre la surveillance des bois et celle des cours d'eau. On comprend fort bien que le Code forestier ait déclaré les parcs et enclos exempts de la servitude du martelage, et qu'il ait permis de les défricher sans autorisation, parce que ni l'Etat ni les propriétaires voisins ne sont intéressés à savoir ce qui se passe dans leur enceinte ; mais il en est tout autrement des cours d'eau qui traversent une propriété particulière. Le riverain ne peut-il pas y faire tel établissement de pêche qui priverait tous les propriétaires inférieurs de l'exercice de leur droit? Ne peut-il pas intercepter le courant par un barrage essentiellement nuisible à l'intérêt public et privé? Il importe donc que l'administration conserve, même dans les lieux clos, son droit de surveillance. Si l'on craint l'abus de ce droit, l'article 45 du projet, qui défend aux garde-pêche de s'introduire, sous aucun prétexte, dans les habitations ; contient déjà une garantie rassurante. On peut s'en rapporter d'ailleurs à l'administration pour les justes ménagemens qu'exige l'exercice de la surveillance qu'on lui confie : les propriétaires n'auront nullement à craindre l'inquisition d'agéns subalternes. Tout se terminera le plus souvent par la voie d'une simple correspondance entre les fonctionnaires supérieurs et les riverains ; et si quelque plainte s'élevait de la part de ces derniers, ils en obtiendraient aussitôt justice. »

L'auteur de l'amendement réplique « que l'exception qu'il propose ne serait nullement applicable aux entreprises sur les cours d'eau telles que les barrages, mais seulement à la recherche des contraventions relatives à la pêche en temps prohibé ou par un mode défendu. Il n'a pour but que de mettre les propriétaires d'enclos à l'abri des visites vexatoires et inutiles. Si quelque délit préjudiciable à l'intérêt commun était par eux commis, les plaintes de leurs voisins ne manqueraient pas de le signaler à l'administration avant même qu'elle en fût instruite par ses agens. »

M. le comte de Tocqueville « estime qu'en cette matière il n'y a point de contravention qui ne blesse l'intérêt de tous. A la différence des arbres plantés dans un enclos, et dont le propriétaire est le maître exclusif, les poissons d'un cours d'eau sont en quelque sorte la propriété commune des riverains : on ne doit donc priver l'administration d'aucun des moyens de surveillance qui lui appartiennent. »

M. le marquis Forbin des Issarts « oppose comme fin de non-recevoir à l'amendement, la question préalable adoptée, dans l'avant-dernière séance, sur une proposition toute semblable. »

L'amendement est mis aux voix et rejeté.

DISCUSSION A LA CHAMBRE DES DÉPUTÉS.

M. Mestadier, rapporteur de la commission, dit dans son rapport : « L'article 29, § 1ᵉʳ, punirait d'une amende de 30 à

100 francs ceux qui seront trouvés porteurs ou munis, hors de leur domicile, d'engins ou instrumens de pêche prohibés; c'est une tentative de délit, et votre commission a long-temps hésité à vous proposer de la consacrer. En statuant (art. 3) que les tentatives de délit ne sont considérées comme délit que dans les cas déterminés par une disposition spéciale de la loi, et en bornant la répression des tentatives de délit aux cas très-graves qui sont prévus par les articles 179, 401, 405, 414, et 415, le Code pénal avertit que ce cadre périlleux ne doit pas être légèrement étendu. Néanmoins, après de mûres réflexions, la commission s'est déterminée pour le principe, à cause de la nature des délits de pêche qui ne laissent aucune trace, et aussi parce qu'il s'appliquera seulement aux engins prohibés; il y a même exception dans le cas de destination de ces engins à la pêche dans des étangs ou réservoirs. Mais la peine a paru excessive : votre commission propose de la réduire à une amende qui ne pourra pas excéder 20 fr., et à la confiscation des engins. »

En conséquence, la commission a proposé de rédiger cet article ainsi : « Les mêmes peines seront prononcées contre ceux qui se serviront, pour une autre pêche, de filets permis seulement pour celle du poisson de petite espèce.

« Ceux qui seront trouvés porteurs ou munis, hors de leur domicile, d'engins ou instrumens de pêche prohibés, seront condamnés à une amende qui ne pourra pas excéder 20 francs, et à la confiscation des engins ou instrumens de pêche, à moins que ces engins ou instrumens ne soient destinés à la pêche dans les étangs ou réservoirs. »

M. Bourgon attaque cet article : « Le paragraphe 1er de l'article 29 du projet est, dit-il, une disposition nouvelle qui établit des principes qui me semblent dangereusement contraires au droit commun. D'abord, cette disposition est préventive et non pas répressive. En effet, le délit ne peut pas consister dans le port d'un filet même prohibé, l'usage seul de ce filet peut constituer le délit de pêche, le paragraphe que je combats n'a d'autre but que d'empêcher cet usage, d'où il résulte que la disposition qu'il renferme est préventive, ce qui est contraire au droit commun : je dis contraire au droit commun, parce que dans toutes nos lois je n'en connais d'autre exemple que la prohibition du port d'arme, prohibition qui peut être justifiée par les plus grands intérêts, la tranquillité publique et la sûreté des personnes; mais si vous réfléchissez à la nature des dispositions préventives qui ont pour effet, non pas de punir un délit commis, mais un délit que l'on est présumé vouloir commettre, vous sentirez combien il serait dangereux d'en multiplier les exemples, et de donner un moyen de justifier à l'avenir l'introduction dans nos lois du système des peines préventives si contraire à la justice. En second lieu, cette disposition établit une présomption légale de culpabilité contre le prévenu, et met à sa charge la preuve de son innocence, ce qui est contraire aux principes reçus et au droit de la défense. Enfin, la disposition de ce paragraphe est vexatoire, attendu qu'elle ne peut avoir d'effet qu'en accordant aux agens de l'administration le droit de fouiller et visiter les citoyens trouvés hors de leur domicile. Je n'examinerai pas l'effet de cette disposition relativement à la répression des délits de pêche, parce que je considère que la conservation de quelques poissons, la répression de quelques délits obscurs, ne peuvent compenser la violation des principes qui sont la plus sûre garantie de la liberté des personnes. D'ailleurs, il y est suffisamment pourvu par l'article suivant. Je demande le rejet du premier paragraphe du projet, qui est le second de ce même article, rédigé par la commission. »

M. le marquis de Bouthillier, commissaire du roi, répond : « L'article 25, titre XXXI de l'ordonnance de 1669 applique la peine, pour tous les lieux où sont trouvés des engins ou instrumens de pêche prohibés. Il est très-difficile d'atteindre ceux qui pêchent avec des filets prohibés. On reconnaît pourtant la nécessité d'empêcher l'usage des moyens qui peuvent amener la dépopulation du poisson. Remarquez que le projet de loi n'autorise pas, comme l'ordonnance de 1669, les visites à domicile pour rechercher les filets à mailles prohibées. Comment parviendrait-on à les saisir, si on ne le peut ni dans les maisons des pêcheurs ni sur eux ; car ils trouvent toujours le moyen, lorsqu'ils s'en servent, de les cacher, soit dans l'eau, soit dans les roseaux. On ne peut ordinairement prendre les pêcheurs que lorsqu'ils sortent de leurs bateaux pour se rendre à leur domicile. Si les filets prohibés dont ils sont porteurs sont destinés à pêcher dans des étangs ou réservoirs appartenant à des particuliers, ils auront la faculté de le prouver. L'article présenté n'est donc pas, comme on l'a prétendu, une violation du droit de propriété, ni pour tourmenter les particuliers. Nous ne voyons pas d'autre moyen d'atteindre les délinquans. »

M. de Chantelauze monte à la tribune. « Je partage, dit-il, l'opinion de notre honorable collègue, M. Bourgon, sur la première partie de l'article. Il est difficile de ne pas reconnaître dans cette première disposition, un caractère purement préventif. Quant à la seconde partie, je ne puis admettre les explications qu'il vous a données. D'après M. Bourgon, ce serait au prévenu sur lequel auraient été trouvés des engins prohibés, à prouver que l'usage qu'il en voulait faire n'était pas interdit par la loi.

« Il faut ici rappeler les notions primitives consacrées par nos lois en matière criminelle. Quand il s'agit simplement de contravention, les tribunaux n'ont à considérer que le fait matériel, sans s'attacher à l'intention. Mais il ne s'agit pas ici de contravention. Le projet a subi, à cet égard, d'importantes modifications. Le fait est caractérisé, dit-il, et alors il faut la réunion du fait et de l'intention criminelle. Détachez l'un de ces caractères de l'autre, il n'existe plus de délit. Pour qu'il y ait délit, il faut d'une part, le port d'engins prohibés, et de l'autre, que ces instrumens ne soient pas destinés à la pêche dans des étangs ou réservoirs particuliers. Or, qui est chargé d'administrer la preuve du fait et de l'intention ? C'est un point sur lequel il ne saurait y avoir de dissentiment. Le ministère public qui poursuit est dans l'obligation d'établir le fait, et le fait n'est caractérisé délit qu'autant qu'il y a eu intention de le commettre. Cette double preuve ne peut, dans aucun cas, être à la charge du prévenu. Soutenir le contraire, ce serait attaquer les bases sur lesquelles est assise toute notre législation criminelle. Vous voyez que dans cet état de choses, le maintien de l'article est à peu près inutile. »

M. Thil appuie ces observations.

M. Reboul propose, pour tout concilier, de rendre facultative la disposition obligatoire de l'article, et de substituer aux mots : *seront condamnés*, ceux-ci : *pourront être condamnés.*

M. le rapporteur de la commission répond : « Il s'agit, dit-on, d'une peine préventive ; l'article est contraire au principe ; il serait impossible de prouver l'intention ; donc l'article doit être rejeté. De quoi est-il question ici ? D'engins prohibés, c'est-à-dire d'engins dont il n'est pas permis de faire usage pour la pêche, parce qu'ils tendent à dépeupler les rivières. L'article n'autorise pas les recherches à domicile, ni les inquisitions sur les personnes ; il dit seulement : *ceux qui seront trouvés porteurs d'engins ou instrumens de pêche prohibés.* M. de Chantelauze a confondu ce qui est tentative de délit avec le délit lui-même. Sans doute, lorsque quelqu'un est prévenu d'avoir commis un délit ou un crime, il faut le convaincre et du fait et de l'intention. Quant à la tentative, il suffit de le convaincre d'avoir tenté, autant qu'il était en lui, de commettre le délit. Or, les délits de pêche sont clandestins de leur nature ; ils ne laissent pas de trace après eux. Si vous permettez aux pêcheurs de profession de porter impunément des engins prohibés, même au bord des rivières, il n'y aura pas, ou presque pas, de délit de pêche. Il me reste à prouver que cette disposition nécessairement utile, et dont l'exécution est donnée aux tribunaux, n'est pas contraire au principe. Nous

en avons un exemple dans nos lois : le port d'une arme prohibée est puni, et pourtant il n'y a pas encore de délit commis ;
mais la loi, pour la sûreté de la société, défend l'arme, et celui
qui la porte ne peut pas être considéré comme innocent; de
même la loi qui protège le repeuplement dans les rivières défend les engins prohibés. Celui qui est saisi porteur d'engins
prohibés n'est pas non plus innocent.

« M. Reboul a proposé un amendement auquel j'adhère,
parce qu'il tend à empêcher une répression exagérée. Je me
joins à lui pour l'adoption d'une disposition facultative, afin que
les tribunaux puissent prononcer suivant les circonstances. »

M. le président met aux voix l'amendement de M. Bourgon
qui tend à supprimer le second paragraphe de la commission.

Après une double épreuve qui paraît douteuse, on procède à
l'appel nominal.

Le résultat du scrutin est le rejet de l'amendement, par 151
boules noires contre 119 blanches.

M. *Jacquinot Pampelune* propose de mettre à la place des
mots : *ne pourra excéder :* ceux-ci : *n'excédera pas.*

Cet amendement, qui fait disparaître la répétition du mot
pourra, est adopté.

La chambre rejette la rédaction suivante proposée par *M. Pataille.*

« Les mêmes peines pourront être prononcées contre ceux
qui seront trouvés porteurs ou munis, hors de leur domicile,
d'engins ou instrumens de pêche prohibés, et non destinés à la
pêche dans des étangs ou réservoirs. »

L'article amendé est adopté.

DISCUSSION A LA CHAMBRE DES PAIRS. (1829.)

M. le marquis de Bouthillier, commissaire du roi, dit :
« L'article 29 prononçait une amende de 30 francs à 100 francs,
contre ceux qui seraient trouvés porteurs ou munis, hors de
leur domicile, d'engins ou instrumens de pêche prohibés, à
moins que ces instrumens ne fussent destinés à la pêche des
étangs ou réservoirs ; cette disposition, qui était impérative, a
été changée en une disposition facultative, quant à l'application
de la peine, et l'amende a été réduite à 20 francs. Ces changemens ont été motivés principalement sur la considération qu'il
ne s'agissait que d'une mesure préventive, et que les tentatives
de délits ne doivent être assimilées aux délits eux-mêmes que
dans les cas graves. »

OBSERVATIONS.

L'article 25, titre XXXI, de l'ordonnance de 1669, portait : « Si les officiers des maîtrises trouvent des engins et harnois défendus, ils les feront brûler à l'issue de leur audience, au-devant de la porte de leur auditoire, et condamneront les pêcheurs sur qui ils auront été saisis, aux peines ci-dessus déclarées, sans les pouvoir modérer, à peine de suspension de leurs charges pendant un an. »

On voit combien cette disposition était plus expéditive et plus sévère que celle du nouveau Code.

Art 30.

Quiconque pêchera, colportera ou débitera des poissons qui n'auront point les dimensions déterminées par les ordonnances, sera puni d'une amende de 20 à 50 francs et de la confiscation desdits poissons. Sont néanmoins exceptées de cette disposition les ventes de poisson provenant des étangs ou réservoirs.

Sont considérés comme des étangs ou réservoirs les fossés et canaux appartenant à des particuliers, dès que leurs eaux cessent naturellement de communiquer avec les rivières.

DISCUSSION A LA CHAMBRE DES PAIRS. (1828.)

Cet article correspond à l'article 35 du projet, lequel est rapporté sous l'article 25 de la loi actuelle. La rédaction proposée par la commission et adoptée par la chambre est celle-ci : « Quiconque colportera ou débitera des poissons qui n'auront point les dimensions déterminées par les ordonnances, sera puni d'une amende de 20 à 50 francs et de la confiscation desdits poissons. Sont néanmoins exceptées de cette disposition les ventes d'alevin provenant des étangs ou réservoirs et destiné à l'empoissonnement. »

DISCUSSION À LA CHAMBRE DES DÉPUTÉS.

L'article est reproduit tel qu'il a été rédigé par la chambre des pairs.

M. Mestadier, rapporteur de la commission, dit : « En prohibant avec une sage prévoyance la vente des poissons au-dessous des dimensions déterminées par les ordonnances, l'article 30 excepte seulement les ventes d'alevin provenant des étangs ou réservoirs, et destiné à l'empoissonnement ; en sorte que le propriétaire qui aurait le malheur de trouver en pêchant son étang, comme cela arrive trop souvent, du poisson très-petit, et néanmoins ne convenant pas à l'empoissonnement, ne pourrait en tirer aucun parti sous peine d'amende et de confiscation. Par respect pour le droit de propriété, la commission propose d'excepter généralement le poisson provenant des étangs et réservoirs. »

En conséquence, M. le rapporteur propose, au nom de la commission, de substituer le mot *poisson* au mot *alevin*, et de supprimer les dernières expressions de l'article : *et destiné à l'empoissonnement.*

Ces modifications sont adoptées.

M. Amat remarque que l'article punit les colporteurs et débitans de poissons qui n'auraient pas les dimensions requises, mais qu'il ne parle point de ceux qui les pêchent, lesquels doivent, selon lui, subir la même peine. Il propose, en conséquence, de commencer l'article ainsi : « Quiconque *péchera*, colportera ou débitera, etc. »

Cet amendement est adopté.

M. Fleuriau de Bellevue propose un paragraphe additionnel ainsi conçu : « Sont considérés comme des étangs ou réservoirs les fossés et canaux appartenant à des particuliers, dès que leurs eaux cessent naturellement de communiquer avec les rivières. »

L'honorable membre développe en ces termes son amendement : « Vous venez, Messieurs, de défendre, par l'article 28, l'emploi, dans quelque *canal ou ruisseau que ce soit,* de tout engin de pêche qui sera prohibé par les ordonnances, et vous avez admis dans l'article 29 une exception, à cet égard, qui a été proposée par la chambre des pairs, en faveur des *étangs* et *des réservoirs.* Cette exception, Messieurs, ne saurait être la seule ; il vous sera facile de vous en convaincre, si vous considérez qu'il existe un très-grand nombre de plaines qui sont inondées plus ou moins par le débordement des rivières qui les traversent, et où les riverains sont forcés, pour rendre leurs terres à la culture, de les sillonner plus ou moins par des fossés et des canaux très-multipliés qui, dans certains temps, sont de véritables étangs sans en porter le nom. Pendant plusieurs mois de l'année, les eaux de ces fossés sont communes avec celles de la rivière ; et, dans ce cas, l'on comprend la nécessité de n'y employer que des filets suivant l'ordonnance. Mais quand les eaux de la rivière se sont abaissées pendant l'été, un très-grand nombre de ces fossés qui n'ont pas été fermés par des barrages restent plus ou moins à sec. Il arrive alors que les poissons qui n'ont pas suivi le cours de l'eau se réfugient dans les fonds de caves et dans toutes les parties basses de ces fossés et canaux où ils peuvent exister encore quelques momens ; mais ils périssent infailliblement dans peu de jours, parce que ces flaques d'eau ont si peu de profondeur qu'elles sont bientôt évaporées par les chaleurs de l'été. Dans tous les temps, le propriétaire s'est empressé de prendre ces poissons-là, soit à la main, soit avec des engins prohibés ; l'impossibilité de pouvoir se conformer, à cet égard, aux ordonnances, la nécessité de l'enlever à la hâte, tant pour en profiter que pour éviter l'infection qu'il occasionerait bientôt par sa décomposition, ont maintenu de temps immémorial aux riverains la faculté de prendre ce poisson par tous les moyens qu'ils jugent convenables.

« Il n'en serait plus ainsi, Messieurs, si vous n'adoptiez pas l'amendement que j'ai l'honneur de vous proposer, et si vous ne donniez pas aux propriétaires de ces fossés la même faculté que vous venez d'accorder à ceux qui possèdent des étangs ou des réservoirs. Ce ne serait plus que sous le bon plaisir des garde-pêche que le propriétaire pourrait user d'un droit qui lui est si naturellement acquis ; ces garde-pêche ne manqueraient pas de dire que ces poissons sont nés et se sont développés dans des eaux communes avec celles de la rivière, et qu'ainsi ils ne peuvent être pris qu'avec des filets à l'ordonnance, ou qu'il faut les laisser périr sur place. Peu leur importera la perte qu'en éprouvera le pauvre pêcheur et l'infection du pays ; il faudra qu'ils verbalisent contre celui qui, dans son propre terrain, aura osé prendre à la main des poissons qui allaient périr.

« Messieurs, vous jugerez facilement du désordre qui naîtrait d'une pareille prétention et des voies de fait qui en résulteraient. Eh quoi ! n'est-ce pas déjà une servitude assez pénible pour celui qui a creusé un fossé dans son propre terrain, et qui est forcé de l'entretenir à grands frais, puisque les débordemens de la rivière les comblent fréquemment ; n'est-il pas, dis-je, assez pénible pour lui d'être assujetti à n'y prendre le poisson qu'avec des filets à l'ordonnance, tant que les eaux de ce fossé sont communes avec celles de la rivière ; et faudra-t-il aussi qu'il obtienne d'un garde-pêche la permission de le prendre par d'autres moyens quand cette communication aura cessé ? Chaque flaque d'eau n'est-elle pas alors dans la même catégorie qu'un étang ? Quelle différence

essentielle peut-on établir entre eux? Chaque cavité d'un fossé
n'est-elle pas alors un véritable *réservoir*?

« Témoin tous les ans des prétentions exagérées des fermiers
de la pêche dans une contrée où ces fossés sont extrêmement mul-
tipliés, je dois insister fortement pour que le législateur y mette
un terme. Je citerai particulièrement une plage de onze lieues
carrées, située dans trois départemens, qui est presque inondée
par les débordemens de la Sèvre Niortaise, de la Vendée, de
l'Autise et du Mignon, où le propriétaire est souvent forcé de
sacrifier la moitié de la terre pour élever l'autre au-dessus du
niveau des inondations du printemps, et où des fossés de cinq
à six mètres de largeur, tracés en divers sens, mais qui abou-
tissent à ces rivières, se trouvent si rapprochés les uns des autres,
qu'en les supposant placés bout à bout, ils occuperaient 7 à 800
lieues de longueur. Là, Messieurs, toutes les fois que les eaux
de ces rivières laissent ces fossés à sec, et que le propriétaire
n'enlève pas aussitôt après les poissons qui y restent, de quelque
grandeur qu'ils soient, il en résulte une infection très-dange-
reuse et beaucoup de maladies. Cet exemple n'est pas le seul,
Messieurs; il existe en France tant de fossés dans le même cas,
que leur développement occuperait des milliers de lieues; et
comme la conservation des hommes est bien autrement importante que celle de quelques misérables restes de poissons, c'est
assurément un devoir que de faire, dans de pareilles circonstances, une exception à des mesures générales. Il y a plus encore : en bonne police, bien loin de mettre sous ce rapport des
entraves à la liberté des propriétaires, il devrait leur être expressément ordonné de se hâter d'enlever ces poissons par quelque
moyen que ce soit; et conséquemment il doit leur être permis de
les vendre, quelle que soit leur grandeur, comme ceux qui pro-
viennent des étangs. Enfin, je suis intimement convaincu que si
ces propriétaires sont dépossédés de la faculté que l'usage et la
force des choses ont consacrée à cet égard, il en résultera de si
fréquens désordres, qu'il faudra bientôt revenir à la mesure que
je propose. »

M. de Bouthillier, commissaire du roi: « Nous croyons que
l'article 1er a répondu à la demande faite par le préopinant. Cet
article dit en effet : « Le droit de pêche sera exercé au profit de
l'Etat.... dans les bras, noues, boires et fossés qui tirent leurs
eaux des fleuves et rivières navigables et flottables, dans lesquels
on peut en tout temps passer ou pénétrer librement en bateau de
pêcheur, et dont l'entretien est à la charge de l'Etat. » Il s'ensuit que lorsqu'on ne peut pas y pénétrer en tout temps, le droit
de pêche n'existe pas pour le gouvernement; le propriétaire peut

donc y pêcher. Voilà ce que demande le préopinant. Mais on ne saurait assimiler ces fossés à des réservoirs de manière à pouvoir y pêcher en tout temps, car les fermiers pourraient prétendre que le frai a remonté dans ces endroits, et qu'on le leur a enlevé. »

M. Fleuriau de Bellevue: « M. le commissaire du roi a commis une méprise. L'article que nous discutons touche à la police de la pêche, et n'a par conséquent aucun rapport avec l'art. 1er, Il ne suffit pas que les riverains ou propriétaires des fossés dont je parle puissent y pêcher; je demande pour eux qu'ils puissent y pêcher comme ils l'entendront dans les circonstances que j'ai citées, c'est-à-dire quand, la rivière s'étant retirée, le poisson reste à sec et menace le pays d'infection. Il n'y a plus dans les fossés que quelques flaques d'eau que l'on peut bien considérer alors comme des réservoirs. »

L'addition est adoptée. La chambre adopte ensuite l'article amendé.

DISCUSSION A LA CHAMBRE DES PAIRS. (1829.)

M. le marquis de Bouthillier, commissaire du roi, dit dans l'exposé des motifs : « L'article 30 a subi plusieurs changemens; cet article, en prohibant la vente des poissons au-dessous des dimensions déterminées par les ordonnances, exceptait seulement la vente de l'alevin provenant des étangs ou réservoirs, et destiné à l'empoissonnement; on a pensé que, par respect pour le droit de propriété, on devait excepter généralement le poisson provenant des étangs ou réservoirs.

« Le second changement consiste à avoir ajouté, après le premier mot de l'article, le mot *péchera*; de sorte que la disposition pénale s'appliquera à celui qui pêchera, comme à celui qui colportera ou débitera des poissons qui n'auront pas les dimensions requises; cette addition répare une omission qui avait été faite par suite des changemens opérés sur plusieurs articles du titre IV, dans la session de 1828.

« Enfin, on a ajouté un paragraphe qui a pour objet de faire considérer, comme des étangs ou réservoirs, les fossés et canaux appartenant à des particuliers, dès que les eaux qui s'y répandent dans les inondations, cessent *naturellement* de communiquer avec les rivières. Cette disposition a pour objet de laisser aux propriétaires de ces fossés ou canaux la faculté de se servir des instrumens et procédés de pêche qu'ils jugeront convenables, pour enlever les poissons qui restent dans leurs fossés, après que les eaux se seront retirées au point de n'avoir plus de communication avec la rivière.

« Nous n'avons pas cru devoir nous opposer à ces divers amendemens. »

M. le marquis de Maleville, rapporteur de la commission, dit à son tour : « Par respect pour le droit de propriété, un amendement fait à l'article 30 permet la vente de toute espèce de poisson provenant des étangs et réservoirs, quoique ce poisson n'ait point les dimensions déterminées par les ordonnances, et qu'il ne s'agisse pas de ventes d'alevin destiné à l'empoissonnement. Par respect pour ce droit, un second amendement, introduit dans le même article, a pour objet de faire considérer comme des étangs ou réservoirs, les fossés et canaux appartenant à des particuliers, dès que les eaux qui s'y répandent dans les inondations cessent naturellement de communiquer avec les rivières ; en sorte qu'au moyen de cette disposition, les propriétaires obtiennent la faculté de se servir de tous les instrumens et procédés qu'ils jugent convenables, pour enlever les poissons qui restent dans leurs fossés ou canaux. »

L'article est d'ailleurs adopté sans discussion.

ART. 31.

La même peine sera prononcée contre les pêcheurs qui appâteront leurs hameçons, nasses, filets ou autres engins, avec des poissons des espèces prohibées qui seront désignées par les ordonnances.

DISCUSSION A LA CHAMBRE DES PAIRS. (1828.)

Cet article correspond au troisième paragraphe de l'article 35 du projet. C'est la rédaction proposée par la commission. (*Voy.* la discussion de l'article 25.)

ART. 32.

Les fermiers de la pêche et porteurs de licences, leurs associés, compagnons et gens à gages, ne pourront faire usage d'aucun filet ou engin quelconque, qu'après qu'il aura été plombé ou marqué par les agens de l'administration de la police de la pêche.

La même obligation s'étendra à tous autres pêcheurs compris dans les limites de l'inscription maritime, pour les engins et filets dont ils feront usage dans les cours d'eau désignés par les paragraphes 1er et 2 de l'article 1er de la présente loi.

Les délinquans seront punis d'une amende de 20 francs pour chaque filet ou engin non plombé ou marqué.

DISCUSSION A LA CHAMBRE DES PAIRS. (1828.)

L'article, adopté sans discussion, était le trente-septième du projet primitif. Il se composait seulement du premier et du troisième paragraphe.

DISCUSSION A LA CHAMBRE DES DÉPUTÉS.

L'article est reproduit tel que l'a adopté l'autre chambre.

Dans le dernier paragraphe, le mot *délinquans* est substitué au mot *contrevenans*, par suite de la discussion qui se trouve sous l'article 24.

M. Reboul propose d'ajouter après le premier paragraphe : « La même obligation s'étendra à tous autres pêcheurs compris dans les limites de l'inscription maritime, pour les engins et filets dont ils feront usage dans les cours d'eau désignés dans les paragraphes 1 et 2 de l'article 1er de la présente loi. »

L'orateur justifie son amendement en disant : « On s'est borné, dans l'article qui nous occupe, à imposer aux fermiers porteurs de licences l'obligation de faire marquer ou plomber leurs filets, parce que, dans le projet primitif, il n'y avait que ces individus qui dussent exploiter la pêche. Mais depuis qu'on a étendu la pêche fluviale aux limites de l'inscription maritime, il y a vers l'embouchure des fleuves vingt ou trente lieues où la pêche sera libre comme la pêche maritime. Il me paraît donc qu'il faut étendre à ceux qui pêcheront dans ces parties des fleuves l'obligation de faire marquer ou plomber leurs filets. Cette précaution est véritablement indispensable, car il n'y a déjà que trop de moyens pour éluder la surveillance de l'autorité. Toutefois elle s'applique seulement aux filets dont on fera usage dans les cours d'eau, et la liberté reste entière pour la pêche maritime. »

L'amendement et l'article amendé sont adoptés.

OBSERVATIONS.

La précaution prise par cet article était aussi commandée par l'ordonnance de 1669, titre XXXI, art. 13, qui punissait également d'une amende de 20 livres l'infraction à ses dispositions.

ART. 33.

Les contre-maîtres, les employés du balisage et les mariniers qui fréquentent les fleuves, rivières et canaux navigables ou flottables, ne pourront avoir dans leurs bateaux ou équipages aucun filet ou engin de pêche, même non prohibé, sous peine d'une amende de 50 francs et de la confiscation des filets.

À cet effet, ils seront tenus de souffrir la visite, sur leurs bateaux et équipages, des agens chargés de la police de la pêche, aux lieux où ils aborderont.

La même amende sera prononcée contre ceux qui s'opposeront à cette visite.

DISCUSSION A LA CHAMBRE DES PAIRS. (1828.)

Cet article, adopté sans observations, correspond au 39ᵉ du projet primitif, qu'il reproduit textuellement. Voyez la teneur de ce dernier sous l'article 25.

DISCUSSION A LA CHAMBRE DES DÉPUTÉS.

Dans l'article adopté par l'autre chambre et présenté à celle des députés, le second paragraphe portait : « A cet effet, ils seront tenus de souffrir la visite, sur leurs bateaux et équipages, des agens chargés de la police de la pêche, toutes les fois qu'ils en seront requis. »

M. Mestadier, rapporteur de la commission, dit dans son rapport : « L'article 33 punit avec raison d'une amende de 50 fr. et de la confiscation des filets, les mariniers qui auront dans leur bateau des filets ou engins de pêche; mais il les oblige à souffrir la visite *toutes les fois qu'ils en seront requis*, et cette disposition a paru trop gênante pour la navigation commerciale, trop susceptible d'abus de la part des agens chargés de la police de la pêche : votre commission propose de ne les assujettir à la visite que dans les lieux où ils aborderont. »

En conséquence, il demande, au nom de la commission, que les mots : *toutes les fois qu'ils en seront requis*, soient remplacés par ceux-ci : *aux lieux où ils aborderont*.

M. de Fussy : « Si l'amendement de la commission était accueilli, l'effet que vous attendez de cet article serait complètement annulé. Vous connaissez la navigation des rivières, et vous savez que les marins peuvent aborder ou ne pas aborder comme il leur plaît. Dès-lors vous pouvez être certains que, lorsqu'ils porteront des engins de pêche, ils resteront en pleine eau pour échapper à la surveillance. Cependant, vous connaissez la moralité hasardée de MM. les mariniers, et personne n'ignore qu'ils pêchent sans façon au milieu et au bord des rivières. Je demande que la rédaction du projet soit maintenue. »

M. Thil: « Lorsque la commission a examiné l'article 33 du projet, elle a éprouvé une sorte de répugnance à autoriser les visites qui résultent de cet article. Elle ne s'est pas dissimulé que, si on ne le modifiait pas, les mariniers en général seraient exposés à toutes sortes de vexations. Un garde pourrait arrêter un bateau dans son voyage, le soumettre à des perquisitions fatigantes; et pour peu qu'elles fussent renouvelées, la navigation en ressentirait de grands dommages. Aussi la commission voulait d'abord proposer la suppression totale de l'article. Afin de concilier les divers intérêts, elle s'est arrêtée à l'amendement que vous connaissez : mais si l'on voulait étendre au-delà de ces sages limites la disposition dont il s'agit, je ne crains pas de dire que la commission préférerait la suppression du paragraphe. »

M. Mestadier: « Je viens, comme M. Thil, maintenir l'amendement de la commission. Elle n'a point voulu désarmer l'autorité, mais elle n'a pas voulu que, sous le prétexte de rechercher des délits, on pût exercer des vexations. M. de Fussy s'est trompé, s'il a cru que la visite était le seul moyen de constater les délits. Un garde-pêche voit jeter des filets par un marinier, il dresse procès-verbal... »

M. de Fussy : « Contre qui ? »

M. Mestadier: « La plupart des bateaux sont connus; d'ailleurs on prend des informations : car enfin un bateau aborde quelque part; mais dût un délinquant échapper à la punition, cela vaut beaucoup mieux que de soumettre à la visite des garde-pêche les bateaux chargés de marchandises. »

L'amendement et l'article amendé sont adoptés.

OBSERVATIONS.

La même prohibition résultait de l'art. 15, titre XXXI, de l'ordonnance de 1669, portant : « Faisons inhibitions à tous mariniers, contre-maîtres, gouverneurs et autres compagnons de rivières conduisant leurs nefs, bateaux, besognes, marnois, flettes et nacelles, d'avoir aucuns engins à pêcher, soit de ceux permis ou défendus, tant par les anciennes ordonnances que par ces présentes, à peine de cent livres d'amende et de confiscation des engins. »

Les expressions: *conduisant leurs nefs, bateaux*, etc., avaient donné lieu à des difficultés. On en avait inféré que la prohibition et les pénalités n'étaient applicables qu'au cas où le bateau portant les filets et engins était en mouvement sur la rivière, et non lorsqu'il était amarré. Mais la cour de cassation proscrivit cette doctrine par deux arrêts rendus dans la même affaire, les 26 mars et 29 octobre 1814. L'article 33 du nouveau Code est conçu dans des termes qui ne peuvent plus faire naître de semblables contestations.

ART. 34.

Les fermiers de la pêche et les porteurs de licences, et tous pêcheurs en général, dans les rivières et canaux désignés par les deux premiers paragraphes de l'article 1er de la présente loi, seront tenus d'amener leurs bateaux et de faire l'ouverture de leurs loges et hangars, bannetons, huches et autres réservoirs ou boutiques à poisson, sur leurs cantonnemens, à toute réquisition des agens et préposés de l'administration de la pêche, à l'effet de constater les contraventions qui pourraient être par eux commises aux dispositions de la présente loi.

Ceux qui s'opposeront à la visite ou refuseront l'ouverture de leurs boutiques à poisson, seront, pour ce seul fait, punis d'une amende de 50 francs.

DISCUSSION A LA CHAMBRE DES PAIRS. (1828.)

La chambre adopte sans opposition cet article qui reproduit textuellement le 40e du projet.

DISCUSSION A LA CHAMBRE DES DÉPUTÉS.

L'article adopté par la chambre des pairs et reproduit à la chambre des députés commençait ainsi : « Les fermiers de la pêche et les porteurs de licences, et tous pêcheurs en général, seront parcillement tenus d'amener leurs bateaux, etc. »

M. Mestadier, rapporteur de la commission, dit dans son rapport : « L'article 34 oblige non-seulement les fermiers de la pêche et les porteurs de licences, mais encore *tous pêcheurs en général,* à amener leurs bateaux et à faire l'ouverture de leurs loges et réservoirs à toute réquisition des préposés. Votre commission a considéré cette disposition comme trop offensive pour les propriétaires qui, riverains d'un cours d'eau, ou d'une partie de rivière *non flottable, non navigable,* tiennent du droit de propriété leur droit à la pêche ; elle propose de restreindre l'article aux rivières navigables et flottables. »

L'amendement qui résulte de cette observation consiste à ajouter, après les mots : *tous pêcheurs en général,* ceux-ci : *dans les rivières et canaux désignés par les deux premiers paragraphes de l'article 1ᵉʳ de la présente loi.*

La chambre adopte cet amendement.

Elle prononce la suppression du mot *pareillement,* sur la demande de M. le rapporteur de la commission, qui le regarde comme inutile, les mariniers n'étant pas soumis à la visite.

Elle adopte enfin l'article lui-même ainsi amendé.

OBSERVATIONS.

L'ordonnance de 1669 portait, titre XXXI, article 24 : « Permettons aux maîtres, lieutenans, et nos procureurs, de visiter les rivières, bannetons, boutiques et étuis des pêcheurs ; et s'ils y trouvent du poisson qui ne soit pas des longueur et échantillons ci-dessus prescrits, ils feront procès-verbal de la qualité et quantité qu'ils en auront trouvées, et assigneront les pêcheurs pour répondre du délit, le tout sans frais. »

ART. 35.

Les fermiers et porteurs de licences ne pourront user, sur les fleuves, rivières et canaux navigables, que du chemin de halage ; sur les rivières et cours d'eau flottables, que du marche-pied. Ils traiteront de gré à gré avec les propriétaires riverains, pour l'usage des terrains dont ils auront besoin pour retirer et asséner leurs filets.

DISCUSSION A LA CHAMBRE DES PAIRS. (1828.)

M. le duc de Fitz-James rappelle l'article 36 du projet portant : « Les fermiers et porteurs de licences ne peuvent user, pour l'exercice de la pêche sur les fleuves, rivières et canaux navigables et flottables, que du chemin de halage ou marche-pied ; sauf, en cas de besoin d'un espace plus étendu pour asséner et retirer leurs filets de l'eau, à se procurer auprès des propriétaires riverains, de gré à gré et à leurs frais, la jouissance des terrains dont ils auraient besoin. »

Le noble pair remarque que cette disposition ne se trouve point au nombre de celles que la chambre vient d'adopter, et il demande si l'intention de la commission a été de la supprimer. « Si, ajoute l'orateur, telle avait été la pensée de la commission, il désirerait qu'elle exposât les motifs de ce retranchement. Quant à lui, l'utilité de la disposition le porterait à en demander le rétablissement. »

M. le rapporteur « déclare que l'intention de la commission a été en effet de supprimer l'article 36, non pas que la disposition ne fût juste ; mais parce qu'elle était inutile, les droits des propriétaires riverains ne pouvant en ce point être sujets à contestation, et parce que d'ailleurs ce n'était pas dans une loi sur la police de la pêche que pouvait trouver plus régulièrement place un article uniquement relatif à la propriété des héritages riverains et aux droits qui résultent de cette propriété. »

M. le duc de Fitz-James réplique « que malgré ce qui vient d'être dit sur le droit des riverains, il n'en est pas moins vrai que, dans beaucoup de localités, les concessionnaires de la pêche se croient autorisés, non-seulement à étendre passagèrement leurs filets sur les propriétés particulières au-delà même du chemin de halage et des endroits où il n'en existe pas, mais encore à y former des établissemens où ils séjournent au grand préjudice des propriétaires. L'article 36 remédiant à cet abus, aucune objection n'est faite contre la justice de la disposition qu'il contient : il n'y a donc que de l'avantage à la conserver dans le projet. »

M. le ministre des finances « déclare que s'il a consenti à la suppression de l'article, c'est que la discussion qui a eu lieu à cet égard dans la commission, l'a convaincu qu'il n'était aucunement nécessaire, puisque les fermiers de la pêche ne tenant leur droit que de l'État, ce droit ne pouvait être différent de celui de l'État lui-même, et que celui-ci ne s'étendait en aucune façon sur les propriétés riveraines. Les propriétaires sur les héritages desquels sont commis les abus dont on se plaint, sont donc les maîtres de les faire cesser et d'en poursuivre la réparation contre leurs auteurs. Une disposition nouvelle n'ajouterait rien à ce droit, et il serait à craindre que la confirmation inutile d'un droit certain ne pût donner matière à controverser sur d'autres droits qui n'auraient pas été également rappelés. Au surplus, le gouvernement avait inséré l'article dans le projet; il a consenti à ce qu'il en fût retranché puisqu'on ne le jugeait pas nécessaire. Mais la disposition n'ayant en soi rien que de juste, le ministre ne s'opposerait pas à son rétablissement si la chambre croyait devoir le prononcer. »

M. le comte d'Argout « estime que le rétablissement de l'article serait non-seulement inutile, mais même dangereux; il serait inutile, puisqu'il est évident que le projet n'ayant pas pour objet de rien changer aux droits de la propriété, celle des riverains demeure entière, et rien ne peut les contraindre à supporter les empiétemens que les concessionnaires de la pêche pourraient se permettre. Il serait même dangereux, en ce que l'article accorde aux concessionnaires de la pêche des droits plus étendus que ceux qui leur appartiennent véritablement. Le chemin de halage n'est en effet qu'une servitude qui n'empêche pas les riverains d'être propriétaires du terrain sur lequel ce chemin est établi, d'en payer l'impôt, et d'en user à leur gré en tout ce qui ne gêne pas le passage. Or, toute servitude devant se restreindre rigoureusement à l'objet pour lequel elle est établie, l'on doit reconnaître que les propriétaires auraient le droit de s'opposer à ce que les pêcheurs se servissent du chemin de halage, autrement que pour tirer leurs bateaux ou filets. La disposition qui les autorise à en user pour l'exercice de la pêche sans aucune restriction, leur donnerait donc réellement plus de droits qu'ils n'en ont maintenant. Elle est donc contraire à l'intérêt véritable et légitime des propriétaires, et sa suppression doit être ordonnée sans difficulté. »

La chambre entend plusieurs orateurs, et enfin elle prononce le renvoi à la commission.

M. le marquis de Maleville, rapporteur, rend compte, dans la séance du 5 mai 1828, de l'examen de la commission. Le noble pair « ne reviendra pas sur les diverses considérations qui, de part et d'autre, ont été présentées, soit pour appuyer, soit pour combattre le rétablissement de l'article. La discussion approfondie à laquelle il a donné lieu dans la précédente séance, a suffisamment éclairé la question, et c'est seulement sur la rédaction que quelques observations sont nécessaires pour le cas où la chambre se déciderait à rétablir l'article. L'examen nouveau auquel la commission s'est livrée, l'a convaincue de plus en plus de la vérité du principe, que le chemin de halage n'est qu'une servitude, et que dès lors son usage doit être restreint à l'objet déterminé pour lequel la servitude a été établie, sans qu'elle puisse être aucunement aggravée au préjudice des riverains. Or, la destination première du chemin de halage, étant uniquement le tirage du bateaux dans l'eau, c'est à cela aussi que doivent se restreindre les pêcheurs; mais ils ne peuvent en user pour tirer leurs filets hors de l'eau et les sécher, ce qui entraînerait une aggravation à la servitude; et pour ces opérations ils doivent traiter avec les riverains de la jouissance des terrains dont ils ont besoin. La commission s'est appliquée à distinguer dans la rédaction ces deux opérations bien distinctes, et qui se trouveraient jusqu'à un certain point confondues dans les mots : *user pour l'exercice de la pêche*, dont se servait l'article du projet. Voici au surplus comment serait conçue la rédaction nouvelle : Art. 35. « Les fermiers et porteurs de licences ne pour-« ront user sur les fleuves, rivières et canaux navigables, que du « chemin de halage ; sur les rivières et cours d'eau flottables, « que du marche-pied. Ils traiteront de gré à gré avec les pro-« priétaires riverains, pour l'usage des terrains dont ils auraient « besoin pour retirer et asséner leurs filets. »

M. le comte de Pontécoulant « aurait désiré qu'il fût possible d'exprimer encore d'une manière plus explicite dans cette rédaction, la distinction que le rapporteur a faite dans son exposé, entre le tirage des filets dans l'eau et l'action de les retirer sur la rive et de les asséner. C'est en effet là qu'est toute la difficulté : c'est cette distinction, qui est indispensable pour la garantie des propriétaires, et pour le maintien du principe que la chambre a reconnu dans sa dernière séance, que le chemin de halage n'est qu'une servitude : sous ce rapport, il eût été préférable peut-être que l'article contînt une prohibition formelle ; mais enfin tel qu'il est, et surtout au moyen des explcations qui l'ont accompagné, il paraît suffire pour rassurer les propriétaires; et le noble pair ne s'oppose pas à son admission. »

M. le marquis de Lancosme « estime que la rédaction proposée, loin d'être trop favorable aux pêcheurs, préjudicierait en réalité au droit légitime qu'ils ont de se servir du chemin de halage pour tirer leurs filets hors de l'eau; il demanderait donc que ce droit fût maintenu. »

M. le comte de Peyronnet « observe que la distinction est facile à faire. Le chemin de halage n'étant qu'une servitude et n'entraînant pas le déplacement de la propriété, il est évident qu'on ne peut le détourner de l'usage pour lequel il a été établi : or, cet usage est la libre circulation sur le bord de la rivière pour le service de la navigation. Cette circulation devant être libre pour tous et à tout instant, il est visible que les pêcheurs peuvent user du chemin comme tous les autres, mais en ce qui ne gêne pas la circulation. C'est ainsi qu'il leur est interdit d'asséner leurs filets sur le chemin, parce que la circulation pourrait en être gênée; mais ils peuvent d'ailleurs y faire tout ce qui n'exige qu'un simple passage, tout ce qui ne nuit en rien à la libre circulation. »

M. le marquis de Rougé « insiste sur la nécessité d'étendre un peu plus que ne le fait la rédaction proposée les droits des concessionnaires de la pêche. Sans doute il faut respecter la propriété, mais il ne faut pas non plus rendre la pêche impossible : or, c'est ce qui arriverait si l'on interdisait aux pêcheurs le droit de retirer le filet et de récolter le poisson sur le chemin de halage. Ce n'est en effet le plus souvent que sur ce chemin que cette opération peut être faite. Il faut donc qu'il leur soit permis d'en user pour cet objet, sauf à se pourvoir auprès des propriétaires pour les terrains plus étendus où devra avoir lieu le séchage qui, entraînant d'ailleurs plus de temps, ne peut dans aucun cas avoir lieu sur le chemin. »

M. le marquis de Bouthillier, commissaire du roi, « pense qu'en effet cette distinction est nécessaire. Le chemin de halage est à la vérité une servitude; mais cette servitude est établie aussi bien dans l'intérêt de la pêche que dans celui de la navigation; l'usage en doit donc être laissé au pêcheur pour tout ce qui n'entrave pas la circulation. Ainsi, il faut qu'il puisse s'en servir pour haler son bateau, pour jeter son filet de la rive, pour le tirer dans l'eau, pour le retirer de l'eau, et pour récolter son poisson. Toutes ces opérations ne peuvent avoir lieu que sur le chemin; elles sont indispensables; elles n'apportent aucune entrave à la libre circulation; elles doivent donc être autorisées, et la seule restriction à apporter aux droits des pêcheurs est relative au séchage des filets, qui, exigeant plus de temps et plus de terrain, ne peut avoir lieu sur le chemin. Le commissaire du roi pense donc que l'article pourrait être modifié en ce sens. Il espère que la chambre voudra bien considérer qu'en réservant à l'Etat le droit de pêche, la loi n'a pu lui accorder un droit illusoire, et qu'il le deviendrait, si des restrictions trop nombreuses écartaient les adjudicataires. »

M. le comte de Pontécoulant dit « que l'intérêt principal est ici l'intérêt de la propriété; celui de la pêche, considérée comme produit fiscal, n'est que secondaire. Or, le droit de la propriété ne saurait être contestable; une distinction importante doit toujours être faite entre le lit de la rivière ou du canal navigable et le chemin de halage. Le lit seul appartient à l'Etat en propriété; il n'a qu'un droit de servitude sur le chemin de halage : or, les concessionnaires de la pêche n'étant qu'aux droits du gouvernement, il est évident qu'il ne peut leur en attribuer de plus étendus que ceux qui lui appartiennent. Ils ne peuvent donc prétendre qu'au passage, et à rien autre chose. Ce n'est plus dès lors en leur faveur que la rédaction de la commission pourrait être modifiée ; elle leur accorde tout ce qui peut leur être légitimement accordé ; et si, comme on paraît le croire, elle garantit suffisamment les droits des propriétaires, elle doit être adoptée par la chambre. »

M. le marquis de Lancosme « estime que l'article du projet établissant la même distinction que l'amendement, et ne pouvant dans ses termes préjudicier aux droits véritables des pêcheurs, il serait préférable d'en revenir à la rédaction primitive. »

M. le marquis Forbin des Issarts fait observer « que, dans la dernière séance, il a été généralement reconnu que les termes de la rédaction primitive étaient trop vagues, et que l'autorisation d'user du chemin pour l'exercice de la pêche serait nécessairement interprétée dans le sens du maintien des abus intolérables qui se sont établis. C'est pour remédier efficacement à ces abus que la chambre a voulu qu'il lui fût présenté une rédaction nouvelle. C'est donc l'intérêt de la propriété qui doit dominer dans cette rédaction ; et, sous ce rapport, le noble pair adopte celle qu'a proposée la commission. »

M. le marquis de Rougé « demande qu'au moins, pour ne pas priver les pêcheurs du seul moyen qu'ils aient d'exploiter la pêche qui leur est concédée, on retranche de la dernière partie de la rédaction le mot *retirer*, dont le maintien leur imposerait une condition inexécutable dans la pratique. »

M. le duc de Fitz-James dit « que le droit de retirer les filets sur le chemin de halage ainsi accordé aux pêcheurs d'une manière indéterminée, pourrait paraître les autoriser à réclamer pour cette opération l'usage du chemin dans les dimensions prescrites même dans les lieux où il n'est pas établi de fait, et c'est là surtout ce qu'il faut empêcher ; car s'il est indifférent au propriétaire qu'ils jettent leurs filets et les retirent sur un chemin fréquenté, il serait très-préjudiciable à ses intérêts de les voir s'établir pour cet objet sur des rives où de fait le halage n'a jamais lieu, et qui dès-lors produisent des récoltes qui seraient entièrement perdues si ce droit était accordé. »

M. le vicomte Dubouchage croit « que dans aucun cas les pêcheurs ne pourraient réclamer de droits que sur le chemin de halage existant, et non sur les terrains où il ne serait pas établi ; mais il est évident que sur ce chemin ils peuvent et jeter et retirer leurs filets, car c'est le seul endroit où cette opération puisse avoir lieu. Le noble pair demanderait que leur droit à cet

égard fût consacré d'une manière expresse dans l'article, et pour
y parvenir il proposerait de le rédiger en ces termes : « Les fer-
« miers et porteurs de licences pourront user sur les cours d'eau
« navigables ou flottables du chemin de halage ou du marche-
« pied pour jeter et retirer leurs filets. A l'égard des terrains
« dont ils auraient besoin pour les asséner, ils devront en traiter
« de gré à gré avec les propriétaires riverains. »

M. le marquis Forbin des Issarts dit « que les termes
de cette rédaction auraient pour effet de convertir en quelque
sorte en un droit de propriété la servitude du chemin de halage;
la chambre ne pourrait donc les adopter sans méconnaître le
principe qui depuis deux jours a dominé toute cette discussion.
Le noble pair demande l'ordre du jour sur la rédaction nouvelle. »

L'ordre du jour est mis aux voix et adopté.

M. le marquis de Rougé « insiste pour qu'au moins le mot
retirer soit supprimé dans la dernière partie de la rédaction proposée par la commission, afin qu'il demeure bien entendu que
les pêcheurs ne seront pas privés du droit de retirer leurs filets
sur le chemin de halage, droit qui leur est indispensable puisqu'il est physiquement impossible qu'ils les retirent ailleurs. »

Un des préopinans pense « que cette faculté ne peut faire à
leur égard aucune difficulté, en tant qu'elle se borne à l'action
même de retirer le filet; action instantanée qui ne nuit en rien
à la circulation, ni à la propriété, et qui rentre, à bien dire,
dans l'usage ordinaire du chemin de halage. Mais il y aurait de
l'inconvénient à faire de cette faculté un droit positif duquel on
pourrait ensuite vouloir faire résulter celui d'étendre les filets
ou de stationner sur le chemin, au préjudice des propriétaires.
Le noble pair demande le maintien de la rédaction telle qu'elle
est proposée par la commission. »

La suppression du mot *retirer* est mise aux voix et rejetée.

La chambre adopte ensuite la rédaction proposée par la commission.

DISCUSSION A LA CHAMBRE DES DÉPUTÉS.

M. Mestadier, rapporteur de la commission; dit, sur cet
article, d'ailleurs adopté sans discussion : « L'article 35 oblige
avec justice les fermiers et porteurs de licence à traiter de gré à
gré avec les propriétaires riverains pour l'usage des terrains dont
ils auront besoin pour retirer et asséner leurs filets. Le riverain
d'un cours d'eau déclaré flottable ne doit que le marche-pied;
et nul ne peut disposer de sa propriété sans son consentement,

sauf le cas d'expropriation pour cause d'utilité publique, exception qui ne peut pas s'étendre à l'exercice de la pêche par un
fermier ou porteur de licence. »

TITRE V.

Des poursuites en réparation de délits.

DISCUSSION A LA CHAMBRE DES PAIRS. (1828.)

M. le marquis de Maleville, rapporteur de la commission ,
s'exprime ainsi dans son rapport : « Le titre V se divise en deux
sections : la première, relative aux poursuites exercées au nom
de l'administration ; la seconde, ayant pour objet celles qui sont
exercées au nom et dans l'intérêt privé des fermiers de la pêche
et des particuliers. Cette division , admise par le Code forestier,
est fondée sur la nature des choses. Le gouvernement exerce la
surveillance et la police de la pêche dans l'intérêt général. Si
donc il s'agit de délits ou de contraventions qui portent atteinte
à l'intérêt général, s'il s'agit d'infractions aux règles prescrites
par le titre IV pour empêcher le dépeuplement des rivières et
cours d'eau, la constatation doit en être faite par les agens spéciaux de l'administration et par les officiers de police judiciaire :
les poursuites doivent être exercées par ces agens spéciaux, concurremment avec les officiers du ministère public. Il n'en est pas
de même des autres délits ou contraventions qui ne portent préjudice qu'aux fermiers de la pêche, aux porteurs de licences et
aux propriétaires. La réparation de ces sortes de délits ou contraventions ne doit être poursuivie qu'au nom des parties lésées :
c'est à leurs gardes particuliers qu'est imposée l'obligation de
les constater ; cette constatation n'est que facultative de la part
de ceux de l'administration, et le ministère public ne doit figurer dans les procès qui en sont la suite que comme partie jointe,
pour requérir, s'il y a lieu, l'application des peines. »

SECTION Ire.

Des Poursuites exercées au nom de l'Administration.

ART. 36.

Le gouvernement exerce la surveillance et la police de la pêche dans l'intérêt général.

En conséquence, les agens spéciaux par lui institués à cet effet, ainsi que les gardes champêtres, éclusiers des canaux et autres officiers de police judiciaire, sont tenus de constater les délits qui sont spécifiés au titre IV de la présente loi, en quelques lieux qu'ils soient commis; et lesdits agens spéciaux exerceront, conjointement avec les officiers du ministère public, toutes les poursuites et actions en réparation de ces délits.

Les mêmes agens et gardes de l'administration, les gardes champêtres, les éclusiers, les officiers de police judiciaire, pourront constater également le délit spécifié en l'article 5, et ils transmettront leurs procès-verbaux au procureur du roi.

DISCUSSION A LA CHAMBRE DES PAIRS. (1828.)

Cet article était ainsi conçu dans le projet, dont il formait le 41e : « Le gouvernement exerce la surveillance et la police de la pêche dans l'intérêt général.

« En conséquence, les agens spéciaux par lui institués à cet effet, ainsi que les gardes champêtres, éclusiers des canaux et autres officiers de police judiciaire, sont tenus de constater les délits et contraventions qui sont spécifiés à l'article 5 et au titre IV de la présente loi, en quelque lieu qu'ils soient commis; et lesdits agens spéciaux exerceront, conjointement avec les officiers du ministère public, toutes poursuites et actions en réparation de ces délits et contraventions. »

M. le marquis de Maleville, rapporteur de la commission, dit dans son rapport : « D'après cette distinction (*celle qui divise le présent titre en deux sections*), l'art. 41 range mal à propos dans la catégorie des délits et contraventions qui doivent être

constatés et poursuivis au nom de l'administration, le fait spécifié en l'article 5, c'est-à-dire le délit commis par les individus
qui se livrent à la pêche sans la permission de celui à qui le
droit de pêche appartient; car ce délit ne nuit point directement
à l'intérêt général; il n'est point du nombre de ceux qui contribuent nécessairement au dépeuplement des rivières. Cette
atteinte portée à la propriété privée peut bien être constatée par
les agens de l'administration; il est même utile qu'elle le soit
quand cela est possible; mais les poursuites ne doivent avoir
lieu qu'au nom des parties intéressées. Nous proposons de rec-
tifier en ce sens l'article 41. »

Cette rectification consiste dans le retranchement, au second
paragraphe de l'article, des mots *à l'article 5 et*, ainsi que
dans l'addition d'un troisième paragraphe portant : « Les mêmes
agens et gardes de l'administration, les gardes champêtrés, les
éclusiers, les officiers de police judiciaire, pourront constater
également le délit spécifié en l'article 5, et ils remettront leurs
procès-verbaux aux parties intéressées. »

M. le baron Mounier regarde comme au moins inutile le
principe posé en tête de l'article. Il trouve que la rédaction
proposée a d'ailleurs l'inconvénient de donner à entendre qu'il
pourrait y avoir des droits qui ne seraient pas exercés par le
gouvernement dans l'intérêt général. Il demande donc la suppression du premier alinéa de l'article, qui alors commencerait
par ces mots : *Les agens spéciaux institués par le gouvernement pour la police de la pêche, ainsi que les gardes champêtres,* etc.

M. le ministre des finances « déclare qu'il ne peut comprendre
sous quel rapport l'énonciation d'un principe aussi évident pourrait être contestée. Il n'est pas d'ailleurs sans utilité de faire dire
à la loi que le gouvernement exerce la surveillance de la pêche
dans l'intérêt général; car les riverains doivent être avertis que
s'ils peuvent user de la pêche, il est néanmoins une surveillance
de police qui appartient à l'autorité pour empêcher, dans l'intérêt de tous, l'abus que chacun pourrait faire de son droit. »

L'amendement est rejeté.

M. le marquis de Maleville obtient la parole pour justifier les
modifications proposées par la commission, et consenties au
nom du roi par M. le ministre des finances. Sa Seigneurie s'exprime en ces termes : « La rédaction originaire de l'article aurait pour effet d'imposer aux agens de l'administration le devoir de constater les délits prévus par l'article 5 du projet de
loi, c'est-à-dire les usurpations du droit de pêche commises,
soit au préjudice de l'Etat, soit au préjudice des particuliers.

en même temps que les délits spécifiés au titre IV, et qui sont relatifs à la police générale de la pêche : or, il est une distinction à faire entre ces deux cas : si le délit constitue une infraction au titre IV, il doit donner lieu à des poursuites exercées par le ministère public dans l'intérêt général, tandis que le délit prévu par l'art. 5 ne peut donner naissance qu'à une action au nom du propriétaire lésé, qui est libre de poursuivre ou non le délinquant devant les tribunaux. C'est donc à tort que le projet a confondu dans cet article ces deux sortes de contraventions. Une telle confusion serait même contraire au système entier du projet, car le titre V se trouve divisé en deux sections, dont la première traite des poursuites exercées au nom de l'administration; la seconde, des poursuites exercées au nom des particuliers, et si l'on comprenait dans la première le délit prévu par l'art. 5, le rapporteur ne voit pas à quels autres faits les dispositions de la seconde section pourraient être applicables. La commission n'a pas cru cependant devoir exclure de l'article 41 toute mention de l'article 5, mais elle a rédigé un paragraphe additionnel qui, sans faire aux agens de l'administration un devoir de constater les contraventions prévues par l'article 5, leur en laisse néanmoins le droit à titre de simple faculté. Quant à ce qui concerne la suite à donner aux procès-verbaux qui seraient rédigés dans ce cas, l'amendement porte qu'ils seront remis par les agens de l'administration *aux parties intéressées*, en sorte que le ministère public ne serait pas mis à portée de poursuivre. Il s'est élevé à cet égard un scrupule dans quelques esprits en relisant l'article 75 (*devenu d'abord le 70e et ensuite supprimé*) du projet, qui porte que les procès-verbaux dressés par les gardes des particuliers, seront remis au procureur du roi ou au juge de paix, suivant leur compétence respective. Ne doit-on pas en effet conclure de cette disposition que le projet reconnaît au ministère public le droit de poursuite, même lorsque le délit est commis envers un particulier? et ne conviendrait-il pas, pour mettre cet article d'accord avec celui que l'on discute en ce moment, d'enjoindre aux agens de l'administration d'adresser aussi, dans tous les cas, leurs procès-verbaux aux procureurs du roi? La chambre prononcera sur le mérite de cette observation; mais dans l'opinion du noble pair, l'addition qui pourrait être faite en ce sens à l'article 41, serait contraire à la jurisprudence de la cour de cassation, qui refuse au ministère public le droit de poursuite en ce qui ne touche qu'à l'intérêt privé. »

M. le comte de Peyronnet combat l'amendement proposé par la commission. Cet amendement lui paraît contenir une innovation aux principes fondamentaux de notre législation criminelle. Quelle est, en effet, la peine prononcée par l'article 5 contre les usurpations du droit de pêche? L'article ne distingue point entre celles qui sont commises au préjudice de l'État et celles qui sont commises au préjudice des particuliers. Il prononce contre tous les contrevenans une amende de 20 à 100 francs. Or, aux termes du Code criminel, toute amende qui s'élève au-delà de 15 francs donne au fait qu'elle réprime le caractère d'un délit correctionnel, et aux termes du même Code, tout délit donne naissance à l'action publique qui appartient essentiellement au procureur du roi. L'article 4 déclare formellement que la renonciation à l'action civile ne peut pas arrêter ni suspendre l'exercice de l'action publique. L'application de ce principe aux délits de pêche ne peut être combattue que par deux considérations, la jurisprudence de la cour de cassation, et la crainte d'entraîner l'État dans des frais frustratoires. L'opinant croit pouvoir assurer que la jurisprudence de la cour de cassation n'est pas telle qu'on le suppose. La question qui s'est agitée devant cette cour n'était pas celle de savoir si le ministère public avait le droit de poursuite dans le cas où le délit concernait l'intérêt privé, mais s'il y avait pour lui dans ce cas obligation de poursuivre. Il a été décidé que cette obligation n'existait pas : mais la chambre sentira aisément combien il y a loin de là à ôter au ministère public le droit qui lui appartient de la répression de tout délit. Il peut arriver en effet qu'un délit soit de telle nature que s'il se renouvelle rarement il n'apporte aucun trouble à l'ordre public, et que cependant la fréquence du même délit présente un caractère de gravité qui nécessite l'exercice de l'action publique. Il ne saurait en résulter pour l'État de frais frustratoires, car le ministère public n'usera de son droit que dans les cas graves et à de longs intervalles : la crainte de s'exposer à ses poursuites suffira la plupart du temps pour prévenir les délits. Telle est la règle qu'ont toujours suivie dans l'exercice de ce pouvoir délicat les officiers du ministère public, et que l'on trouve écrite dans les instructions ministérielles qui leur ont été adressées à diverses époques. Le danger que l'amendement de la commission est destiné à prévenir n'existe donc pas. L'opinant en vote le rejet. »

M. le rapporteur de la commission dit « que si la rédaction du projet était maintenue, les agens de l'administration n'auraient pas seulement le droit de rédiger des procès-verbaux constatant les contraventions à l'article 5, mais seraient tenus de rédiger ces procès-verbaux dans tous les cas, ce qui serait contraire aux principes qui viennent d'être exposés par le préopinant. Le rapporteur persiste à croire que la jurisprudence de la cour de cassation, et notamment l'arrêt de cette cour du 5 février 1807, tendent à exclure entièrement l'intervention du ministère public dans les délits qui ne concernent que les intérêts des particuliers. C'est dans ce sens que l'amendement de la commission avait été rédigé ; mais si la chambre juge à propos de consacrer par une disposition formelle le droit du ministère public, on peut se borner à ajouter à ces mots du paragraphe additionnel : *ils transmettront leurs procès-verbaux aux parties intéressées,* ceux-ci : *et du procureur du roi.* »

Plusieurs pairs demandent que l'article soit renvoyé à la commission pour en présenter une rédaction définitive.

Le renvoi est mis aux voix et prononcé.

La commission persiste dans la rédaction présentée par son rapporteur, sauf à remplacer ces derniers mots de l'article : *aux parties intéressées*, par ceux-ci : *au procureur du roi*, afin de mettre la disposition en harmonie avec l'article 75 du projet (devenu d'abord le 70ᵉ et ensuite supprimé par la chambre des députés).

L'article est adopté avec ce seul changement.

DISCUSSION A LA CHAMBRE DES DÉPUTÉS.

La chambre adopte l'article voté par la chambre des Pairs, en retranchant, par suite de la discussion rapportée sous l'article 24, les mots *et contraventions*, qui s'y trouvaient répétés deux fois.

OBSERVATIONS.

Les officiers de police judiciaire sont, aux termes de l'article 9 du Code d'instruction criminelle, les gardes champêtres, les gardes forestiers, les commissaires de police, les maires et leurs adjoints, les procureurs du roi et leurs substituts, les juges de paix, les officiers de gendarmerie, les commissaires généraux de police et les juges d'instruction. Ils recherchent les délits et contraventions, en rassemblent les preuves, et en livrent les auteurs aux tribunaux. Ils exercent ces fonctions selon les distinctions établies par les articles 11 et suivans du même Code.

ART. 37.

Les garde-pêche nommés par l'administration sont assimilés aux gardes forestiers royaux.

L'article du projet porte : « Les garde-pêche nommés par l'administration sont assimilés, sous tous les rapports, aux gardes forestiers royaux. »

M. Voyer d'Argenson propose une disposition additionnelle portant : « Toutefois leurs procès-verbaux ou rapports ne vaudront en justice que comme dénonciation. »

L'honorable membre dit : « Messieurs, discutant sur l'article 29, votre équité vous a portés à chercher des adoucissemens au deuxième paragraphe de l'amendement de la commission. On vous disait : ce sera donc au prévenu à faire la preuve de son innocence, c'est lui qui aura la charge de démontrer que les instrumens prohibés, dont il aurait été trouvé porteur, étaient destinés à la pêche dans des étangs ou réservoirs. Frappés de cette observation, vous eussiez en effet supprimé ce paragraphe, si un autre orateur ne vous avait donné l'espoir que ce serait au ministère public à faire la preuve de l'intention. Et cependant, Messieurs, 119 d'entre vous ont, à l'appel nominal, persisté dans la résolution de repousser de la loi l'injuste principe qui présume le délit et exige que le prévenu administre la preuve contraire. Eh bien, Messieurs, c'est cependant ce principe qui a dicté l'article 154 du Code d'instruction criminelle. C'est celui que vous allez consacrer de nouveau par l'article actuellement en discussion, si vous n'adoptez pas l'amendement que j'ai l'honneur de vous proposer. Je l'appuie, cet amendement, de l'autorité d'un arrêt de la cour de cassation, du 24 mai 1821, relatif aux procès-verbaux et rapports dressés par les gendarmes. Ces procès-verbaux, dit l'arrêt, *ne font pas foi* en justice, mais ils valent comme dénonciation et peuvent être suppléés par l'instruction à l'audience ou appuyés de la preuve testimoniale. »

M. le baron Favard de Langlade, commissaire du roi, répond que ce n'est pas le lieu de discuter l'amendement proposé, qu'il faut attendre la délibération sur l'article 53.

M. Pardessus. « La chambre est maîtresse de prendre le parti qu'elle voudra, et pour mon compte je déclare d'avance que j'ai demandé la parole contre l'amendement ; mais je soutiens que si nous commencions par adopter l'article tel qu'il est rédigé, on viendrait ensuite nous dire : tout est jugé ; il est décidé que les garde-pêche sont assimilés, sous tous les rapports, aux gardes forestiers ; donc leurs procès-verbaux doivent faire foi en justice..... Je passe à l'examen de l'amendement. Messieurs, je partage en grande partie les sages observations de

M. d'Argenson : je crois, comme lui, qu'il n'y a rien de plus mauvais que le système des preuves légales : je crois qu'on a fort bien fait d'établir en principe que deux témoins affirmant un fait, n'obligeraient point les juges ou le jury à prononcer la condamnation ; comme aussi que cette condamnation peut résulter de simples indices. Mais l'assemblée constituante, qu'on vient de présenter comme un modèle de philosophie, et j'avoue qu'il y eut beaucoup de philosophie en matière de législation, reconnut qu'il y avait des matières où il serait imprudent de désarmer la société de la preuve qui résulte du procès-verbal. Non, les juges ne seront point obligés de condamner parce qu'il y aura un procès-verbal ; on a la ressource de l'inscription en faux. Lisez la loi sur les douanes, rendue par l'assemblée constituante, et vous verrez que les procès-verbaux y font foi ; lisez la loi sur les délits forestiers, dont nous avons copié l'année dernière les principaux articles, vous verrez qu'elle exige qu'un procès-verbal, pour faire foi en justice, soit rédigé par deux gardes ; il y a là une plus ample garantie. Eh bien ! cette garantie que vous avez adoptée pour les délits forestiers vous est également proposée pour les délits de pêche. Remarquez qu'il s'agit ici de délits commis dans des circonstances où il est impossible la plupart du temps de trouver des témoins. Ainsi, sans combattre les principes généraux, je crois que nous ne pouvons pas écarter de la loi sur la pêche ce qui a été fait pour les douanes et pour les forêts ; il y a même raison d'adopter les mêmes mesures, parce qu'il y a même besoin pour la société. »

M. Mestadier : « La loi pourrait être fort bonne sans l'article 37 ; cependant on ne peut pas prévoir toutes les conséquences qu'entraînerait cette suppression ; et comme du reste l'article n'a d'autre objet que de donner aux garde-pêche la même fonction qu'aux gardes forestiers, je crois qu'il faut le maintenir. »

M. Guilhem : « Supprimez : *sous tous les rapports.* »

M. Mestadier : « J'appuie volontiers cet amendement. L'article ne serait plus alors qu'un principe d'où découlent les conséquences dans les articles suivans. »

La suppression proposée par M. Guilhem est adoptée.

M. Voyer d'Argenson déclare qu'il consent à renvoyer la discussion de son amendement à celle de l'article 53.

L'article 37, amendé par M. Guilhem, est adopté.

OBSERVATIONS.

Il résulte de l'assimilation prononcée par cet article, malgré la suppression des mots : *sous tous les rapports,* que les gardes de l'administration chargée de la police de la pêche, sont agens du gouvernement ; que par conséquent ils ne peuvent être mis en jugement pour faits relatifs à leurs fonctions, qu'en vertu d'une autorisation émanée de l'autorité supérieure ; que leurs procès-verbaux font foi jusqu'à inscription de faux, conformément aux articles 176 et 177 du Code forestier.

ART. 38.

Ils recherchent et constatent, par procès-verbaux, les délits dans l'arrondissement du tribunal près duquel ils sont assermentés.

OBSERVATIONS.

Cet article est tiré de l'article 160 du Code forestier.

ART. 39.

Ils sont autorisés à saisir les filets et autres instrumens de pêche prohibés, ainsi que le poisson pêché en délit.

OBSERVATIONS.

Cette disposition est moins étendue que le premier paragraphe de l'article 161 du Code forestier, dont elle est tirée, et qui porte : « Les gardes sont autorisés à saisir les bestiaux trouvés en délit, et les instrumens, voitures et attelages des délinquans, et à les mettre en séquestre. Ils suivront les objets enlevés par les délinquans jusque dans les lieux où ils auront été transportés, et les mettront également en séquestre. » Voyez au surplus l'article suivant, et la discussion à laquelle il a donné lieu.

ART. 40.

Les garde-pêche ne pourront, sous aucun prétexte, s'introduire dans les maisons et enclos y attenant pour la recherche des filets prohibés.

DISCUSSION A LA CHAMBRE DES PAIRS. (1828.)

Cet article formait le 45e du projet, et il était ainsi conçu :

« Les garde-pêche ne pourront, sous aucun prétexte, s'introduire dans les maisons et habitations closes, pour la recherche
des filets prohibés. »

M. le comte Ch. de Vogué propose d'ajouter : « Il leur est
« également interdit de pénétrer dans des enclos qui seraient tra-
« versés par des cours d'eau non navigables, à moins d'y être
« autorisés par ordonnance du tribunal duement signifiée aux
« propriétaires. »

M. le comte de Tocqueville dit « que si chacun est libre de
faire de sa propriété tel usage que bon lui semble, c'est toujours
sous la réserve que cet usage ne nuira point à des tiers. Or, telle
est la nature de la pêche qu'on ne peut s'y livrer d'une manière
indue sans priver les propriétaires inférieurs de l'exercice du
droit dont on abuse. La surveillance de l'administration doit
donc s'étendre partout, et les propriétaires d'enclos ne peuvent,
sans blesser des droits égaux, prétendre sous ce rapport à aucun
privilège. »

M. le marquis de Rougé voudrait qu'on retranchât de l'a-
mendement, comme trop solennelle, la disposition qui tend à
exiger l'intervention du tribunal. On pourrait se borner, suivant
lui, à exiger que l'agent qui pénétrerait dans un enclos, se fît
accompagner du maire de la commune ou de son adjoint, et à
sous-amender en ce sens la proposition originaire.

M. le commissaire du roi, directeur-général des forêts, fait
observer « qu'en ce qui concerne le respect dû au domicile, la
disposition du projet va même au-delà de l'amendement, puisqu'elle interdit aux garde-pêche l'entrée de toute habitation,
quand même il se ferait accompagner d'une autorité quelconque.
On n'a pas voulu que le possesseur d'un filet prohibé qui n'en
ferait aucun usage pût être inquiété pour le fait seul de cette
possession. Mais s'il vient à exercer dans un cours d'eau un mode
de pêche défendu devra-t-il jouir de l'impunité, parce que le
délit aura été commis dans l'enceinte d'une clôture ? On craint de
donner accès aux surveillans de la pêche dans les propriétés particulières ; mais les agens des ponts-et-chaussées n'y pénétreront-
ils pas toujours pour rechercher s'il ne s'y fait rien de contraire à
l'intérêt des usines et de l'industrie ? et le droit de surveillance
a-t-il jamais donné lieu à aucun abus ? Les formalités qui seraient imposées à l'administration ne pourraient qu'entraver son
action sans présenter aucune garantie réelle pour les propriétaires. Le commissaire du roi conclut au rejet de l'amendement
proposé. »

M. le rapporteur de la commission estime que si la chambre
jugeait convenable d'apporter quelque changement à la rédac-

tion de l'article 45 du projet, ce changement ne pourrait consister qu'à reproduire les termes exprès de l'article 161 du Code
forestier, sur lequel sa disposition a été calquée. Ce dernier article est ainsi conçu : « Les gardes ne pourront néanmoins s'in-
« troduire dans les maisons, bâtimens, cours adjacentes et en-
« clos, si ce n'est en présence, soit du juge de paix ou de son
« suppléant, soit du maire du lieu ou de son adjoint, soit du
« commissaire de police. »

M. le comte de Sesmaisons, *M. le comte de Tournon et
M. le duc Decazes*, appuient la substitution de cette disposition
à celle du projet. Ils pensent que l'on ne manquerait pas de
tirer avantage de la restriction apportée dans les termes du projet
de loi sur la pêche, pour prétendre que les enclos se trouvent
formellement exclus en cette matière de la garantie qui leur est
accordée par le Code forestier.

M. le directeur-général des forêts « déclare que telle a été
en effet l'intention des rédacteurs du projet. Ils ont reconnu que
si l'administration n'avait aucun droit de surveillance à exercer
dans l'intérêt général sur les bois plantés dans l'intérieur d'un
parc, il n'en était pas de même des cours d'eau qui peuvent le
traverser. La conservation des droits de tous exige qu'on réprime
les délits qui pourraient être commis en lieu clos comme partout
ailleurs. »

M. le vicomte Lainé fait remarquer « que les clos attenans
à l'habitation peuvent être considérés en quelque sorte comme
faisant partie du domicile lui-même. Ce n'est pas un privilège
qu'il réclame en faveur du riche : il a surtout en vue de mettre
le pauvre et sa cabane à l'abri de perquisitions indiscrètes. L'exception ne sera pas seulement applicable au parc du château, elle
aura également un effet protecteur pour le modeste enclos de la
chaumière ; et sous ce rapport la chambre ne peut refuser de
l'examiner avec intérêt. L'opinant demande qu'après ces mots de
l'article 45 : *dans les maisons et habitations*, on ajoute ceux-ci :
et dans les enclos y attenant. »

M. le directeur-général des forêts « craint que le préopinant ne se soit mépris sur l'effet de l'amendement qu'il propose.
Il ne s'agit ici que des perquisitions qui auraient pour but la
découverte des filets prohibés. Pour tous les autres cas, le projet
laisse les choses dans le droit commun. Cette distinction paraît
nécessaire à établir. »

M. le comte Belliard demande que l'article soit renvoyé à la
commission pour en présenter une rédaction définitive.

Ce renvoi est prononcé par la chambre.

M. le marquis de Maleville, rapporteur de la commission,

rend compte de l'examen auquel la commission s'est livrée par suite de ce renvoi; il s'exprime en ces termes: « Plusieurs orateurs avaient proposé d'ajouter à cet article une disposition qui prohibât d'une manière générale l'entrée des garde-pêche dans les parcs et enclos, à moins qu'ils ne fussent accompagnés d'un officier public ou qu'ils n'eussent obtenu l'autorisation du tribunal. La commission a dû examiner cette proposition, mais elle s'est bientôt convaincue qu'elle n'était point admissible. Il ne faut pas oublier, en effet, que l'article 45 ne s'applique qu'à la recherche de filets prohibés. C'est pour ce cas qu'il interdit d'une manière absolue l'entrée dans les habitations ; et l'on conçoit, en effet, qu'une pareille recherche serait vexatoire, la possession des engins prohibés ne pouvant par elle-même constituer un délit : mais quant aux autres contraventions auxquelles la pêche peut donner lieu, leur constatation rentre dans les termes généraux du droit. Les garde-pêche sont constitués à cet égard officiers de police judiciaire : ils sont assimilés aux gardes champêtres, et si l'on se reporte à l'article 16 du Code d'instruction criminelle, on verra que dans aucun cas les gardes champêtres ne peuvent s'introduire dans les propriétés closes, qu'en présence soit du juge de paix ou de son suppléant, soit du commissaire de police, soit du maire ou de son adjoint. Les garanties que l'on réclame existent donc déjà, et il n'y a lieu de rien ajouter à cet égard à une législation que le projet laisse subsister tout entière. La commission croit donc devoir maintenir en ce point la rédaction du projet. Mais il a été observé que sous le rapport spécial de la recherche des engins prohibés, les enclos devaient être assimilés en tout aux habitations qu'ils entourent : et, en effet, il est de principe qu'ils font partie intégrante du domicile; ils doivent donc être inviolables comme la maison elle-même. La commission propose donc de comprendre les enclos dans la disposition de l'article, qui dès-lors se trouverait ainsi rédigé : « Les garde-pêche ne pourront, sous aucun prétexte, s'intro- « duire dans les maisons et enclos y attenant pour la recherche « des filets prohibés. »

M. le ministre des finances déclarant consentir la rédaction nouvelle, et aucun pair ne demandant à la combattre, elle est mise aux voix et adoptée.

M. le duc de La Trémouille obtient la parole pour une disposition additionnelle qu'il croirait pouvoir se rattacher à l'article qui vient d'être adopté. L'orateur dit: « Il a été reconnu, dans le cours de la discussion, que le projet de loi s'appliquait exclusivement à la police de la pêche, et ne touchait en rien aux droits de la propriété. Quelques dispositions cependant y

ont été insérées pour la garantie de ces droits, et de ce nombre
est l'article 40, qui a pour objet d'affranchir les propriétés closes
d'une recherche inutile et vexatoire. Mais il est un autre point
bien autrement important, et sur lequel une disposition expresse
paraît nécessaire. Le projet déclare bien que l'État exerce le
droit de surveillance dans l'intérêt général, sur tous les cours
d'eau ; il prononce des peines pour toutes les contraventions qui
peuvent être commises sur tous les cours d'eau ; mais il n'explique pas d'une manière complète ce qu'on doit entendre par
cette expression, et c'est une explication précise sur ce point
que le noble pair croit devoir solliciter. On comprend qu'une
rivière, quelque petite qu'elle soit, puisse être soumise aux
règles qu'établit le projet de loi, qu'il soit interdit d'y établir
aucun barrage ou d'y employer pour la pêche des procédés qui
tendent à détruire le poisson ; mais peut-on assujettir aux mêmes
conditions un cours d'eau qui prendrait sa source dans la propriété même ? le propriétaire ne conserverait-il pas le droit d'en
user à son gré, d'en retenir les eaux pour l'embellissement ou
l'avantage de sa propriété, de les convertir en étang, et d'y pêcher le poisson ainsi qu'il le jugerait convenable ? c'est un point
qui ne saurait rester douteux. Le noble pair sait bien que la
difficulté paraît être tranchée par l'article 641 du Code civil, qui
donne au propriétaire de la source le droit d'en user à sa volonté.
Mais les dispositions du projet de loi étant générales, ne serait-il
pas à craindre qu'on ne vînt à penser qu'elles auraient dérogé
en ce point au Code. C'est pour éviter toute incertitude à cet
égard, que le noble pair proposerait d'insérer dans le projet une
disposition additionnelle ainsi conçue : « Il reste bien entendu,
« qu'une source née ou découverte dans une propriété, même
« ayant, par suite de travaux, pu produire des pièces d'eau
« courante, ne peut, dans aucun cas, être mise dans la classe
« des cours d'eau, ni les digues et écluses, avec les barrages
« prohibés, et que par conséquent les propriétaires d'eaux de
« cette nature ne se trouvent point sujets à la surveillance des
« agens du gouvernement pour la pêche. »

M. le ministre des finances fait observer « que le Code règle,
à cet égard, les droits du propriétaire d'une manière aussi satis-
faisante que pourrait le faire la disposition proposée. Cette disposition est donc inutile, mais elle aurait de plus l'inconvénient
de faire disparate, dans un projet de loi qui ne s'occupe que de la
pêche, et qui n'innove en rien aux lois sur la propriété. On craint
que les prohibitions du projet ne s'étendent à des eaux de cette
nature ; mais il est évident qu'elles y sont inapplicables ; elles
reposent toutes en effet sur ce principe : que le riverain ne peut

nuire, par l'usage qu'il fait de la pêche ou des eaux elles-mêmes, aux droits des propriétaires supérieurs et inférieurs. Mais ici il n'y a pas de propriétaires supérieurs, puisque la source se trouve dans la propriété même ; et, quant au propriétaire inférieur, son droit se borne à recevoir les eaux à leur sortie, mais sans pouvoir s'immiscer en rien dans l'usage que peut en faire le propriétaire de la source, sous quelque rapport que ce soit. Aucune disposition nouvelle n'est donc nécessaire, et les dispositions du projet ne peuvent porter aucune atteinte au droit de propriété, tel qu'il est réglé par le Code. »

L'auteur de la proposition déclare que les explications qui viennent d'être données lui paraissent suffisantes pour garantir tous les droits ; il retire en conséquence sa proposition.

Art. 41.

Les filets et engins de pêche qui auront été saisis comme prohibés, ne pourront, dans aucuns cas, être remis sous caution. Ils seront déposés au greffe, et y demeureront jusqu'après le jugement, pour être ensuite détruits.

Les filets non prohibés, dont la confiscation aurait été prononcée en exécution de l'article 5, seront vendus au profit du Trésor.

En cas de refus, de la part des délinquans, de remettre immédiatement le filet déclaré prohibé, après la sommation du garde-pêche, ils seront condamnés à une amende de 5o francs.

DISCUSSION A LA CHAMBRE DES DÉPUTÉS.

L'article du projet différait de celui-ci par le second paragraphe qui portait : « Les filets non prohibés qui auront été saisis comme ayant été employés la nuit, seront vendus au profit du trésor. »

M. Pataille, trouve cette rédaction vicieuse. « Il paraît, dit-il, que les filets non prohibés qui auraient été saisis comme ayant été employés la nuit, seront vendus au profit du trésor. Je crois qu'il y a ici abus de la peine de confiscation. J'admets que les filets prohibés puissent être confisqués ; mais je ne vois pas pourquoi il en serait de même des filets non prohibés. Si c'est en raison de la circonstance qu'ils auraient été employés la nuit, ce motif n'est pas suffisant, puisque aucune disposition du projet de loi n'empêche de pêcher la nuit. Je demande la suppression de ce paragraphe. »

M. de Bouthillier, commissaire du roi, « convient qu'on a eu tort de parler dans l'article de cette circonstance de filets employés la nuit, puisque la loi n'interdit pas de pêcher la nuit. Il pense qu'on pourrait faire disparaître de l'article cette disposition. »

M. Mestadier obtient la parole et s'exprime en ces termes : « Ce que vient de dire M. le commissaire du roi jette le rapporteur de votre commission dans un grand embarras, car elle n'avait pas entendu ainsi le paragraphe; seulement nous avons oublié d'ajouter : *en cas de condamnation.* C'est une erreur de croire que la pêche ne soit pas prohibée la nuit. L'ordonnance de 1669 avait à cet égard une disposition expresse. Si elle ne se trouve pas reproduite dans le projet de loi, c'est à cause de la généralité de l'article 26. Les filets ne sont confisqués que parce qu'ils ont été employés pour pêcher aux heures prohibées, et, dans ce cas, il faut que le point de fait ait été décidé par le tribunal; de sorte qu'ils ne pourraient être vendus qu'après le jugement de condamnation. Voilà pourquoi il faut ajouter : *en cas de condamnation.* »

M. de Bouthillier : « Je dois justifier l'explication que j'ai donnée tout à l'heure relativement à la pêche de nuit. L'administration a tellement reconnu que la détermination des heures de la pêche se ferait d'après les réglemens de localités, que c'est sur ces réglemens que seront rendues les ordonnances royales qui doivent intervenir. Il est nécessaire de supprimer dans l'article les mots : *employés la nuit;* car il y a des départemens où la pêche de nuit serait autorisée. Je maintiens la suppression des mots : *comme ayant été employés la nuit.* »

M. Pardessus : « La question d'une pénalité sur la pêche de nuit est bien loin d'être éclaircie. Que le ministère vous déclare qu'il consent à supprimer le mot *nuit* dans l'article, je n'ai pas de raison pour insister. Je ne suis pas chargé de défendre le projet de loi; mais, comme député, je ne dois pas engager d'avance mon vote quand il se trouve lié à une disposition subséquente. L'article 86 (aujourd'hui 84) du projet de loi dit que les prohibitions portées par les articles 5, 6, 8 et 10 du titre XXXI de l'ordonnance de 1669, continueront à être exécutées, jusqu'à la promulgation des ordonnances royales. Or, parmi ces prohibitions est comprise la pêche de nuit. Je crois que ce qu'il y a de mieux à faire, est de maintenir la rédaction de l'article. Je poserai ici ce dilemme : ou les ordonnances qui seront rendues permettront de pêcher la nuit, ou ne le permettront pas. Si elles le permettent, la prohibition tombera d'elle-même. Si les ordonnances prohibent la pêche de nuit, la disposition de la loi sera maintenue. Il n'y a donc pas d'inconvéniens à conserver l'article tel qu'il est, sauf les modifications qui résulteront de la permission donnée dans certaines localités de pêcher la nuit. »

M. Pataille: « Je proposerai de remplacer le paragraphe 2 par une nouvelle rédaction, qui rentrerait dans le sens de l'observation faite par M. le commissaire du roi. Je remarque qu'il y a un cas où la loi a prononcé la confiscation facultative des engins non prohibés, c'est le cas de l'article 5, lorsqu'on a pêché sans en avoir le droit, dans une rivière quelconque. Alors il dit que les tribunaux pourront prononcer la confiscation même des filets non prohibés. Voici ma rédaction : « Les filets non prohi-« bés, dont la confiscation aurait été prononcée en exécution de « l'article 5, seront vendus au profit du trésor. »

M. le président: « Je vais mettre aux voix la rédaction proposée par M. Pataille, qui comprend l'amendement de M. Mestadier. »

Cette rédaction est adoptée après une double épreuve.

L'article ainsi amendé est adopté.

ART. 42.

Quant au poisson saisi pour cause de délits, il sera vendu sans délai, dans la commune la plus voisine du lieu de la saisie, à son de trompe et aux enchères publiques, en vertu d'ordonnance du juge de paix ou de ses suppléans, si la vente a lieu dans un chef-lieu de canton, ou., dans le cas contraire, d'après l'autorisation du maire de la commune ; ces ordonnances ou autorisations seront délivrées sur la requête des agens ou gardes qui auront opéré la saisie, et sur la présentation du procès-verbal régulièrement dressé et affirmé par eux.

Dans tous les cas, la vente aura lieu en présence du receveur des domaines, et, à défaut, du maire ou adjoint de la commune, ou du commissaire de police.

DISCUSSION A LA CHAMBRE DES PAIRS. (1828.)

Cet article formait le 47ᵉ du projet primitif. Il en diffère par les mots : *du lieu de la saisie*, placés à la suite de ceux-ci : *dans la commune la plus voisine.*

Cette addition, adoptée par la chambre, est proposé par M. le marquis de Lancosme et consentie par M. le marquis de Bouthillier, commissaire du roi.

DISCUSSION A LA CHAMBRE DES DÉPUTÉS.

La commission propose, et la chambre prononce la suppression des mots : *ou contraventions à la présente loi*, placés au commencement de l'article.

M. Busson propose d'ajouter au premier paragraphe, après les mots : *il sera vendu sans délai*, ceux-ci : *au profit du fermier de la pêche, si le délit a été commis dans une rivière navigable ou flottable.*

M. le marquis de Bouthillier, commissaire du roi, dit : « Je remarque que l'article ne dit pas au profit de qui le poisson saisi sera vendu. C'est un objet très-minime, c'est au profit des hospices que cette vente a lieu, en présence du receveur des domaines. Je ne vois pas d'inconvénient à dire que ce sera au profit de qui de droit. »

M. Mestadier, rapporteur de la commission: « L'amendement de M. Busson me paraît tout-à-fait inutile. Il n'en est pas du poisson saisi comme des filets. On peut attendre pour vendre les filets, mais le poisson, il ne faut pas le laisser pourrir, il doit être vendu sans délai. Cette vente a lieu au profit de qui il appartiendra. Si le prévenu est acquitté, c'est à lui qu'on rend le prix du poisson. Dans le cas contraire, le prix pourra être donné, soit au fermier, soit au propriétaire riverain. Le paragraphe ne fait que consacrer une mesure provisoire, sans rien préjuger sur l'attribution qui sera faite du prix du poisson. »

L'amendement est mis aux voix. Une première épreuve est douteuse.

M. Mestadier : « Il n'est pas possible de voter au profit du fermier ou du propriétaire riverain, le prix de la vente du poisson, lorsque la chose est encore en litige. Cette vente ne peut être que provisoire ; le produit doit revenir au prévenu, s'il prouve son innocence. L'amendement n'est donc pas admissible. »

L'épreuve est renouvelée, et l'amendement est rejeté à une grande majorité.

L'article est adopté.

Art. 43.

Les garde-pêche ont le droit de requérir directement la force publique pour la répression des délits en matière de pêche, ainsi que pour la saisie des filets prohibés et du poisson pêché en délit.

DISCUSSION A LA CHAMBRE DES DÉPUTÉS.

M. Voyer d'Argenson reproduit l'amendement qu'il a déjà proposé dans la discussion de l'article 37 ; mais, sur les observations de MM. Favard de Langlade et Mestadier, il consent à ce que sa proposition soit reportée à l'article 53.

La chambre adopte l'article du projet avec le seul retranchement des mots : *et contraventions*, qui étaient joints au mot *délits*.

OBSERVATION.

Cette disposition est la même que celle de l'article 164 du Code forestier.

Art. 44.

Ils écriront eux-mêmes leurs procès-verbaux ; ils les signeront et les affirmeront au plus tard le lendemain de la clôture desdits procès-verbaux, par-devant le juge de paix du canton ou l'un de ses suppléans, ou par-devant le maire ou l'adjoint, soit de la commune de leur résidence, soit de celle où le délit a été commis ou constaté, le tout sous peine de nullité.

Toutefois, si, par suite d'un empêchement quelconque, le procès-verbal est seulement signé par le garde-pêche, mais non écrit en entier de sa main, l'officier public qui en recevra l'affirmation devra lui en donner préalablement lecture et faire ensuite mention de cette formalité ; le tout sous peine de nullité du procès-verbal.

OBSERVATION.

Cet article reproduit l'article 165 du Code forestier.

Art. 45.

Les procès-verbaux dressés par les agens forestiers, les gardes généraux et les gardes à cheval, soit isolément, soit avec le concours des garde-pêche royaux et des gardes champêtres, ne seront pas soumis à l'affirmation.

OBSERVATION.

Cette disposition est tirée de l'article 166 du Code forestier qu'elle répète presque textuellement.

Art. 46.

Dans le cas où le procès-verbal portera saisie, il en sera fait une expédition qui sera déposée, dans les vingt-quatre heures, au greffe de la justice de paix, pour qu'il en puisse être donné communication à ceux qui réclameraient les objets saisis.

Le délai ne courra que du moment de l'affirmation pour les procès-verbaux qui sont soumis à cette formalité.

DISCUSSION A LA CHAMBRE DES PAIRS. (1828.)

Cet article, qui formait le 51ᵉ du projet, était ainsi conçu : « Dans le cas où le procès-verbal portera saisie, il en sera fait, aussitôt après l'affirmation, une expédition qui sera déposée dans les vingt-quatre heures au greffe de la justice de paix, pour qu'il en puisse être donné communication à ceux qui réclameraient les objets saisis. »

M. le comte d'Argout « estime que si la disposition contenue dans cet article doit, comme il y a lieu de le croire, s'appliquer aux procès-verbaux rédigés par tous gardes et agens quelconques, on ne saurait faire courir le délai du dépôt à partir de l'affirmation, formalité qui n'est imposée qu'aux simples garde-pêche et dont les agens forestiers sont formellement dispensés par l'article précédent. Le noble pair demande que, pour éviter toute ambiguité à cet égard, on supprime ces mots : *aussitôt après l'affirmation.* »

M. le ministre des finances « déclare que l'article en discussion a effectivement pour objet d'étendre la formalité du dépôt aux procès-verbaux dressés par les agens forestiers comme à ceux des simples gardes, et que les mots : *aussitôt après l'affirmation* doivent s'entendre comme s'il y avait ensuite : *dans le cas ou l'affirmation doit avoir lieu.* Au lieu de faire le retranchement demandé, il suffirait peut-être d'ajouter, à titre d'éclaircissement, ces derniers mots au projet. »

On insiste d'autre part pour la suppression des mots : *aussitôt après l'affirmation.*

M. le comte de Peyronnet « croit nécessaire d'exprimer dans la loi que pour les procès-verbaux qui sont sujets à l'affirmation, le délai ne courra qu'à partir de l'accomplissement de cette formalité. C'est en effet un principe de notre législation criminelle, car les procès-verbaux des simples gardes n'ont de caractère, et pour ainsi dire d'existence légale, que du moment où l'attestation d'un officier public donne à leur déclaration un certain degré de croyance dont elle était jusqu'alors judiciairement dépourvue. L'opinant propose en ce sens une rédaction nouvelle qui consisterait à retrancher de l'article les mots *aussitôt après l'affirmation*, mais en ajoutant à l'article un second paragraphe ainsi conçu : « Le délai ne courra que du moment de l'affirmation « pour les procès-verbaux qui sont soumis à cette formalité. »

Cette rédaction et l'article qu'elle modifie sont successivement mis aux voix et adoptés.

OBSERVATIONS.

L'art. 167 du Code forestier a servi de base à cette disposition ; Il est ainsi conçu : « Dans le cas où le procès-verbal portera saisie, il en sera fait, aussitôt après l'affirmation, une expédition qui sera déposée dans les vingt-quatre heures au greffe de la justice de paix, pour qu'il en puisse être donné communication à ceux qui réclameraient des objets saisis. »

Dans la troisième édition de l'ouvrage que j'ai publié sur ce Code, je dis, en parlant de l'art. 167 : « Cette rédaction laisse de l'incertitude sur le moment de départ du délai de vingt-quatre heures pour les procès-verbaux dispensés de l'affirmation. Il semble que l'expédition doit être déposée dans les vingt-quatre heures de la clôture du procès-verbal. Rien, en effet, ne paraît motiver le retard que la formalité de l'affirmation rend nécessaire lorsqu'elle est exigée ; c'est le cas d'appliquer la distinction faite dans l'art, 170 pour l'enregistrement. »

L'art. 46 du Code de la pêche corrige, en l'adoptant, la disposition du Code forestier ; il la rend plus claire, plus positive, et il consacre l'interprétation que j'ai cru devoir en donner.

Art. 47.

Les procès-verbaux seront, sous peine de nullité, enregistrés dans les quatre jours qui suivront celui de l'affirmation ou celui de la clôture du procès-verbal, s'il n'est pas sujet à l'affirmation.

L'enregistrement s'en fera en débet.

OBSERVATION. ·

Cette disposition est textuellement celle de l'art. 170 du Code forestier.

Art. 48.

Toutes les poursuites exercées en réparation de délits pour fait de pêche seront portées devant les tribunaux correctionnels.

DISCUSSION A LA CHAMBRE DES PAIRS. (1828.)

Dans le projet, cet article formait le 53°, et était ainsi conçu : « Toutes les poursuites exercées en réparation de délits ou contraventions pour fait de pêche seront portées devant les tribunaux correctionnels, lesquels sont seuls compétens pour en connaître. »

M. le comte de Peyronnet « estime qu'il suffirait de restreindre la disposition de l'article aux *délits*, sans parler des *contraventions*. Il n'existe, à sa connaissance, dans le projet de loi, aucun article qui prononce, pour fait de pêche défendu, une peine moindre de 15 fr. d'amende, et il a déjà été expliqué dans cette discussion que toute peine au-dessus de cette limite donne au fait qu'elle réprime le caractère d'un délit. Si cependant il pouvait y avoir de simples contraventions en matière de pêche, l'opinant demanderait pourquoi, contre l'ordre ordinaire de juridiction ; les tribunaux correctionnels seraient dans ce cas compétens pour en connaître; mais, quoi qu'il en soit, il pense que, si l'on juge nécessaire de leur attribuer la connaissance de ces faits, il est superflu d'exprimer ensuite qu'ils *sont seuls compétens pour en connaître*. Cette compétence résulte en effet de la disposition de la loi, et n'a pas besoin d'être posée par elle en principe. »

M. le marquis de Maleville répond « que si, dans l'état actuel de la législation criminelle, tous les faits punis par le projet de loi se trouvent rangés dans la classe des délits correctionnels par la nature des peines qu'ils font encourir à ceux qui les commettent, il n'est pas impossible que quelques-uns d'entre eux soient plus tard considérés que comme simples contraventions, si une loi venait à élever la quotité de l'amende nécessaire pour constituer un délit. Sous ce rapport, il n'est pas sans utilité de déclarer que, quelle que soit la qualité du fait, pourvu qu'il soit relatif à la pêche, c'est par les tribunaux correctionnels qu'il doit être jugé. »

M. le directeur-général des forêts ajoute « que les règles de compétence qui attribuent aux tribunaux de simple police la connaissance des contraventions reçoivent exception à l'égard des contraventions commises en matière forestière. C'est en ce sens qu'a toujours été entendue la disposition de l'art. 179 du Code d'instr. crim., qui, avant de limiter en général la compétence des tribunaux correctionnels aux délits dont la peine excède cinq jours d'emprisonnement et 15 fr. d'amende, attribue par une disposition spéciale à ces tribunaux la connaissance *de tous les délits forestiers poursuivis à la requête de l'administration*. Le Code forestier, dans son art. 191, a formellement consacré cette explication; il porte que tous les *délits et contraventions en matière forestière sont portés devant les tribunaux correctionnels*, et ajoute, comme l'art. 53 du projet, que *ces tribunaux sont seuls compétens pour en connaître*. Si cette dernière disposition n'a pas paru inutile dans le Code forestier, les mêmes motifs existent pour la maintenir dans le projet de loi sur la pêche. »

M. le comte de Peyronnet insiste pour la suppression des mots : *lesquels sont seuls compétens pour en connaître*. Il lui paraît contraire à la dignité de la loi de rendre raison de la manière dont elle dispose. Cette suppression ne modifiera d'ailleurs aucunement le sens de l'article, dont la disposition est assez précise pour ne laisser matière à aucun doute.

L'amendement est mis aux voix et adopté:

L'article, ainsi amendé, est lui-même adopté.

Les mots *ou contraventions*, placés à la suite de celui *délits*, ont été conservés dans le projet présenté à la chambre ; mais ils en ont été retranchés par suite de la discussion relative à l'article 24.

ART. 49.

L'acte de citation doit, à peine de nullité, contenir la copie du procès-verbal et de l'acte d'affirmation.

OBSERVATIONS.

. La disposition de cet article et toutes celles qui suivent, jusques et y compris l'art. 64, sont empruntées au Code forestier, depuis l'art. 172 jusqu'à l'art. 187 inclusivement.

ART. 50.

Les gardes de l'administration chargés de la surveillance de la pêche pourront, dans les actions et poursuites exercées en son nom, faire toutes citations et significations d'exploits, sans pouvoir procéder aux saisies-exécutions.

Leurs rétributions pour les actes de ce genre seront taxées comme pour les actes faits par les huissiers des juges de paix.

ART. 51.

Les agens de cette administration ont le droit d'exposer l'affaire devant le tribunal, et sont entendus à l'appui de leurs conclusions.

ART. 52.

Les délits en matière de pêche seront prouvés, soit par procès-verbaux, soit par témoins, à défaut de procès-verbaux ou en cas d'insuffisance de ces actes.

ART. 53.

Les procès-verbaux revêtus de toutes les formalités prescrites par les articles 44 et 47 ci-dessus, et qui sont dressés et signés par deux agens ou garde-pêche, font preuve, jusqu'à inscription de faux, des faits matériels relatifs aux délits qu'ils constatent, quelles que soient les condamnations auxquelles ces délits peuvent donner lieu.

Il ne sera en conséquence admis aucune preuve outre ou contre le contenu de ces procès-verbaux, à moins qu'il n'existe une cause légale de récusation contre l'un des signataires.

DISCUSSION A LA CHAMBRE DES DÉPUTÉS.

M. Voyer d'Argenson devait ici soutenir l'amendement par lui proposé sur l'art. 37, et reproduit à l'art. 43. Il obtient la parole, et dit : « C'est avec regret que j'abandonne ma proposition concernant l'admission des procès-verbaux jusqu'à preuve contraire. Il est certain que, par l'article que vous venez d'adopter, vous avez consacré ce principe ; en conséquence je me restreins, relativement à l'art. 53, à demander la suppression des mots : *jusqu'à inscription de faux.* »

M. Chardel : « Je viens appuyer l'amendement de M. d'Argenson. Tous ceux qui ont exercé des fonctions judiciaires savent par expérience que, dans les affaires du genre de celles dont il s'agit, les déclarations orales des rédacteurs même des procès-verbaux démentent les faits contenus dans ces actes. Vous sentez, d'après cette observation, combien il importe que les procès-verbaux ne fassent pas foi jusqu'à inscription de faux. Je vote pour l'amendement. »

M. Jacquinot Pampelune : « Je suis obligé de faire observer à la chambre que l'amendement, tel qu'il est représenté, serait entièrement subversif de tous les principes admis dans cette matière, et par la législation et par les tribunaux. Effectivement, il ne s'agit pas d'introduire une législation nouvelle, il

s'agit d'appliquer à la matière qui vous occupe les dispositions
de la loi actuellement existante. Il serait impossible d'admettre
un autre système sans admettre l'impunité des délits. L'orateur
qui descend de la tribune vous a dit que, dans l'exercice des
fonctions judiciaires, on voyait souvent des dépositions orales venir contredire des faits consignés dans les procès-verbaux : je
répondrai qu'il sait mieux que personne qu'il existe des lois
contre l'agent qui n'a pas dit la vérité ; et non-seulement celui
contre lequel le procès-verbal a été dressé n'a pas besoin de
s'incrire en faux, mais le ministère public peut poursuivre en
faux l'agent qui se serait parjuré ; et même, si le ministère public ne poursuit pas, le tribunal a le droit d'ordonner la poursuite. Admettre le système qu'on vous propose serait admettre
une contradiction singulière. Quand il s'agirait d'un délit forestier ou d'un délit en matière d'impôts indirects, les procès-verbaux feraient foi jusqu'à inscription de faux, et toutes les fois
qu'il s'agirait d'un misérable délit de pèche, les procès-verbaux
ne feraient pas foi ! Je vote contre l'amendement. »

M. Amat parle en faveur de l'amendement.

M. le ministre des finances : « Ce qui vous est proposé n'aurait aucune efficacité, si vous ne supprimiez également le dernier paragraphe de l'article ; car il porte : « Il ne sera en con-
« séquence admis aucune preuve outre ou contre le contenu de
« ces procès-verbaux, à moins qu'il n'existe une cause légale de
« récusation contre l'un des signataires. » Vous voyez que, malgré la suppression des mots : *font preuve jusqu'à inscription de
faux*, dans le paragraphe précédent, aucune preuve ne serait
admise contre ces procès-verbaux.

« Je ne crois pas qu'il soit possible de supprimer les mots : *jusqu'à inscription de faux* ; ce serait une innovation contraire à
toutes les règles de la législation existante. On né voit pas pourquoi, dans un cas comme celui-ci, on établirait une disposition
spéciale qui ne serait pas en harmonie avec celles qui existent
pour toutes les matières analogues. On a fait avec raison une
très-grande différence entre les gardes des particuliers et les
agens et gardes qui sont commissionnés par l'autorité publique.
Vous concevez que, jusqu'à un certain point, on peut ne pas
admettre que les procès-verbaux des gardes des particuliers fassent foi jusqu'à inscription de faux, parce que ces gardes ne
sont pas choisis avec le même soin que ceux du gouvernement ;
que très-souvent ils sont portés à favoriser des intérèts particuliers, et à suivre l'impulsion de la passion qui peut animer celui
qui les a nommés. Leur déposition n'offre donc pas le même caractère ni la même garantie que celle des agens de l'autorité

publique. Remarquez, en outre, que les gardes des particuliers ne sont qu'avoués, et non pas investis, comme ceux du gouvernement, d'une sorte d'institution publique, qui en fait de véritables fonctionnaires, qui, quoique dans un ordre inférieur, doivent, dans l'intérêt de l'ordre public, être crus aussi jusqu'à inscription de faux. S'il en était autrement, vous n'auriez pas de moyen de répression, surtout lorsqu'il s'agit d'un délit de pêche ou de chasse; il ne serait pas bien difficile de trouver des personnes qui se présenteraient à faire la preuve contraire des faits affirmés dans le procès-verbal. Mais il en est autrement lorsqu'on est obligé de suivre la voie de l'inscription de faux. Le témoin connaît les conséquences d'une fausse déposition dans un cas pareil, et on n'en trouverait pas avec la même facilité. J'espère, Messieurs, que vous penserez avec moi qu'il serait très-dangereux et contraire aux principes conservateurs de l'ordre social de faire la suppression qui vous est demandée. »

L'amendement de M. d'Argenson est mis aux voix et rejeté.

M. Pataille demande la suppression, dans le second paragraphe de l'article, des mots : *outre ou*, de sorte que ce paragraphe serait ainsi rédigé : « Il ne sera en conséquence admis aucune preuve contre le contenu de ces procès-verbaux. »

L'honorable membre dit à l'appui de sa proposition : « La suppression que je propose a pour objet de prévenir la violation d'un grand principe d'humanité et de justice qui veut que toujours la défense jouisse d'une latitude au moins égale à celle de l'attaque. Je prie la chambre de porter son attention sur l'article 52 : il dit que les délits seront prouvés, soit par procès-verbaux, soit par témoins à défaut de procès-verbaux, ou en cas d'insuffisance de ces actes. Vous voyez comment le ministère public est armé de toutes pièces. Ainsi, des procès-verbaux, ensuite des témoins, s'il n'y a pas de procès-verbaux, et ensuite des témoins, en cas d'insuffisance des procès-verbaux; en sorte que si le garde a omis un fait à la charge du prévenu, ou a omis quelque circonstance aggravante, le ministère public peut réparer l'omission du garde, et faire admettre la preuve par témoins *outre* le procès-verbal. Eh bien! je demande que le prévenu jouisse de la même latitude : je demande qu'il puisse aussi être admis à la preuve testimoniale *outre* le procès-verbal, parce que, de même qu'il peut y avoir des circonstances aggravantes, il peut aussi se rencontrer des circonstances atténuantes. Si le garde a omis de parler de ces circonstances, il faut que le prévenu puisse faire réparer cette omission. Ce n'est pas le cas d'une inscription de faux; car le prévenu ne conteste rien de ce qui est dans le procès-verbal, il se plaint seulement d'une omission; et vous

n'admettrez sans doute pas que le procès-verbal doive faire foi,
même de ce qu'il ne dit pas. J'ai entendu une seule objection
contre mon amendement, c'est qu'on en abusera pour faire entendre des témoins contre les procès-verbaux. Mais les tribunaux
ne sont-ils pas là pour repousser les témoignages en tant qu'ils
seraient dirigés *contre* les procès-verbaux? Je persiste dans mon
amendement. »

L'amendement de M. Pataille est mis aux voix et rejeté.

L'article 53 est adopté.

ART. 54.

Les procès-verbaux revêtus de toutes les formalités prescrites, mais qui ne seront dressés et signés
que par un seul agent ou garde-pêche, feront de
même preuve suffisante jusqu'à inscription de faux,
mais seulement lorsque le délit n'entraînera pas une
condamnation de plus de 5o francs, tant pour amende
que pour dommages-intérêts.

DISCUSSION A LA CHAMBRE DES DÉPUTÉS.

Dans le projet, la somme jusqu'à laquelle les procès-verbaux
doivent faire foi, était de 100 fr.

L'article donne lieu à la discussion suivante.

M. Daunant : « Il me paraît impossible de laisser subsister plus
long-temps un principe aussi vicieux que celui sur lequel repose
l'art. 54. L'art. 53 porte que lorsqu'un procès-verbal est signé par
deux garde-pêche, il fait foi jusqu'à inscription de faux ; et puis
vient l'art. 54, qui dit que lorsqu'un procès-verbal est signé par un
seul garde-pêche, il fait également foi jusqu'à inscription de faux,
mais seulement dans le cas où le délit n'entraîne pas une condamnation de plus de 100 fr. Ainsi, lorsqu'un seul garde-pêche
vient constater un délit qui entraîne une condamnation de 200 fr.,
vous ne le croyez pas, et lorsqu'il vient constater un délit qui
entraîne une condamnation au-dessous de 100 fr., vous le croyez.
Je pense que, quoique cet article ait été inséré dans le Code forestier, ce n'est pas une raison pour ne pas le rejeter ici. J'en
demande donc la suppression, à moins que vous ne vouliez
adopter un amendement qui consisterait à remplacer l'art. 54 par
un article ainsi conçu : « Les procès-verbaux revêtus de tou-
« tes les formalités prescrites, mais qui ne seront dressés et signés
« que par un seul agent ou garde-pêche, *ne feront foi que jus-*

« *qu'à preuve contraire.* » Je supprimerais la fin de l'article, attendu qu'il ne faut mettre aucune différence, quant à la preuve, entre un délit qui entraîne une condamnation de 100 fr. et un délit qui entraîne une condamnation de 200 fr. »

M. le baron Favard de Langlade, commissaire du roi : « Vous savez que le Code de la pêche fluviale n'est que le complément du Code forestier, qu'il remplace l'ordonnance de 1669. Vous avez mis sur la même ligne les garde-pêche et les gardes forestiers. Vous ne pouvez donc imposer aux tribunaux la nécessité d'appliquer deux principes absolument différens aux actes qu'ils rédigent. »

M. de Tracy : « Je viens demander le rejet pur et simple de l'article 54. Un des orateurs du gouvernement nous a fait valoir, à cette tribune, l'avantage du projet de loi, en ce sens que la double signature dans la circonstance de délit de pêche, était une grande garantie. On nous a dit de faire des propositions franches et loyales ; mais je pense que le même principe pourrait être adopté à l'égard des propositions du gouvernement. Je ferai remarquer que les délits de pêche sont en général d'une valeur assez minime, que les gens qui commettent ces délits sont des gens très-pauvres, et que certes une somme de 100 fr. n'est pas peu de chose pour eux. D'ailleurs presque tous les délits de pêche n'entraîneront que des condamnations moindres de 100 fr. Je pense donc que pour donner les garanties qu'on a promises, il faut supprimer l'article 54 ; car sans cela la double signature deviendrait illusoire. »

M. de Ricard : « L'article 54, si l'amendement qui est proposé était adopté par la chambre, serait tout-à-fait inutile, puisque l'article suivant renferme la même disposition. Or, je demande s'il convient de supprimer entièrement cet article 54. Sans doute, il est quelquefois malheureux que des procès-verbaux fassent foi jusqu'à inscription de faux ; mais, enfin vous avez adopté ce principe par de très-bonnes raisons. Au lieu donc de demander la suppression de l'article, je demanderai simplement qu'on diminue le chiffre, et qu'on dise que les procès-verbaux ne feront foi jusqu'à inscription de faux que lorsque l'amende ne s'élèvera pas au-dessus de 50 fr. »

M. Daunant : « Je ne crois pas, comme l'a avancé mon honorable collègue, M. de Ricard, qu'il y ait contradiction entre l'article amendé selon ma proposition, et les dispositions de l'article 55. Je crois au contraire que mon amendement se coordonne parfaitement avec l'article 55. Je n'approuve pas non plus la proposition que M. de Ricard vous a faite de diminuer le chiffre de la condamnation. Le principe que j'ai combattu ne s'en trouverait pas moins consacré. Je persiste dans mon amendement. »

M. Jacquinot Pampelune : « Je prie la chambre de considérer qu'il ne s'agit pas de faire une législation sur la foi due aux rapports des gardes, que, par conséquent, ce n'est pas le cas de présenter des principes plus ou moins avantageux aux délinquans contre qui on dresse des procès-verbaux. Ce n'est point du tout là la question. Il s'agit de savoir si on appliquera à la pêche fluviale les principes admis dans toutes les parties de la législation, et qui viennent d'être admis tout récemment dans le Code forestier. Sans doute vous ne voudrez pas introduire dans nos lois l'étrange anomalie qu'on vous propose. La surveillance de la pêche est confiée le plus ordinairement aux gardes forestiers. Il résulterait par conséquent de l'un et de l'autre amendement qui vous sont proposés, que le procès-verbal d'un garde forestier, lequel ferait foi, dans une forêt, relativement à un délit forestier, ne pourrait pas faire foi pour un délit commis dans la rivière : cela n'est pas admissible. »

M. Mestadier, rapporteur : « Cette question est extrêmement grave et digne de toute notre attention. La commission a été très-frappée de l'assimilation des différentes dispositions du Code forestier de l'année dernière, avec les dispositions du nouveau projet. Elle aurait désiré vivement ne proposer aucun changement à une législation si récente ; cependant elle n'a pas été arrêtée par ce scrupule qui, porté à l'exagération, aurait pu conduire à des injustices, et vous avez pu voir qu'elle a proposé des changemens assez notables aux dispositions du Code forestier. Je crois, dans cette circonstance, devoir me ranger à l'opinion de M. de Ricard, dont l'amendement a pour objet d'atténuer les dispositions de l'article 54. Toutefois je dois faire remarquer qu'une observation a échappé à tous les préopinans, c'est que le projet de loi distingue les gardes nommés par le gouvernement n'ayant aucun intérêt direct à favoriser les fermiers de la pêche ou les porteurs de licences, des gardes nommés par les fermiers de la pêche ou par des particuliers. Quant à ceux-ci, aucune foi n'est ajoutée à leurs procès-verbaux, ils peuvent être combattus par la preuve contraire. Quant aux gardes nommés par le gouvernement, dans l'intérêt de la société, ce sont des fonctionnaires publics qui sont inférieurs sans doute aux notaires, par exemple, qui agissent dans des intérêts moins graves ; mais dans le cercle de leurs attributions, méritent-ils moins de confiance que les fonctionnaires plus élevés ? Non, sans doute. Une dernière réflexion, c'est qu'il est presque impossible que deux gardes marchent toujours de compagnie. Si donc vous n'ajoutez pas foi au procès-verbal dressé par un seul garde, vous vous exposez à ne jamais voir les délits réprimés. »

Après deux épreuves douteuses, l'amendement de M. Daunant est rejeté au scrutin par une majorité de 129 contre 121 voix.

L'amendemendement de M. de Ricard est adopté.

L'article est lui-même adopté.

DISCUSSION A LA CHAMBRE DES PAIRS. (1829.)

M. le comte de Chastellux demande pourquoi cet article restreint à 50 fr. la somme jusqu'à laquelle les procès-verbaux de délits signés par un seul garde feront preuve entière en matière de pêche, tandis que cette limite est portée à 100 fr. par l'article 177 du Code forestier pour les délits que prévoit ce Code. « On sait assez, dit le noble comte, que, dans les campagnes, le même garde est souvent chargé de la surveillance des bois et de celle des cours d'eau; d'où vient que son témoignage méritera plus de foi lorsqu'il agira comme garde forestier, que lorsqu'il agira comme garde-pêche? »

M. le marquis de Bouthillier, commissaire du roi, rappelle « que dans le projet soumis à la chambre des députés, la rédaction de l'article 54 du projet était conforme à celle du Code forestier; mais il a été observé que les condamnations prononcées en matière de pêche étant d'ordinaire fort minimes, la déclaration d'un seul garde suffirait presque toujours, si elle faisait complètement foi jusqu'à 100 fr. Tel est le motif qui a fait réduire la limite à 50 fr. Ce changement constituera, il est vrai, une sorte d'anomalie dans les deux lois, mais elle se justifiera suffisamment par la distance qui sépare les délits forestiers des délits de pêche. »

Aucun amendement n'étant proposé sur l'article 54, cet article est adopté.

ART. 55.

Les procès-verbaux qui, d'après les dispositions qui précèdent, ne font point foi et preuve suffisante jusqu'à inscription de faux, peuvent être corroborés et combattus par toutes les preuves légales, conformément à l'article 154 du Code d'instruction criminelle.

ART. 56.

Le prévenu qui voudra s'inscrire en faux contre le procès-verbal, sera tenu d'en faire par écrit et en personne, ou par un fondé de pouvoir spécial par acte notarié, la déclaration au greffe du tribunal, avant l'audience indiquée par la citation.

Cette déclaration sera reçue par le greffier du tribunal ; elle sera signée par le prévenu ou son fondé de pouvoir ; et dans le cas où il ne saurait ou ne pourrait signer, il en sera fait mention expresse.

Au jour indiqué pour l'audience, le tribunal donnera acte de la déclaration et fixera un délai de huit jours au moins et de quinze jours au plus, pendant lequel le prévenu sera tenu de faire au greffe le dépôt des moyens de faux, et des noms, qualités et demeures des témoins qu'il voudra faire entendre.

A l'expiration de ce délai, et sans qu'il soit besoin d'une citation nouvelle, le tribunal admettra les moyens de faux, s'ils sont de nature à détruire l'effet du procès-verbal ; et il sera procédé sur le faux, conformément aux lois.

Dans le cas contraire, et faute par le prévenu d'avoir rempli toutes les formalités ci-dessus prescrites, le tribunal déclarera qu'il n'y a lieu à admettre les moyens de faux, et ordonnera qu'il soit passé outre au jugement.

DISCUSSION A LA CHAMBRE DES DÉPUTÉS.

Dans le projet, le délai dont il est question au 3ᵉ paragraphe de l'article était de *trois jours au moins et huit jours au plus*.

La commission propose de le porter *à huit jours au moins et quinze jours au plus*, afin, dit son rapporteur, de ne pas rendre illusoire le droit naturel de la défense.

M. le baron Favard de Langlade, commissaire du roi, combat cet amendement. Il dit : « Avant le Code forestier, le délai qu'on propose d'étendre était moins considérable. Les lois sur les contributions indirectes et sur les douanes ne laissaient que trois jours au délinquant pour déposer les pièces et donner l'indication des témoins. Il y aurait un inconvénient à franchir la limite posée par le Code forestier, en ce que les deux législations ne s'accordant plus, les gardes n'observeraient pas bien les délais, et donneraient ainsi ouverture à des nullités. En second lieu, je fais observer que le délai compte non pas de l'assignation, mais du jour fixé par l'audience, ce qui le portera souvent à trois semaines ou un mois. Certes le délinquant aura bien toute la latitude possible pour fournir ses listes et appeler ses témoins. »

M. Mestadier, rapporteur de la commission, répond : « Il s'agit ici du cas où le prévenu croit devoir s'inscrire en faux et du délai qu'on lui accorderait. Il est très-vrai qu'en matière de contributions indirectes et de douanes, le délai n'est que de trois jours ; il est très-vrai encore que le Code forestier a porté ce délai à huit jours ; enfin, il est très-vrai que si le délinquant trouve qu'il n'a pas le temps nécessaire, il pourra se laisser condamner par défaut, sauf à se pourvoir dans les délais d'opposition ; toutefois la commission a pensé qu'il fallait porter le délai à quinze jours, par la raison que la personne qui veut s'inscrire en faux, obligée de s'enquérir des noms, prénoms et demeures de ses témoins, n'a pas toujours le moyen de se procurer de suite ces renseignemens. La chambre pèsera ce motif dans sa sagesse.»

L'amendement est adopté, ainsi que l'article amendé.

ART. 57.

Le prévenu contre lequel aura été rendu un jugement par défaut, sera encore admissible à faire sa déclaration d'inscription de faux pendant le délai qui lui est accordé par la loi pour se présenter à l'audience sur l'opposition par lui formée.

ART. 58.

Lorsqu'un procès-verbal sera rédigé contre plusieurs prévenus, et qu'un ou quelques-uns d'entre eux seulement s'inscriront en faux, le procès-verbal continuera de faire foi à l'égard des autres, à moins que le fait sur lequel portera l'inscription de faux ne soit indivisible et commun aux autres prévenus.

Art. 59.

Si, dans une instance en réparation de délits, le prévenu excipe d'un droit de propriété ou autre droit réel, le tribunal saisi de la plainte statuera sur l'incident.

L'exception préjudicielle ne sera admise qu'autant qu'elle sera fondée, soit sur un titre apparent, soit sur des faits de possession équivalens, articulés avec précision ; et si le titre produit ou les faits articulés sont de nature, dans le cas où ils seraient reconnus par l'autorité compétente, à ôter au fait qui sert de base aux poursuites tout caractère de délit.

Dans le cas de renvoi à fins civiles, le jugement fixera un bref délai dans lequel la partie qui aura élevé la question préjudicielle devra saisir les juges compétens de la connaissance du litige, et justifier de ses diligences ; sinon il sera passé outre. Toutefois, en cas de condamnation, il sera sursis à l'exécution du jugement sous le rapport de l'emprisonnement, s'il était prononcé, et le montant des amendes, restitutions et dommages-intérêts sera versé à la caisse des dépôts et consignations, pour être remis à qui il sera ordonné par le tribunal qui statuera sur le fond de droit.

DISCUSSION A LA CHAMBRE DES DÉPUTÉS.

Le 1ᵉʳ paragraphe commençait par ces mots : « Si, *dans une instance en réparation de délits ou contraventions*, etc. »

La chambre supprime les mots : *ou contraventions*.

Sur la proposition de la commission, elle supprime pareillement les expressions : *en se conformant aux règles suivantes*, qui terminaient le même paragraphe, et les mots : *personnels au prévenu et par lui*, qui, dans le second paragraphe, étaient placés entre l'expression *équivalens* et le mot *articulés*.

Quant au troisième paragraphe, la commission propose de le supprimer et de la remplacer par la disposition suivante : « Si l'exception est rejetée, il sera passé outre.

« Si l'exception est admise, les parties seront renvoyées à fins civiles, et il sera sursis à prononcer sur la plainte, jusqu'à ce qu'il ait été, à la requête de la partie la plus diligente, statué en dernier ressort sur l'exception, par les juges compétens. »

M. Mestadier, rapporteur, dit à l'appui de cet amendement: « Une erreur non moins grave serait consacrée par l'article 59 relatif à la proposition d'une exception préjudicielle : cet article oblige le prévenu dont l'exception a été admise à saisir lui-même les juges civils de la connaissance du litige, sous peine de voir passer outre. Une plainte est portée, le prévenu est défendeur et présumé innocent; il se prétend propriétaire, ou il propose à tout autre titre une exception préjudicielle; jusqu'à présent une grande incertitude a existé sur le point de savoir si le tribunal de police correctionnelle n'était pas tenu de renvoyer, dans tous les cas, le jugement de l'exception préjudicielle aux tribunaux civils, sans autre examen et sans en apprécier le mérite, même apparent ou probable. Ne permettant plus un doute fort préjudiciable à la bonne administration de la justice, l'article donne, avec raison, au tribunal de police correctionnelle le droit de passer outre, si l'exception préjudicielle parait dénuée de tout fondement. Mais si, lui trouvant une apparence de justice, si, admettant l'exception préjudicielle, le tribunal surseoit à prononcer sur la plainte et renvoie à fins civiles, le prévenu ne cesse pas pour cela d'être défendeur; déjà présumé innocent, cette probabilité d'innocence a acquis un degré de plus par le jugement qui a admis l'exception. Le sursis laisse le plaignant avec la qualité de demandeur et tous les devoirs qui en résultent. C'est donc au plaignant que doit rester le devoir de saisir les juges compétens de la connaissance du litige; en charger le prévenu, le défendeur, c'est intervertir les rôles et méconnaître les principes de la justice. Ce serait, dans tous les cas, une exagération tout-à-fait inadmissible, que de conclure, du retard à saisir le tribunal civil, que la cause doit revenir au tribunal de police correctionnelle, qu'elle doit y être jugée malgré la probabilité reconnue de la justice de l'exception préjudicielle, et le jugement exécuté provisoirement, sauf l'emprisonnement, par la consignation du montant des condamnations pécuniaires. Ce serait même compromettre, en quelque sorte, l'autorité de la chose jugée, car, l'exception préjudicielle venant à être admise plus tard par le tribunal civil, le jugement du tribunal de police correctionnelle serait regardé comme non avenu, sans être réformé, ce que l'article ne dit cependant pas.

« La commission propose de considérer le sursis comme indéfini, et de laisser à la partie la plus diligente le soin de saisir les juges compétens; elle soumet en conséquence à la chambre une nouvelle rédaction de l'article 59, y supprimant d'ailleurs quelques mots qui lui paraissent inutiles. »

M. le baron Favard de Langlade, commissaire du roi, combat cette proposition en ces termes : « L'amendement proposé par la commission est une innovation qui mérite toute l'attention de la chambre. Il a pour objet de changer un point de législation sur lequel on avait été divisé jusqu'ici. Je prie la chambre de me permettre quelques observations, afin qu'elle puisse prononcer en connaissance de cause. Les principes énoncés dans l'article 59 du projet de loi, avaient depuis long-temps été admis par la jurisprudence de la cour de cassation; mais pour leur donner plus de fixité, on a voulu les consacrer par une disposition législative. C'est ce qui a été fait par l'article 182 du Code forestier, qui est reproduit dans le projet soumis à votre discussion.

« Votre commission propose un changement notable dans cet article 59, et pour apprécier ses motifs il est nécessaire de rappeler, en peu de mots, ceux qui ont fait adopter l'article 182 du Code forestier.

« Lorsqu'un prévenu de délit intéressant la propriété immobilière est poursuivi, soit à la requête du ministère public, soit par l'administration forestière, soit par une partie civile, et qu'il excipe d'un droit de propriété ou de possession, c'est à lui à établir cette exception : les tribunaux correctionnels ne sont pas compétens pour l'apprécier d'une manière définitive; ils ne peuvent rejeter l'exception que lorsque le prévenu n'a pas de titre apparent, ou n'articule pas des faits de possession équivalens et précis; s'il y a titre apparent ou articulation de possession équivalente, la juridiction correctionnelle doit surseoir et renvoyer les parties devant le tribunal civil pour faire juger l'exception préjudicielle. La commission adopte cette partie de l'article, mais elle combat celle qui porte que *dans le cas de renvoi à fins civiles*, le jugement doit fixer un bref délai dans lequel la partie qui aura élevé la question préjudicielle devra saisir les juges compétens de la connaissance du litige et justifier de ses diligences, sinon qu'il sera passé outre. La commission vous propose de considérer le sursis comme *indéfini* et de laisser à la partie la plus diligente le soin de saisir les juges compétens. Le sursis, dit-elle, laisse le plaignant avec la qualité de demandeur et tous les devoirs qui en résultent. C'est donc au plaignant que doit rester le devoir de saisir les juges compétens de la connaissance du litige; en charger le prévenu; c'est intervertir les rôles et méconnaître les principes de la justice.

« Je suis fâché d'être obligé de combattre ce raisonnement ; mais il est en opposition avec ce qui a été proposé par les cours royales et ce qui a été décidé, après un mûr examen, par la chambre des pairs et par la chambre des députés. On y a généralement reconnu, lors de la discussion du Code forestier, que le sursis ordonné par le tribunal correctionnel n'avait d'autre objet que de faire juger au civil *l'exception*, et que l'action principale restait toujours soumise à la juridiction correctionnelle, et ne pouvait être appréciée que par cette juridiction : or, il est de principe certain que c'est à celui qui oppose une exception à la prouver ; il doit conserver devant le tribunal civil, où il a été renvoyé pour faire juger son exception, le rôle qu'il avait pris devant le tribunal correctionnel, et qui n'aurait pas changé si ce dernier tribunal avait été compétent pour statuer tout à la fois et sur *l'action* et sur *l'exception*; le délinquant doit donc rester chargé d'établir son exception devant le tribunal civil, sinon le cours de la justice doit reprendre devant le tribunal correctionnel.

« En vain oppose-t-on à cette doctrine qu'elle conduit à intervertir les rôles : il ne faut pas perdre de vue que les tribunaux correctionnels, qui ne sont pas juges de l'exception, en tant qu'elle repose sur le fait matériel et légal de la propriété, sont juges souverains de *l'action*, c'est-à-dire de la demande tendante à ce qu'il soit déclaré qu'il y a *délit*; que dès-lors les rôles ne sont pas intervertis, quand le tribunal correctionnel impose au plaignant l'obligation de faire juger son exception préjudicielle, sinon qu'il sera fait droit sur la plainte dont il est saisi. Il faut remarquer que le sursis est une faveur accordée au délinquant, et que pour en profiter il doit remplir la condition qui lui est imposée. S'il en était autrement, l'administration forestière ou le particulier poursuivant la réparation d'un dommage, seraient forcés, pour peu que leurs adversaires fussent adroits ou habilement conseillés, d'avoir un procès civil et un procès correctionnel avant d'arriver à une juste condamnation ; il faudrait se constituer demandeur au civil, suivre une procédure lente et dispendieuse, et exposer des frais le plus souvent en pure perte ; car vous n'ignorez pas, Messieurs, que la plupart des délinquans sont insolvables, et lorsqu'ils seraient traduits au civil, ils n'auraient qu'à rester tranquilles et à laisser rendre contre eux des jugemens dont ils ne craindraient pas l'exécution, puisqu'elle ne pourrait avoir lieu, comme en police correctionnelle, par la voie de la contrainte par corps.

« A ce résultat, qui serait l'impunité d'un grand nombre de délits, il faut ajouter d'autres inconvéniens encore plus graves.

Le ministère public est chargé de poursuivre la plupart des dé-lits ruraux et beaucoup de contraventions auxquelles les règles sur l'exception préjudicielle sont journellement appliquées. Si vous adoptez l'amendement proposé, pourra-t-on en agir de même lorsque la poursuite sera intentée par le procureur du roi seul? Mais ou sait que ce magistrat n'a pas d'action au civil sur une question de propriété; la poursuite d'office pourra donc être anéantie par la seule allégation que fera le délinquant d'un droit de propriété accompagnée d'une articulation formelle? L'action d'office est éminemment utile à conserver; elle est surtout indis-pensable en matière de voirie, dont les actions sont souvent exer-cées par le ministère public. Or, si dans le cas où la poursuite est intentée par le ministère public, le défendeur doit être tenu de faire juger au civil l'exception de propriété, sur quoi se fon-der pour admettre une règle tout autre, lorsque la poursuite est dirigée par l'administration forestière ou par un particulier en présence du ministère public.

« Toutes ces considérations que je ne fais qu'indiquer déter-minèrent la chambre des députés et la chambre des pairs à adopter l'article 182 du Code forestier. Le même article a été de nouveau adopté par la chambre des pairs dans la discussion du Code sur la pêche fluviale, et l'on vous propose aujourd'hui de le changer après avoir eu trois fois l'assentiment des chambres! On veut établir pour la pêche un principe différent de celui admis pour le Code forestier! Cette versatilité, cette incohérence de législation, affligeante pour la magistrature, ne saurait obtenir votre approbation. Je persiste au nom du gouvernement dans l'article tel qu'il est proposé. »

Après une discussion dans laquelle sont successivement enten-dus M. le ministre des finances, MM. Thil, Pardessus, His, Jacquinot Pampelune et Mestadier, la chambre rejette l'amen-dement de la commission.

Elle adopte ensuite l'article du projet amendé comme il est dit plus haut.

ART. 60

Les agens de l'administration chargés de la surveil-lance de la pêche peuvent, en son nom, interjeter appel des jugemens, et se pourvoir contre les arrêts et jugemens en dernier ressort; mais ils ne peuvent se désister de leurs appels sans son autorisation spéciale.

ART. 61.

Le droit, attribué à l'administration et à ses agens, de se pourvoir contre les jugemens et arrêts par appel ou par recours en cassation, est indépendant de la même faculté qui est accordée par la loi au ministère public, lequel peut toujours en user, même lorsque l'administration ou ses agens auraient acquiescé aux jugemens et arrêts.

ART. 62.

Les actions en réparation de délits en matière de pêche se prescrivent par un mois, à compter du jour où les délits ont été constatés, lorsque les prévenus sont désignés dans les procès-verbaux. Dans le cas contraire, le délai de prescription est de trois mois, à compter du même jour.

DISCUSSION A LA CHAMBRE DES DÉPUTÉS.

Selon le projet, les deux prescriptions dont il est parlé dans cet article étaient la première de trois mois, et la seconde de six mois.

M. Mestadier, rapporteur de la commission, dit: « Il y a une si grande analogie entre les délits de pêche, les délits de chasse et les délits ruraux, que la commission, déterminée d'ailleurs par le désir de ne pas prolonger hors d'une juste mesure l'incertitude d'une répression qui, pour être efficace, ne doit pas être différée, vous propose de restreindre la prescription à un mois au lieu de trois, lorsque le prévenu est désigné dans le procès-verbal, et, dans le cas contraire, à trois mois au lieu de six, comme le propose l'article 62. »

Ces deux amendemens sont successivement mis aux voix et adoptés.

La chambre prononce en outre la suppression des mots *et contraventions* qui, dans le projet, étaient joints au mot *délits.*

L'article ainsi amendé est adopté.

Art. 63.

Les dispositions de l'article précédent ne sont pas applicables aux délits et malversations commis par les agens, préposés ou gardes de l'administration dans l'exercice de leurs fonctions ; les délais de prescription à l'égard de ces préposés et de leurs complices, seront les mêmes que ceux qui sont déterminés par le Code d'instruction criminelle.

Art. 64.

Les dispositions du Code d'instruction criminelle sur les poursuites des délits, sur les citations et délais, sur défauts, oppositions, jugemens, appels et recours en cassation, sont et demeurent applicables à la poursuite des délits spécifiés par la présente loi, sauf les modifications qui résultent du présent titre.

SECTION II.

Des Poursuites exercées au nom et dans l'intérêt des fermiers de la pêche et des particuliers.

Art. 65.

Les délits qui portent préjudice aux fermiers de la pêche, aux porteurs de licences et aux propriétaires riverains, seront constatés par leurs gardes, lesquels sont assimilés aux garde-bois des particuliers.

Art. 66.

Les procès-verbaux dressés par ces gardes feront foi jusqu'à preuve contraire.

Art. 67.

Les poursuites et actions seront exercées au nom et à la diligence des parties intéressées.

ART. 68.

Les dispositions contenues aux articles 38, 39, 40, 41, 42, 43, 44, 45, 46, 47, § 1er; 49, 52, 59, 62 et 64 de la présente loi, sont applicables aux poursuites exercées au nom et dans l'intérêt des particuliers et des fermiers de la pêche, pour les délits commis à leur préjudice.

DISCUSSION A LA CHAMBRE DES DÉPUTÉS.

M. Mestadier, rapporteur de la commission, dit : « L'article 68 déclare plusieurs articles antérieurs du projet de loi applicables aux poursuites exercées au nom et dans l'intérêt des particuliers et des fermiers de la pêche, la commission a vérifié et reconnu la justice de cette application, et elle vous propose de réparer ce qui est probablement un oubli, en ajoutant à cette nomenclature l'article 48, qui attribue la connaissance des délits de pêche aux tribunaux de police correctionnelle.

« Au moyen de cette addition, l'article 69 devient inutile.

« L'article 70 porte que les fermiers de la pêche et les particuliers seront tenus de remettre, dans le mois, au procureur du roi, les procès-verbaux dressés par leurs gardes. La commission n'a pas pu reconnaître qu'il fût convenable d'obliger les particuliers à dénoncer malgré eux de simples délits de pêche, pour lesquels la loi leur donne action directe, sans les y contraindre. La législation sur la chasse lui a paru préférable, et elle vous propose de rejeter cet article. »

La chambre adopte la proposition d'ajouter l'article 48 au nombre de ceux que rappelle l'article 68.

Les deux articles dont la commission propose le rejet, sont pris des art. 190 et 191 du Code forestier. Ils sont ainsi conçus :

« ART. 69. Il n'est rien changé aux dispositions du Code d'instruction criminelle relativement à la compétence des tribunaux pour statuer sur ces délits et contraventions. »

« ART. 70. Les procès-verbaux dressés par les gardes des fermiers de la pêche et des particuliers, seront, dans le délai d'un mois, à dater de l'affirmation, remis au procureur du roi ou au juge de paix, suivant leur compétence respective. »

M. le baron Favard de Langlade, commissaire du roi, dit : « Le rejet de ces articles est une conséquence nécessaire de ce que les amendes ne sont point au-dessous de 20 francs. Les articles 69 et 70 se trouvant ainsi inutiles, le gouvernement consent à ce qu'ils soient supprimés. »

La suppression des deux articles est prononcée par la chambre.

DISCUSSION A LA CHAMBRE DES PAIRS. (1829.)

M. le marquis de Bouthillier, commissaire du roi, dit, dans l'exposé des motifs : « L'article 68 qui déclare plusieurs articles du projet applicables aux poursuites exercées au nom et dans l'intérêt des particuliers, ne comprenait point l'article 48, qui attribue aux seuls tribunaux correctionnels la connaissance des délits poursuivis au nom de l'administration. Cette omission venait de ce qu'on n'avait point fait attention que la moindre amende fixée par le projet était de 20 francs, et que dès-lors les tribunaux correctionnels se trouvaient seuls compétens pour connaître des actions exercées, soit au nom de l'administration, soit au nom des particuliers et des fermiers de la pêche. Ce fait ayant été reconnu a dû déterminer l'addition de l'article 48 à la nomenclature rappelée dans l'article 68, et par une conséquence nécessaire, la suppression du mot *contravention* partout où il s'est trouvé dans le projet de loi.

« Au moyen de cette rectification, l'article 69, qui, par opposition à l'article 48, laissait aux tribunaux de simple police le jugement des contraventions commises au préjudice des particuliers, a été supprimé comme étant tout-à-fait sans objet, puisqu'en matière de pêche, le *minimum* de l'amende place toutes les infractions de la loi dans la classe des délits, et en attribue la connaissance aux tribunaux correctionnels. Le changement fait à l'article 72, qui permet aux tribunaux de réduire l'amende et l'emprisonnement au taux des peines de simple police, n'a pas dû faire maintenir l'article 69, puisque c'est toujours le *maximum* de la peine prononcée par une loi qui détermine la compétence.

« La chambre des députés a pareillement supprimé l'article 70 de l'ancien projet, qui ordonnait la remise au procureur du roi des procès-verbaux dressés par les gardes des particuliers et des fermiers de la pêche ; elle a pensé qu'à l'égard de la pêche comme à l'égard de la chasse, les particuliers devaient demeurer libres de dénoncer les délits pour lesquels la loi leur donne action directe. »

L'article 68 et les suppressions opérées par l'autre chambre sont approuvés et adoptés.

OBSERVATIONS.

L'art. 48, dont les deux chambres ont voté l'addition à la nomenclature que renferme l'art. 68, ne se retrouve cependant ni
dans le projet présenté à la chambre des pairs en 1829, ni dans
le Bulletin des lois. Mais la compétence des tribunaux correctionnels n'en est pas moins incontestable. Elle est déterminée
d'une manière positive par la nature des faits, que le Code punit
toujours de peines correctionnelles, et qui, par conséquent, sont
toujours réputés délits.

TITRE VI.

Des peines et condamnations.

ART. 69.

Dans le cas de récidive, la peine sera toujours doublée.

Il y a récidive lorsque, dans les douze mois précédens, il a été rendu, contre le délinquant, un premier
jugement pour délit en matière de pêche.

DISCUSSION A LA CHAMBRE DES DÉPUTÉS.

M. de Schonen : « Je propose de mettre à la place de cette
disposition impérative : Dans le cas de récidive, *la peine sera
toujours doublée,* la disposition facultative : *la peine pourra
être doublée.* »

M. Mestadier, rapporteur : « Je ne crois pas que l'amendement de M. de Schonen puisse être adopté. Dans tous les cas, il
y a un minimum très-bas et un maximum beaucoup plus élevé.
Pour la récidive, comme pour le premier délit, les tribunaux
peuvent prendre ou le minimum ou le maximum, ou entre le minimum et le maximum. La disposition relative à l'application de
la peine, en cas de récidive, doit être une disposition impérative. »

L'amendement de M. de Schonen est mis aux voix et rejeté.

L'article est adopté.

OBSERVATIONS.

Cet article est pris de l'article 200 du Code forestier. Il formait le 71° dans le projet soumis à la chambre. Il est devenu le
69° par la suppression des articles 69 et 70, dont les termes sont
rapportés sous l'article précédent.

ART. 70.

Les peines seront également doublées, lorsque les délits auront été commis la nuit.

DISCUSSION A LA CHAMBRE DES DÉPUTÉS.

Cet article, tiré de l'article 201 du Code forestier, donne lieu à la discussion suivante :

M. Pataille : « Il me semble indispensable de provoquer une explication sur un point extrêmement grave, puisqu'il s'agit de peines. et à l'égard duquel je déclare, en qualité de membre de la commission, qu'il me reste encore beaucoup de doutes. Vous venez d'adopter l'article 69, qui prononce le doublement de la peine lorsqu'il y a récidive. L'article 70, qui est maintenant en discussion, prononce également ce doublement de peine dans le cas où le délit a été commis de nuit. Ici on pourrait peut-être contester la nécessité de ce second doublement. La nuit ne rend pas le délit plus préjudiciable, et ne suppose pas une plus grande perversité dans celui qui l'a commis. Le doublement de la peine n'a de motif que la difficulté plus grande de surveillance pendant la nuit ; on pourrait contester que ce motif fût suffisant pour justifier une peine plus sévère. Mais voici sur quoi j'ai besoin d'explications, et j'oserai les demander à M. le commissaire du roi. Que fera-t-on si le second fait qui constitue la récidive a été commis la nuit, de manière qu'il y ait le concours des deux circonstances ? Doublera-t-on une seule fois la peine, de manière que si la peine simple est de 20 francs, la peine encourue par suite des deux circonstances aggravantes, la récidive et le délit commis pendant la nuit, soit de 40 francs ? ou bien la peine sera-t-elle triplée ? où bien enfin la peine simple de 20 francs portée à 40 francs pour raison de la récidive, sera-t-elle doublée une seconde fois, c'est-à-dire portée à 80 francs pour raison de la circonstance de la nuit ? Telles sont les questions que je prends la liberté d'adresser à M. le commissaire du roi. »

M. Favard de Langlade, commissaire du roi : « Vous savez que d'après le Code pénal, les circonstances aggravantes donnent lieu à une peine plus forte. Dans le cas particulier, on parle de la récidive et du délit de pêche commis pendant la nuit. On ne peut se dissimuler que la pêche ne soit plus dangereuse pour la surveillance pendant la nuit que pendant le jour ; sous ce rapport, il était donc nécessaire de considérer cette circonstance comme aggravante, et de mettre, dès-lors, le délinquant dans le cas de supporter une peine plus forte. Si le délinquant a récidivé, il en résultera qu'il aura d'abord le double de la peine pour la récidive, et ensuite le double pour la circonstance d'avoir pêché la nuit. Si la peine se trouve ainsi augmentée, c'est à lui seul qu'il doit l'attribuer, il était averti par la loi. L'article 70 me paraît très-clair et n'avoir besoin d'être changé en rien. »

M. Amat : « D'après l'explication qui vient d'être donnée par M. le commissaire du roi, la question devient extrêmement importante, puisqu'il s'agirait de quadrupler l'amende ; de telle sorte que l'amende, pour un délit qui est presque insignifiant, pourrait être élevée jusqu'à 200 francs. Il est de principe, en matière criminelle, que ces circonstances aggravantes ne se cumulent jamais, à moins qu'une loi formelle n'ait prescrit le cumul. C'est ainsi que pour le vol, les circonstances aggravantes ne sont cumulées que parce que les articles 282, 284 et suivans du Code pénal l'ordonnent ainsi. Dans le cas actuel, mon opinion est que les circonstances prévues par les articles 69 et 70 ne peuvent être cumulées, c'est-à-dire que l'amende ne peut jamais qu'être doublée. Je crois qu'il est essentiel de faire passer cette opinion que j'exprime dans la loi, et pour cela je propose d'ajouter à l'article 70 ces mots : *sans que la circonstance aggravante prévue par cet article, ainsi que celle prévue par l'article précédent, puissent être cumulées.* »

M. le président : « A la suite de l'article 72, qui est devenu l'article 70, M. Pataille propose d'ajouter, et c'est aussi l'amendement de M. Amat : *si néanmoins le délit constituant la récidive a de plus été commis la nuit, il n'y aura lieu qu'à un seul doublement de la peine.* Je mets l'amendement au voix.

L'amendement est rejeté.

M. Pataille : « L'amendement est rejeté ; mais je crois qu'il y a toujours nécessité que la chambre s'explique sur ce que l'on fera dans le cas où les deux circonstances concourront. Qu'on double, qu'on triple, qu'on quadruple l'amende, tout ce qu'on voudra, pourvu qu'on le dise. Je crois qu'il serait dangereux de lancer dans la société, d'envoyer devant les tribunaux une loi sur laquelle ils seraient nécessairement divisés ; car sur neuf membres que nous étions dans la commission, nous avons été, sur la question de l'interprétation des articles 71 et 72, cinq d'un avis et quatre d'un autre ; une autre personne consultée s'est réunie aux quatre, en sorte qu'il y a eu partage complet. Je propose de dire que la peine sera triple ; enfin qu'on dise quelque chose. »

M. Favard de Langlade : « Il est impossible de s'expliquer plus clairement que ne le fait la loi. Je suppose qu'une personne commette une première fois un délit de pêche, et que ce soit pendant la nuit, il n'encourt que la peine double. Si celui qui s'est rendu coupable pendant la nuit récidive, on lui appliquera la peine de la récidive, comme on l'a fait constamment en exécution du Code pénal. »

M. Pataille : « Je regrette que M. le commissaire du roi n'ait pas voulu répondre par oui ou par non sur la question de savoir ce que l'on fera quand il y aura récidive et circonstance de nuit. Je propose de mettre à la suite de l'article : *Si le délit constituant une récidive a été commis la nuit, la peine sera triplée.* »

M. de Schonen : « Je propose de mettre : *La peine ne pourra excéder le triple.* »

M. le rapporteur : « L'article est susceptible d'applications très-diverses. Comme il est impossible de prévoir tous les cas qui peuvent se présenter dans l'avenir, votre commission a cru devoir s'en rapporter à la sagesse des tribunaux. Voilà pourquoi elle a voté pour le maintien de l'article. »

Ces modifications ne sont point accueillies, et l'article du projet est adopté.

OBSERVATIONS.

Il résulte de la discussion à laquelle a donné lieu l'article 70, que la réunion de deux circonstances aggravantes peut motiver deux doublemens de peine pour le même délit. Mais il ne s'ensuit pas qu'un individu accusé de deux délits différens doive subir les peines cumulées de ces deux délits. Dans l'ouvrage que M. Guichard, avocat à la Cour de cassation, vient de publier sous le titre de *Manuel de la police rurale et forestière, de la chasse et de la pêche*, cet honorable jurisconsulte fait ainsi dialoguer, p. 320, un habitant de la campagne et un juge de paix.

« *Un habitant.* Si, au délit de pêcher sans permission dans une rivière où l'on n'a aucun droit, se joint le délit d'avoir employé des engins et harnois défendus, n'y a-t-il pas lieu d'appliquer une double amende ?

« *Le juge de paix.* Il faut vous ressouvenir ici d'une règle générale, que j'ai déjà eu l'occasion de vous citer : c'est que, quand le même individu se trouve à la fois convaincu de plusieurs délits, on doit seulement lui appliquer la plus forte des peines que la loi prononce pour l'un de ces délits : *En cas de conviction de plusieurs crimes ou délits, la peine la plus forte sera seule prononcée.* (Code d'inst. criminelle, article 365.) »

ART. 71.

Dans tous les cas où il y aura lieu à adjuger des dommages-intérêts, ils ne pourront être inférieurs à l'amende simple prononcée par le jugement.

ART. 72.

Dans tous les cas prévus par la présente loi, si le préjudice causé n'excède pas 25 francs et si les circonstances paraissent atténuantes, les tribunaux sont autorisés à réduire l'emprisonnement même au-dessous de six jours, et l'amende même au-dessous de 16 francs. Ils pourront aussi prononcer séparément l'une ou l'autre de ces peines, sans que, en aucun cas, elle puisse être au-dessous des peines de simple police.

DISCUSSION A LA CHAMBRE DES DÉPUTÉS.

Cet article remplace l'art. 74 du projet soumis à la chambre, lequel portait : « Les tribunaux ne pourront appliquer aux matières réglées par la présente loi les dispositions de l'article 463 du Code pénal. »

M. *Mestadier, rapporteur de la commission*, dit : « Le titre VI traite des peines et condamnations ; il est composé de six articles, de 70 à 77 : l'art. 74 est seul l'objet d'une proposition contraire. Cet article a pour objet d'interdire aux tribunaux la faculté d'appliquer aux délits de pêche les dispositions de l'article 463 du Code pénal.

« Vous savez, Messieurs, que l'art. 463 permet de réduire, dans tous les cas où la peine d'emprisonnement est portée par le Code, l'emprisonnement au-dessous de six jours, et l'amende au-dessous de 16 fr., même de prononcer séparément l'une ou l'autre de ces peines, si le préjudice n'excède pas 25 fr., et si les circonstances paraissent atténuantes. La commission a pensé que, bien loin d'interdire l'application de cet article aux délits de pêche, il convenait au contraire, dans l'intérêt de la justice, de l'autoriser par une disposition expresse. La trop grande sévérité des peines conduit souvent à l'impunité. Nulle amende n'est, d'après le projet, inférieure à 20 fr. Souvent la confiscation est prononcée ; l'emprisonnement l'est quelquefois aussi, et si la commission n'a pas proposé sur plusieurs articles de réduire la peine, c'est qu'elle a préféré d'en laisser la faculté aux tribunaux, lorsque, le préjudice causé n'excédant pas 25 fr., les circonstances paraîtraient atténuantes. »

En conséquence, M. le rapporteur propose, au nom de la commission, une rédaction nouvelle de l'art. 72. Cette rédaction est adoptée ; c'est celle qui a passé dans la loi.

DISCUSSION A LA CHAMBRE DES PAIRS. (1829.)

M. le marquis de Bouthillier, commissaire du roi, dit dans l'exposé des motifs : « L'art. 72, conforme à l'art. 203 du Code forestier, défendait aux tribunaux d'appliquer aux matières réglées par le projet les dispositions de l'art. 463 du Code pénal , qui permet de réduire l'emprisonnement au-dessous de six jours, et l'amende au-dessous de 16 fr., et même de prononcer séparément l'une ou l'autre de ces peines, si le préjudice n'excède pas 25 fr., et si les circonstances paraissent atténuantes. La chambre des députés a pensé qu'il convenait d'autoriser l'application de cet article du Code pénal aux délits de pêche. Nous avons dû faire remarquer que les peines prononcées par le projet étaient beaucoup moins sévères que celles qu'elles étaient destinées à remplacer ; qu'elles se trouvaient justement proportionnées avec la gravité de chaque délit, et qu'il y aurait des inconvéniens à introduire dans une loi, composée d'un petit nombre de dispositions pénales, une disposition qui en rendrait pour ainsi dire l'application arbitraire, et qu'une semblable disposition ne devait se rencontrer que dans une loi semblable au Code pénal, où se trouve une série nombreuse de crimes et de délits de toute espèce, et dont il est impossible au législateur de prévoir tous les degrés de gravité. Ces observations n'ont pas prévalu, l'amendement a été admis, ce sera à la sagesse des tribunaux à user modérément et avec discernement de la faculté qui leur est accordée. »

M. le marquis de Maleville, rapporteur de la commission, s'exprime en ces termes : « Enfin l'amendement fait à l'art. 72 permet aux tribunaux de réduire l'emprisonnement au-dessous de six jours, et l'amende au-dessous de 16 fr.; même de prononcer séparément l'une ou l'autre de ces peines, si le préjudice n'excède pas 25 fr., et si les circonstances paraissent atténuantes, c'est-à-dire qu'il leur permet d'appliquer aux délits prévus par le projet les dispositions de l'art. 463 du Code pénal, tandis qu'à l'exemple du Code forestier, le projet primitif le leur défendait expressément.

« Peut-être, Nobles Pairs, les égards et l'indulgence ont-ils été portés bien loin par ces divers amendemens, soit pour les propriétaires, soit pour les prévenus.

« Si, d'une part, les garde-pêche ne peuvent sous aucun prétexte, d'après l'art. 40 du projet, s'introduire dans les maisons et enclos y attenant pour la recherche des filets prohibés ; si, d'une autre part, d'après l'amendement fait à l'art. 34, ceux qui pêchent dans les cours d'eau *non navigables ni flottables*, ne sont point tenus d'amener leurs bateaux aux préposés de l'administration de la pêche, de leur faire l'ouverture de leurs loges, hangars, réservoirs, boutiques à poisson, etc., n'est-il pas à craindre qu'il ne reste plus à l'administration des moyens suffisans pour faire constater et réprimer les délits qui contribuent le plus au dépeuplement des rivières? Ne sait-on pas que ces délits laissent rarement des traces qui puissent exciter les recherches des gardes et motiver leurs rapports?

« Ne doit-on pas aussi regretter de voir si tôt introduire un certain désaccord, pour des cas à peu près identiques, entre les dispositions du Code forestier et celles de la pêche fluviale? N'est-il pas un peu étrange, par exemple, que les délais pour le dépôt des moyens de faux, ainsi que pour la prescription, ne soient point les mêmes en matière de pêche qu'en matière forestière, et que le garde, dont le procès-verbal fera foi jusqu'à inscription de faux pour une condamnation de 100 fr. en matière forestière, ne puisse plus faire foi que pour une condamnation de 50 francs lorsqu'il constatera un délit de pêche?

« Toutefois, Nobles Pairs, ces discordances et ces inconvéniens ont été justifiés dans les délibérations de l'autre chambre et dans l'exposé des motifs par des considérations qui ont aussi leur poids, et que nous croyons inutile de vous retracer. Si la plus juste mesure ne peut pas toujours être observée, il vaut mieux que l'excès soit dans l'indulgence, dans le respect pour la propriété et pour les droits individuels. La perfection ne saurait se trouver dans les lois humaines. Après de longs efforts, il est un terme auquel il faut savoir s'arrêter, et nous pensons qu'en faisant sortir la législation sur la pêche fluviale du chaos où elle se trouve maintenant, le projet de loi, tel qu'il vous est présenté, conciliera les besoins les plus essentiels d'une partie de la population française avec les intérêts généraux du Trésor et du pays. »

L'article est adopté sans discussion.

ART. 73.

Les restitutions et dommages-intérêts appartiennent aux fermiers, porteurs de licences et propriétaires riverains, si le délit est commis à leur préjudice ; mais lorsque le délit a été commis par eux-mêmes au détriment de l'intérêt général, ces dommages-intérêts appartiennent à l'État.

Appartiennent également à l'Etat toutes les amendes et confiscations.

ART. 74.

Les maris, pères, mères, tuteurs, fermiers et porteurs de licences, ainsi que tous propriétaires, maîtres et commettans, seront civilement responsables des délits en matière de pêche commis par leurs femmes, enfans mineurs, pupilles, bateliers et compagnons, et tous autres subordonnés, sauf tout recours de droit.

Cette responsabilité sera réglée conformément à l'article 1384 du Code civil.

DISCUSSION A LA CHAMBRE DES PAIRS. (1828.)

Cet article formait le 81° du projet primitif. A la suite du dernier paragraphe étaient transcrites les dispositions de l'art. 1384 du Code civil.

M. le comte de Tocqueville « observe qu'il n'est pas d'usage de rapporter textuellement dans les lois les articles d'autres lois auxquelles le législateur se réfère. Il propose, en consequence, de borner la disposition du second paragraphe de l'article à ces mots : *cette responsabilité sera réglée conformément à l'article 1384 du Code civil.* »

M. le comte de Peyronnet appuie cet amendement. « Il pense que l'insertion textuelle de l'art. 1384 du Code civil ne serait pas seulement inutile, puisque ce Code est entre les mains de tout le monde ; mais qu'elle aurait de plus l'inconvénient de soumettre à la discussion une disposition de loi qu'il ne peut être question de réviser en ce moment. »

M. le directeur-général des forêts « déclare que cette insertion n'avait été faite que pour satisfaire au vœu exprimé par plusieurs des cours auxquelles le projet avait été communiqué. Il ne s'oppose point à ce qu'elle soit supprimée si la chambre la juge inutile. »

L'amendement est mis aux voix et adopté.

L'article restreint par cet amendement est lui-même adopté.

Le projet contenait un article portant le n° 82, et conçu dans les termes suivans : « Le vol et l'empoisonnement du poisson dans des étangs, viviers ou réservoirs, continueront à être punis conformément aux dispositions de l'art. 452 du Code pénal, et de l'art. 388, modifié par l'art. 2 de la loi du 25 juin 1824. ainsi conçues : *Là étaient transcrites ces dispositions.* »

M. le comte de Tocqueville « demande que le texte des dispositions de loi citées soit retranché de cet article, comme il l'a été de l'article précédent. »

Mais *M. le comte de Peyronnet* « observe que l'article luimème est superflu ; qu'il ne fait qu'ajouter à des lois existantes une sanction nouvelle dont elles n'ont pas besoin. Il serait d'ailleurs déplacé d'insérer, dans un projet de loi uniquement réservé à la pêche fluviale, une disposition qui concerne les délits qui peuvent être commis dans des étangs, viviers ou réservoirs. Le droit spécial de surveillance que le projet accorde à l'administration forestière, ainsi que toutes les prohibitions qu'il contient ou qui seront réglées par des ordonnances, ne peuvent s'appliquer qu'aux cours d'eau. Les étangs et autres pièces d'eau non courantes constituent une classe de propriétés tout-à-fait distincte, et, à leur égard, le droit des propriétaires ne saurait être gêné dans son exercice par aucun réglement : c'est un principe qui résulte clairement de la discussion ; mais il serait à craindre que la disposition de l'art. 82 du projet ne fît naître quelque incertitude à cet égard. Le noble pair conclut au rejet de l'article entier. »

M. le directeur-général des forêts « estime que cet article, introduit comme le précédent sur la demande de plusieurs cours, pourrait en effet être retranché du projet sans inconvénient. »

Le retranchement de l'article est mis aux voix et adopté.

DISCUSSION A LA CHAMBRE DES DÉPUTÉS.

M. le baron Favard de Langlade, commissaire du roi, dit dans l'exposé des motifs, session de 1829 : « L'art. 76 (devenu le 74ᵉ par la suppression des art. 69 et 70) s'occupe de la responsabilité qui dérive de l'art. 1384 du Code civil. Vous savez qu'une longue et sérieuse discussion s'éleva sur l'art. 206 du

Code forestier, touchant la question de savoir si une semblable responsabilité devait s'étendre aux amendes, et vous savez aussi que la résolution de la chambre fut négative. Le Code de la pêche ne saurait être rédigé dans un autre esprit, et il doit, comme le premier, être conforme aux principes généraux du droit. La responsabilité qu'il fait peser sur les maris, pères, mères, tuteurs et autres, sera donc purement civile, et ne s'étendra aucunement aux condamnations pénales. »

TITRE VII.

De l'exécution des jugemens.

SECTION Ire.

De l'exécution des jugemens rendus à la requête de l'administration ou du ministère public.

ART. 75.

Les jugemens rendus à la requête de l'administration chargée de la police de la pêche, ou sur la poursuite du ministère public, seront signifiés par simple extrait qui contiendra le nom des parties et le dispositif du jugement.

Cette signification fera courir les délais de l'opposition et de l'appel des jugemens par défaut.

OBSERVATION.

Toutes les dispositions de ce titre sont puisées dans les art. 209, 210, 211, 212, 213, 214, 215, 216 et 217 du Code forestier.

ART. 76.

Le recouvrement de toutes les amendes pour délits de pêche est confié aux receveurs de l'enregistrement et des domaines.

Ces receveurs sont également chargés du recouvrement des restitutions, frais et dommages-intérêts résultant des jugemens rendus en matière de pêche.

ART. 77.

Les jugemens portant condamnation à des amendes, restitutions, dommages-intérêts et frais, sont exécutoires par la voie de la contrainte par corps, et l'exécution pourra en être poursuivie cinq jours après un simple commandement fait aux condamnés.

En conséquence, et sur la demande du receveur de l'enregistrement et des domaines, le procureur du roi adressera les réquisitions nécessaires aux agens de la force publique chargés de l'exécution des mandemens de justice.

ART. 78.

Les individus contre lesquels la contrainte par corps aura été prononcée pour raison des amendes et autres condamnations et réparations pécuniaires, subiront l'effet de cette contrainte jusqu'à ce qu'ils aient payé le montant desdites condamnations, ou fourni une caution admise par le receveur des domaines, ou, en cas de contestation de sa part, déclarée bonne et valable par le tribunal de l'arrondissement.

ART. 79.

Néanmoins les condamnés qui justifieront de leur insolvabilité suivant le mode prescrit par l'article 420 du Code d'instruction criminelle, seront mis en liberté après avoir subi quinze jours de détention, lorsque l'amende et les autres condamnations pécuniaires n'excéderont pas 15 francs.

La détention ne cessera qu'au bout d'un mois, lorsque les condamnations s'élèveront ensemble de 15 à 5o francs.

Elle ne durera que deux mois, quelle que soit la quotité desdites condamnations.

En cas de récidive, la durée de la détention sera double de ce qu'elle eût été sans cette circonstance.

M. Gallot propose de rédiger ainsi l'article : « Néanmoins, lorsque les amendes et autres condamnations pécuniaires n'excéderont pas 25 francs, les condamnés qui justifieront de leur insolvabilité, suivant le mode prescrit par l'art. 420 du Code d'instruction criminelle, seront mis en liberté après quarante-huit heures de détention, à partir du moment où le procès-verbal de carence sera parvenu à l'autorité compétente.

«'La détention ne cessera qu'au bout de quinze jours, lorsque les condamnations s'élèveront de 25 à 50 francs.

« Elle ne durera qu'un mois, quelle que soit la quotité desdites condamnations. »

L'orateur s'exprime en ces termes : « Je viens demander un adoucissement aux peines portées dans le projet de loi. Deux hommes commettent les mêmes délits avec les mêmes circonstances, ils sont condamnés à la même peine, et quand la détention s'achève pour celui qui paie l'amende, elle continue pendant quinze jours pour le malheureux qui ne peut se libérer envers l'État. Ce n'est pas un soldat à la salle de police, c'est un père de famille dont la femme et les enfans languissent en son absence. C'est ici, comme vous voyez, en faveur de l'humanité que je réclame; il est donc de toute équité d'adopter ce que j'ai l'honneur de proposer. »

M. Jacquinot Pampelune répond : « On a senti la nécessité de maintenir la contrainte par corps en ce qui concerne le paiement des amendes forestières. La chambre l'a reconnu également pour les délits de pêche. Comme elle dure pendant six mois, on a apporté une modification essentielle à cette disposition en graduant la durée de la contrainte par corps d'après la quotité de la somme. L'honorable préopinant a pensé qu'il y avait de grandes formalités à remplir pour prouver l'insolvabilité et faire cesser la contrainte par corps; il a pensé qu'il faudrait produire un procès-verbal de carence. C'est une erreur : l'article que nous discutons renvoie à l'art. 420 du Code d'instruction criminelle. D'après cet article, quiconque est détenu pour une amende peut sortir de prison en produisant un certificat d'indigence délivré par le maire, et un extrait du rôle des contributions constatant qu'il paie moins de 6 francs. Quant au délai, je ne pense pas que celui de quarante-huit heures soit proposable. Le délai de 15 jours est celui qui a été adopté pour le Code forestier, et qui s'applique à toutes les matières correctionnelles. On ne peut pas supposer qu'il sera prolongé au-delà; c'est donc le cas de rejeter l'amendement. »

L'amendement est mis aux voix et rejeté.

L'article est adopté.

Art. 80.

Dans tous les cas, la détention employée comme moyen de contrainte est indépendante de la peine d'emprisonnement prononcée contre les condamnés pour tous les cas où la loi l'inflige.

SECTION II.

De l'exécution des jugemens rendus dans l'intérêt des fermiers de la pêche et des particuliers.

Art. 81.

Les jugemens contenant des condamnations en faveur des fermiers de la pêche, des porteurs de licences et des particuliers, pour réparation des délits commis à leur préjudice, seront, à leur diligence, signifiés et exécutés suivant les mêmes formes et voies de contrainte que les jugemens rendus à la requête de l'administration chargée de la surveillance de la pêche.

Le recouvrement des amendes prononcées par les mêmes jugemens sera opéré par les receveurs de l'enregistrement et des domaines.

Art. 82.

La mise en liberté des condamnés détenus par voie de contrainte par corps, à la requête et dans l'intérêt des particuliers, ne pourra être accordée, en vertu des articles 78 et 79, qu'autant que la validité des cautions ou la solvabilité des condamnés aura été, en cas de contestation de la part desdits propriétaires, jugée contradictoirement entre eux.

DISCUSSION A LA CHAMBRE DES PAIRS. (1828.)

Cet article, qui formait le 90ᵉ du projet, était précédé d'une disposition portant : « Toutefois les fermiers de la pêche et les propriétaires seront tenus de pourvoir à la consignation d'alimens prescrite par le Code de procédure civile, lorsque la détention aura lieu à leur requête et dans leur intérêt. »

Cette disposition est critiquée.

M. le comte de Peyronnet en demande la suppression. Il dit : « La généralité de ces expressions : *lorsque la détention aura lieu à leur requête et dans leur intérêt* donnerait lieu de penser que des alimens pourraient être dus par la partie civile pour le temps où le condamné subirait la peine de l'emprisonnement, tandis que, d'après la législation, la nourriture des détenus est à la charge de l'Etat toutes les fois que la détention est subie à titre de peine, et l'obligation de consigner des alimens ne commence pour les particuliers que lorsque le condamné est détenu après l'expiration de sa peine par voie de contrainte par corps. Il serait indispensable de rétablir cette distinction dans l'article, s'il devait être maintenu ; mais les dispositions du Code de procédure civile contiennent, à cet égard, une garantie suffisante dans l'intérêt des condamnés et du fisc. »

La suppression de l'article, consentie par les commissaires du roi, est ordonnée par la chambre.

L'article 91, devenu le 84ᵉ (aujourd'hui le 82ᵉ), était conçu en ces termes : « La mise en liberté des condamnés ainsi détenus à la requête et dans l'intérêt des particuliers, ne pourra être accordée en vertu des articles 86 et 87, qu'autant que la validité des cautions ou l'insolvabilité des condamnés aura été, en cas de contestation de la part desdits propriétaires, jugée contradictoirement entre eux. »

M. le comte de Peyronnet « observe que, pour préciser le sens de cet article, il serait convenable d'ajouter après ces mots : *dans l'intérêt des particuliers,* ceux-ci : *par voie de contrainte par corps.*

Cet amendement, auquel les commissaires du roi ne s'opposent point, est mis aux voix et adopté.

La chambre ordonne également la suppression du mot *ainsi*

30

servant à lier cet article à celui qui vient d'être supprimé, et la rectification des numéros des deux articles mentionnés dans la disposition.

Au moyen de ces changemens, l'article est adopté.

DISCUSSION A LA CHAMBRE DES DÉPUTÉS.

M. Demarçay propose une disposition additionnelle ainsi conçue : « Dans le cas où, en vertu du troisième paragraphe de l'article 3, il y aurait lieu à indemnité, pour perte du droit de pêche, la compensation ne pourra être opposée au réclamant, qu'autant que les changemens survenus lui auraient procuré des avantages particuliers. »

L'honorable membre dit : « Le projet de loi que nous discutons a été examiné au moins deux fois au conseil d'état ; il a en outre éprouvé une longue et solennelle discussion à la chambre des pairs. Je ne vous parlerai pas des autres épreuves qu'il peut avoir subies ; vous auriez encore plus de peine à comprendre comment, malgré la discussion à laquelle nous nous livrons, il a pu se glisser quelques erreurs dans les articles que vous avez adoptés. Le troisième paragraphe de l'article 3 renferme deux erreurs notables, qui, dans l'exécution, deviendraient de grandes injustices. Ces erreurs portent sur les mots de *compensation*. Le paragraphe dit que, dans le cas où un particulier, jouissant d'un droit de pêche, viendrait à en être privé, par suite d'un projet du gouvernement de rendre le cours d'eau navigable ou flottable, il y aurait compensation de l'indemnité qui serait due, avec l'avantage qu'il pourrait en recevoir. Je conçois qu'il y ait compensation, si celui qui est privé de son droit de pêche reçoit un avantage particulier ; mais si vous voulez compenser l'avantage qui résultera pour lui du cours d'eau devenu navigable ou flottable, c'est un avantage dont les propriétaires riverains, ou voisins de ce cours d'eau, profitent aussi, et je ne vois pas pourquoi il lui en serait plutôt tenu compte qu'aux autres. »

M. Becquey, directeur-général des ponts-et-chaussées, répond : « L'amendement de l'honorable préopinant a pour objet de rapporter le troisième paragraphe de l'article 3, que vous avez adopté, après avoir rejeté une disposition qui avait été proposée par M. de Schonen sur ce paragraphe, et qui était fort analogue à celle que nous présente M. Demarçay. Vous voyez donc qu'il n'y a pas eu erreur, mais un examen très-attentif. Cela est si vrai, que l'honorable préopinant vient de rappeler le motif que j'avais donné pour vous engager à rejeter l'amendement de M. de Schonen Il n'est pas loisible à la chambre de rap-

porter une décision qu'elle a prise, et d'adopter un amendement qu'elle a rejeté. L'article 3 est adopté, nous ne pouvons
plus le défaire. Une chambre qui ferait et déferait les dispositions
qu'elle aurait adoptées, verrait à chaque instant sa volonté com-
promise, ainsi que les intérêts de l'Etat.

« Cependant, je n'entends pas user d'une sorte de fin de non-
recevoir. Je ne me refuse pas à répondre aux argumens de
M. Demarçay. D'après la loi de 1807, lorsque des travaux exécutés par le gouvernement procurent à des propriétés particulières une valeur plus considérable, l'Etat a le droit de la faire
payer aux propriétaires à titre de compensation. Si le propriétaire
d'une forêt voit, par suite d'un cours d'eau rendu navigable ou
flottable, sa propriété s'accroître dans une proportion décuple
peut-être du droit de pêche dont il jouissait, est-il juste, je vous
le demande, de fouiller dans le trésor public pour indemniser
celui qui obtiendrait un pareil avantage. Remarquez que cette
compensation sera faite par les tribunaux. Les tribunaux, dans
leur indépendance, sauront faire une juste appréciation : ils
verront si l'avantage que doit retirer le propriétaire doit être prochain ou éloigné; dans certains cas, la compensation sera peut-
être réduite à rien. Enfin, ils tiendront la balance égale entre
l'Etat et les particuliers. Vous savez que les particuliers exigent
des sommes très-fortes pour les terrains situés dans l'alignement
des travaux publics. C'est un grave inconvénient auquel il importe de porter remède ; car, sans cela, il deviendrait impossible
d'établir en France ces communications qui font la prospérité du
pays. Vous ne pouvez donc pas adopter un amendement qui aurait pour effet de grever le trésor, c'est-à-dire la masse des contribuables, au profit de quelques individus. »

L'amendement est mis aux voix et rejeté.

L'article est adopté.

TITRE VIII.

Dispositions générales.

Art. 83.

Sont et demeurent abrogés toutes lois, ordonnau-
ces, édits et déclarations, arrêts du conseil, arrêtés

et décrets, et tous réglemens intervenus à quelque époque que ce soit, sur les matières réglées par la présente loi, en tout ce qui concerne la pêche.

Mais les droits acquis antérieurement à la présente loi seront jugés, en cas de contestation, d'après les lois existantes avant sa promulgation.

DISCUSSION A LA CHAMBRE DES PAIRS. (1828.).

Cet article, qui formait le 92ᵉ du projet du gouvernement, était ainsi rédigé : « Sont et demeurent abrogés toutes les lois, ordonnances, édits et déclarations, arrêts du conseil, arrêtés et décrets, et tous réglemens intervenus à quelque époque que ce soit sur les matières réglées par la présente loi, spécialement l'ordonnance du 13 août 1669, en tout ce qui concerne la pêche. »

M. le marquis de Maleville, rapporteur de la commission, ne présente d'abord aucun amendement ; mais, dans son résumé, il dit : « Enfin, Nobles Pairs, comme le droit de pêche dans les cours d'eau se lie à plusieurs autres droits sur lesquels les lois antérieures ont statué par des dispositions communes à la pêche, la commission pense qu'il y aurait quelque inconvénient à abroger d'une manière absolue toutes les lois, tous les réglemens qui sont intervenus sur la matière qui fait l'objet du projet de loi. Elle est d'avis de modifier l'article 92, ainsi qu'il le propose, et de le rédiger en ces termes : « Sont et demeurent abrogés toutes les « lois, ordonnances, édits et déclarations, arrêts du conseil, « arrêts et décrets, et tous réglemens intervenus, à quelque « époque que ce soit, en tout ce qu'ils ont de contraire à la « présente loi. »

M. le ministre des finances demande à être entendu. Son excellence s'exprime en ces termes : « L'article 92 abroge toutes les lois, ordonnances, les édits, déclarations, arrêts du conseil, arrêtés et décrets, et tous les réglemens relatifs à la pêche, et spécialement l'ordonnance de 1669. La commission propose d'ajouter : *en ce qu'ils auraient de contraire aux dispositions de la présente loi.*

« L'article et l'amendement sont susceptibles de quelques observations.

« D'abord il ne paraît pas convenable de distinguer l'ordonnance de 1669 : elle ne mérite point ce témoignage spécial de réprobation ; elle doit demeurer comprise dans l'abrogation générale : il serait donc mieux de supprimer les mots : *spécialement l'ordonnance du 13 août* 1669. D'une autre part, l'amen-

dement proposé par la commission aurait beaucoup d'inconvéniens
s'il' était adopté ; il laisserait subsister toutes les lois, tous les
réglemens généraux et particuliers antérieurs, et cette foule
d'arrêts du conseil, d'arrêtés et décrets dont on croit indispensable de débarrasser la législation et l'administration, pour les
fondre dans une seule loi. La loi nouvelle ne serait bientôt qu'un
embarras de plus ; il faudrait sans cesse, pour son application,
conférer ses dispositions avec celles des décrets, ordonnances,
lois, arrêts et arrêtés qui demeureraient en vigueur. Des distinctions et des difficultés de toute nature naîtraient de là pour les
tribunaux et l'administration, ce qui serait absolument contraire
à l'objet qu'on s'est proposé, et qu'on a dû se proposer en présentant un projet de loi générale dans lequel on a cherché à
réunir toutes les dispositions utiles relatives à la pêche. Quelques-unes, sans doute, peuvent avoir échappé ; mais l'expérience
les fera connaître, et il sera toujours facile d'y remédier avec bien
moins d'inconvéniens qu'en laissant subsister tous les actes de la
législation incohérente établie depuis plusieurs siècles, et particulièrement depuis la révolution.

« Il me sera facile de faire sentir les inconvéniens de l'amendement par un seul exemple, qui sera frappant pour la chambre.
Après une discussion approfondie, elle a supprimé la disposition
qui prohibe le rouissage dans les fleuves et rivières : les lois et
les nombreux arrêts du conseil qui l'ont interdit en général, et
spécialement dans beaucoup de localités, n'en demeureront pas
moins dans toute leur force, si les lois ne sont abrogées qu'en ce
qu'elles auraient de contraire à la nouvelle loi, puisqu'il est vrai
qu'aucune disposition de cette nouvelle loi n'est, sur ce point,
en opposition avec les lois antérieures.

« Ce seul exemple prouve qu'il est indispensable de ne point
admettre le changement proposé par la commission.

« Mais il sera utile d'en admettre un d'une autre nature qui
sera d'ailleurs en harmonie avec ce qui a été fait dans le Code
forestier.

« En admettant, par l'article 1er, que le droit de pêche appartient à l'Etat, dans tous les fleuves, rivières et canaux navigables
dont l'entretien est à sa charge, la chambre a également admis
cette réserve : *sans préjudice des droits acquis à des tiers par
titres réguliers*, laquelle est conforme à celle qui existe dans
l'ordonnance de 1669, et a été introduite dans le nouveau projet
de loi, sur la demande de la cour de cassation et de plusieurs
cours royales. Elle n'attribue de droits à personne ; elle n'a pour
objet que de conserver les droits acquis et existans d'après les
titres et la législation : elle maintient les droits des particuliers,

s'ils existent; mais elle maintient aussi pour l'Etat tous les moyens de combattre les prétentions qui ne seraient pas fondées, soit d'après les titres, soit d'après les lois.

« La réserve proposée par l'article 1er du projet de loi n'est que la répétition de la disposition admise dans l'article 218 du Code forestier, qui porte que les droits acquis antérieurement à ce Code seront jugés, en cas de contestation, d'après les lois existantes avant sa promulgation ; et il faut bien reconnaître et proclamer, dans toutes les occasions, que les lois ne disposent que pour l'avenir ; qu'elles ne peuvent jamais avoir d'effet rétroactif, et que si cette règle n'était pas au-dessus de toute contradiction, il n'y aurait plus de garantie, plus de droits, plus de propriété pour personne : elle n'a même pas besoin d'être écrite ; et s'il peut être utile de la rappeler, ce n'est que parce que nous sommes encore trop voisins des temps où l'on a abusé de la législation même pour tout envahir.

« Ce serait donc contre toute raison qu'on paraîtrait craindre que la réserve des droits antérieurement acquis à des tiers par des titres réguliers pût faire renaître le régime féodal, et ressusciter des droits éteints, comme si des titres réguliers pouvaient être ceux qui sont abolis par les lois ! Néanmoins, pour ôter tout prétexte d'inquiétude à la susceptibilité la plus ombrageuse, il sera convenable d'ajouter à l'article proposé que les droits antérieurement acquis seront jugés, en cas de contestation, d'après les lois existantes avant la promulgation de la loi.

« D'après ces diverses observations, l'article serait ainsi rédigé :

« Sont et demeurent abrogés toutes lois, ordonnances, édits et « déclarations, arrêts du conseil, arrêtés et décrets, et tous ré- « glemens intervenus, à quelque époque que ce soit, sur les « matières réglées par la présente loi, en tout ce qui concerne la « pêche.

« Mais les droits acquis antérieurement à la présente loi seront « jugés, en cas de contestation, d'après les lois existantes avant « sa promulgation. »

M. le rapporteur déclare au nom de la commission « qu'elle se réunit à la rédaction nouvelle indiquée par le ministre. En adoptant à la suite de la discussion générale l'amendement proposé par un noble pair, elle n'avait eu en vue que de conserver aux lois existantes toute leur force, en ce qui concerne le réglement des droits respectivement acquis, soit par l'État, soit par les particuliers, avant la promulgation du projet soumis à la chambre. Ces droits se trouvant garantis par le paragraphe additionnel que présente le ministre, elle consent à retirer l'amendement qui tendait à modifier les dernières expressions de l'article 92 du projet. »

M. le comte d'Argout, auteur de l'amendement, « expose qu'il l'avait proposé dans la crainte qu'on ne pût voir dans la disposition du projet une abrogation implicite des lois de 1793, qui ont aboli au profit de l'État les droits de pêche qui étaient entachés de féodalité dans leur origine; mais il ne voit plus de difficulté à maintenir la disposition de l'art. 92, au moyen de l'addition d'un second paragraphe. »

M. le comte de Peyronnet « regrette de ne pas trouver dans la rédaction proposée par le ministre toutes les garanties auxquelles auraient peut-être droit les propriétaires qui ont été injustement dépouillés des droits de pêche qu'ils exerçaient en vertu de titres légitimes. Le préopinant n'a parlé que des droits féodaux auxquels sont applicables les lois de 1793 : si ces droits étaient les seuls qui eussent été abolis par la législation antérieure, le noble pair ne ferait entendre aucune réclamation à cet égard; mais la chambre n'a pas oublié que la loi du 14 floréal an X, par un article accessoirement introduit au milieu de dispositions financières, a déclaré que nul ne pourrait se livrer à l'exercice de la pêche sur les fleuves et rivières navigables ou flottables, s'il n'était fermier de pêche ou porteur de licences. Elle n'ignore pas non plus l'interprétation exorbitante que l'on a donnée à cet article en soutenant qu'il s'étendait non-seulement aux droits de pêche dont l'origine était féodale, mais à tous ceux qui appartenaient à des particuliers en vertu de titres légitimes et de ventes régulières, interprétation qui a cependant été consacrée par deux décrets dont les dispositions sont en contradiction manifeste avec les motifs exprimés dans les lois de 1793. Dans cet état de choses, plusieurs des parties lésées ont réclamé; quelques-unes ont obtenu justice et ont été maintenues dans leur jouissance, mais d'autres aussi ont succombé malgré la justice de leur cause, et se sont vues dépouillées de droits qu'elles avaient acquis à prix d'argent. Pour terminer ces variations de jurisprudence, le projet de loi devait s'expliquer : il l'a fait en réservant dans l'art. 1ᵉʳ les droits légitimement acquis à des tiers en vertu de titres réguliers. Sans cette réserve, la spoliation des droits antérieurs eût été légalement consommée : en l'adoptant, l'intention de la chambre a été évidemment de rassurer les particuliers qui pouvaient faire valoir des droits fondés sur des titres légitimes, tout en laissant subsister l'abolition de ceux qui n'avaient que la féodalité pour cause. Telle est la distinction qui résulte de la discussion à laquelle a donné lieu l'art. 1ᵉʳ, et qui a été confirmée par le vote de cet article. Si le paragraphe additionnel proposé par le ministre devait avoir pour résultat de changer le sens de cette délibération, le noble pair ne saurait l'adopter. Il se persuade que cette intention est loin de la pensée du gouvernement ; mais il se demande alors quel peut être l'objet de l'addition que l'on propose. Ne pourrait-on pas en tirer argument pour prétendre que l'administration est encore fondée à revendiquer l'exercice du droit de pêche, dont la loi de l'an x a dépouillé les légitimes propriétaires ? En tous cas, la disposition aura pour effet d'embarrasser les tribunaux en remettant en question ce que l'art. 1er paraissait avoir décidé. »

M. le ministre des finances « déclare que l'objet du paragraphe additionnel n'est nullement de revenir sur la réserve portée dans l'art. 1er du projet, mais d'énoncer un principe de législation qui n'a jamais été susceptible de controverse : c'est à savoir que les lois postérieures ne statuent point sur les droits acquis sous l'empire des lois antérieures. Le ministre insiste pour l'adoption du paragraphe et de l'article qu'il tend à modifier. »

La rédaction proposée par Son Excellence est mise aux voix et adoptée.

DISCUSSION A LA CHAMBRE DES DÉPUTÉS.

M. le baron Favard de Langlade, commissaire du roi, dit dans l'exposé des motifs, session de 1829 : « Deux dispositions générales forment le titre VIII et dernier du projet de loi.

» La première abroge pour l'avenir toutes les lois antérieures : le nouveau Code de la pêche fluviale doit être désormais la loi unique en cette matière, comme le Code forestier est le seul guide en ce qui concerne les bois et forêts. Il faut que les lois diverses, que les réglemens épars soient anéantis sans retour, et que tous les citoyens cessent d'être assujettis à rechercher, à combiner d'antiques dispositions, souvent difficiles à concilier. Le projet ne se borne donc pas à l'abrogation des lois antérieures en ce qu'elles ont de contraire à ses dispositions ; il en détruit les effets d'une manière absolue, sans cependant porter atteinte aux droits acquis en vertu de ces lois. »

L'article est adopté sans discussion.

OBSERVATIONS.

L'ordonnance de 1669 n'abrogeait pas d'une manière aussi large et aussi complète.les dispositions antérieures. Le mandement d'exécution qui la termine portait : « Car tel est notre

plaisir, nonobstant tous édits, déclarations, ordonnances, réglemens, arrêts et autres choses à ce contraires, auxquelles et aux
dérogations y contenues nous avons dérogé et dérogeons par ces-
dites présentes. »

Le Code de la pêche fluviale fait cesser l'effet de toutes les
lois qui ont statué sur cette matière, comme le Code forestier a
anéanti toutes celles qui étaient relatives aux forêts. Le législateur n'a pas toujours adopté une formule aussi absolue ; aussi
la question de savoir si la loi nouvelle laisse en vigueur telle ou
telle disposition de la loi ancienne a-t-elle donné lieu à une
multitude de contestations qui ne pourront s'élever ni pour la
pêche ni pour les bois et forêts.

Dispositions transitoires.

Art. 84.

Les prohibitions portées par les articles 6, 8 et 10,
et la prohibition de pêcher à autres heures que depuis le lever du soleil jusqu'à son coucher, portée
par l'article 5 du titre XXXI de l'ordonnance de 1669,
continueront à être exécutées jusqu'à la promulgation
des ordonnances royales qui, aux termes de l'article 26 de la présente loi, détermineront les temps
où la pêche sera interdite dans tous les cours d'eau,
ainsi que les filets et instrumens de pêche dont l'usage
sera prohibé.

Toutefois les contraventions aux articles ci-dessus
énoncés de l'ordonnance de 1669 seront punies conformément aux dispositions de la présente loi, ainsi
que tous les délits qui y sont prévus, à dater de sa
publication.

DISCUSSION A LA CHAMBRE DES PAIRS. (1828)

Le premier paragraphe de l'article du projet commençait
ainsi : « Les prohibitions portées par les art. 5, 6, 8 et 10 du
titre XXXI de l'ordonnance de 1669 continueront, etc. ; » et se
terminait par la phrase suivante : « La publication de ces ordonnances aura lieu avant le 1er janvier 1829. »

M. le comte de Marcellus « demande pourquoi l'art. 4 du titre XXXI de l'ordonnance de 1669 se trouve exclus du nombre des articles du même titre, que la disposition soumise en ce moment à la chambre rappelle comme devant continuer d'être provisoirement exécutés. Cet art. 4 a pour objet de prohiber la pêche les jours de dimanche et de fête. L'orateur observe que le respect des solennités fut toujours commandé et pratiqué chez tous les peuples civilisés; ceux qui sont régis par des institutions, comme l'Angleterre et les États-Unis, donnent à cet égard de grands exemples. Il appartient à la chambre des pairs, qui, placée à la tête de l'ordre social, est spécialement conservatrice des droits de Dieu et de ceux du roi, de rendre cet hommage public à la religion de l'État. Le noble pair propose donc de rétablir dans l'article sur lequel on délibère la prohibition portée dans l'art. 4 du titre XXXI de l'ordonnance de 1669, en ajoutant à la mention des articles rappelés celle de l'article dont il s'agit. »

Divers membres appuient cette proposition, qui est mise aux voix et rejetée.

M. le duc Decazes « observe qu'il semble peu convenable de déterminer, ainsi que le fait l'art. 93 (84), l'époque à laquelle devront être rendues les ordonnances relatives à l'exécution du projet de loi; il demande en conséquence que l'on supprime de l'article ces mots : *la publication de ces ordonnances aura lieu avant le 1er janvier 1829.* »

M. le comte de Peyronnet « propose d'étendre cette suppression à l'article entier. Le but de cet article est d'empêcher qu'il n'y ait lacune dans la législation entre le moment où les lois antérieures auront été abrogées par la promulgation du projet de loi et l'époque où seront rendues les ordonnances royales destinées à pourvoir aux objets qui étaient réglés par certains articles de l'ordonnance de 1669 : ne serait-il pas plus simple de retarder la promulgation du projet de loi jusqu'à ce que toutes les ordonnances relatives à son exécution aient été préparées ? En agir autrement serait s'exposer à des difficultés de plus d'un genre, par la complication de deux systèmes de législation différens, dont plusieurs parties devraient être concurremment exécutées. »

M. le directeur-général des forêts dit « que l'ordonnance qui sera rendue au moment de la promulgation du projet ne pourra régler toutes les matières spécifiées dans l'art. 26 des amendemens. L'administration devra se livrer à de longs travaux avant d'être en état de fixer pour chaque département les dispositions spéciales qui conviendront à son climat et aux autres circonstances de localité. Il est indispensable que, dans l'intervalle que nécessiteront ces travaux, les dispositions des lois antérieures soient maintenues. »

L'article est mis aux voix et adopté, moyennant le retranchement proposé par M. le duc Decazes.

La discussion des articles étan' terminée, la chambre vote au scrutin sur l'ensemble de la loi. Le résultat de cette opération est : -

Nombre de votans 135
Pour l'adoption 130
Pour le rejet 4
Bulletin nul 1

DISCUSSION A LA CHAMBRE DES DÉPUTÉS.

M. le baron Favard de Langlade commissaire du roi, dit dans son exposé des motifs : « La seconde disposition générale est purement transitoire; son but est de maintenir en vigueur plusieurs articles réglementaires de l'ordonnance de 1669, jusqu'à ce qu'ils aient pu être remplacés par les ordonnances royales qui devront intervenir. »

M. Mestadier, rapporteur de la commission, dit dans son rapport : « L'art. 86 (devenu le 84°) maintient provisoirement les art. 5, 6, 8 et 10 de l'ordonnance de 1669, jusqu'à la publication des ordonnances royales qui doivent, aux termes de l'art. 26 du projet de loi, déterminer les temps, saisons et heures de la pêche, ainsi que les engins prohibés. Quoique ces ordonnances ne puissent pas se faire long-temps attendre, la société ne doit pas rester désarmée pendant l'intervalle qui s'écoulera nécessairement entre la publication de la loi et celle des ordonnances. Toutefois c'est par erreur que l'art. 5 a été rappelé purement et simplement, la prohibition de pêcher la nuit devant être seule maintenue.

En conséquence, la commission propose de supprimer le chiffre 5, et d'ajouter après 10 : *Et la prohibition de pêcher à autres heures que depuis le lever du soleil jusqu'à son coucher, portée par l'art. 5 du titre*, etc. »

Ces modifications sont adoptées.

L'article amendé est adopté.

La chambre vote sur l'ensemble de la loi. Voici le résultat du scrutin.

Nombre de votans 267
Boules blanches 249
Boules noires 18

La chambre adopte le projet de loi.

DISCUSSION A LA CHAMBRE DES PAIRS. (1829.)

Il est procédé au scrutin par appel nominal, suivant le mode usité pour le vote des lois.

Le résultat du dépouillement donne, sur un nombre total de 135 votans, 125 suffrages pour l'adoption du projet de loi.

Cette adoption est proclamée, au nom de la chambre, par M. le président.

OBSERVATION.

L'art. 5 du titre XXXI de l'ordonnance de 1669 est ainsi conçu : « Leur défendons pareillement (aux pêcheurs) de pêcher en quelques jours et saisons que ce puisse être, à autres heures que depuis le lever du soleil jusqu'à son coucher ; sinon aux arches des ponts, aux moulins et aux gords où se tendent les dideaux, auxquels lieux ils pourront pêcher, tant de nuit que de jour, pourvu que ce ne soit à jours de dimanches ou fêtes, ou autres défendus. »

Quant aux art. 6, 8 et 10, ils sont transcrits dans les observations sur l'art. 26, pag. 153.

La prohibition de pêcher les dimanches et fêtes, contenue dans l'article 4 du même titre de l'ordonnance, et reproduite dans l'article 5, était faite sous peine de 40 livres d'amende. Afin d'en assurer l'exécution, il était enjoint aux pêcheurs d'apporter, tous les samedis, *au logis du maître de communauté*, et ce sous peine de 50 livres d'amende, *leurs engins et harnois*, qui ne leur étaient rendus que le lendemain du dimanche ou de la fête, après le lever du soleil.

Quoique la proposition de M. le comte de Marcellus de rétablir cette défense ait été écartée par la chambre des pairs, il ne faut pas en conclure qu'elle n'existe point. Elle se retrouve dans la disposition générale de la loi du 18 novembre 1815, dont l'article 1er porte : « Les travaux ordinaires seront interrompus les dimanches et jours de fêtes reconnues par la loi de l'Etat. »

TABLE

DES MATIÈRES CONTENUES DANS CE VOLUME.

FIN DE LA TABLE DES MATIÈRES.

TABLE ALPHABÉTIQUE

DES MATIÈRES.

FIN DE LA TABLE ALPHABÉTIQUE.

IMPRIMERIE DE H. FOURNIER,
Rue de Seine, n° 14.

CODE FORESTIER,

AVEC

L'EXPOSÉ DES MOTIFS,
LA DISCUSSION DES DEUX CHAMBRES,
DES OBSERVATIONS SUR LES ARTICLES,
ET L'ORDONNANCE D'EXÉCUTION;

PUBLIÉ

PAR M. BROUSSE,

AVOCAT, CHEF DU BUREAU DES AFFAIRES CONTENTIEUSES
AU MINISTÈRE DE LA MAISON DU ROI,

SOUS LA DIRECTION

DE M. LE BARON FAVARD DE LANGLADE,

RAPPORTEUR DE LA COMMISSION DE LA CHAMBRE DES DÉPUTÉS
CHARGÉE DE L'EXAMEN DU PROJET DE CE CODE.

Troisième Édition,

1 VOL. IN-8° PRIX : 7 FR.

9 782019 629922